朱英国　中国工程院院士

2008 年 3 月，朱英国院士（右四）回到母校罗田县胜利中学，与昔日好友合影

2010 年 2 月，朱英国（左四）和他的罗田老乡在一起

2012 年 3 月，朱英国院士（前排中）参加武汉大学生命科学学院“烛光领航计划”活动，与学生座谈

2012 年 6 月，朱英国院士和荣廷昭院士考察四川省南川农业科技试验示范基地

2012 年 8 月，朱英国院士（前排左三）参加福建省作物种质创新与分子育种省部共建国家重点实验室培育基地学术委员会 2012 学术年会

2012 年 9 月，陈温福院士（左一）向朱英国院士（右三）、李玉院士（右二）介绍生物炭研究成果

2012 年 11 月，朱英国院士（右三）参加杂交水稻产业提升协同创新中心揭牌仪式

2013 年 12 月，朱英国院士与湖北省武昌区水果湖高中学生分享成长感悟

2014 年 1 月，朱英国院士荣获国家科学技术进步奖特等奖

2014 年 4 月，朱英国院士（右三）和四川农业大学校长郑有良考察长沙流域杂交水稻协同创新中心

2014 年 9 月，朱英国院士（中）在郑州基地观看实验材料

2014 年 10 月，耐盐水稻现场考察观摩会在盐城召开，朱英国院士（左一）和研究人员现场留影

2014 年 8 月，朱英国院士（右二）和湖北省农业厅领导参观水稻试验田

2015 年 2 月，武汉市政府副市长刘英姿（左三）慰问朱英国院士（右三）

2015 年 3 月 6 日，朱英国参加院士工作站座谈会期间与学生合影

2015 年 4 月，朱英国院士（左）与桂建芳院士参加庆祝“五一”国际劳动节暨表彰全国劳动模范和先进工作者大会

2015 年 4 月，朱英国院士（前排左六）、袁隆平院士（前排左七）等参加长江流域杂交水稻协同创新中心座谈会

2015 年 4 月，朱英国院士（前排中）在武汉大学为他举行的执教 50 周年座谈会上发言

2008 年 10 月，朱英国（前排左二）和李家洋（前排左四）等院士应邀到福建省农业科学院作学术报告

2009 年 9 月，朱英国院士（左四）、颜龙安院士（左三）在湖南隆回县参加全国强优势杂交水稻现场观摩会

2010 年 6 月，朱英国院士（右一）、方智远院士（左一）、石玉林院士（中）参加中国工程院院士大会

2011 年 10 月，朱英国院士（左三）参观光谷生物城－武汉国家生物产业基地

2011 年 6 月，朱英国院士和袁隆平院士为杂交水稻国家重点实验室揭牌

2012 年 4 月，朱英国院士和袁隆平院士参加无人机辅助授粉和施药技术评议会

2012 年 10 月，朱英国院士（右五）、袁隆平院士（右六）等科学家在杂交水稻国家重点实验室第一届学术委员会第一次会议暨学术研讨会上合影

2013 年 4 月，朱英国（左二）、袁隆平（左三）、谢华安（左四）、万建民（左一）等院士参加杂交水稻产业提升协同创新中心在海南陵水召开的学术交流会

2013 年 10 月，湖北省时任省长王国生(左四)接见袁隆平院士(左五)、朱英国院士(左二)及武汉大学领导

2014 年 11 月，朱英国院士(左一)、袁隆平院士(中)和颜龙安院士(右一)在一起

2014 年 11 月，朱英国(左一)和方智远、范云六、傅廷栋等院士在中国工程院开会期间留影

2016 年 1 月，朱英国院士和本书作者黄世猛合影

中国工程院院士

是国家设立的工程科学技术方面的最高学术称号，为终身荣誉。

中国工程院院士传记

朱英国传

黄世猛 著

人民出版社
科学出版社

图书在版编目(CIP)数据

朱英国传 / 黄世猛著. —北京：科学出版社，2017.1
（中国工程院院士传记）
ISBN 978-7-03-050604-7

Ⅰ. ①朱…　Ⅱ. ①黄…　Ⅲ. ①朱英国—传记　Ⅳ. ①K826.15

中国版本图书馆 CIP 数据核字（2016）第 271114 号

责任编辑：张　莉　宋　丽 / 责任校对：李　影
责任印制：徐晓晨 / 封面设计：有道文化

编辑部电话：010-64035853
E-mail：houjunlin@mail.sciencep.com

科学出版社出版
北京东黄城根北街 16 号
邮政编码：100717
http://www.sciencep.com

北京虎彩文化传播有限公司 印刷

科学出版社发行　各地新华书店经销
*

2017 年1月第　一　版　开本：720×1000　1/16
2019 年1月第二次印刷　印张：25　3/4　插页：4
字数：300 000

定价：78.00元

（如有印装质量问题，我社负责调换）

中国工程院院士传记系列丛书

总 序

20世纪是中华民族千载难逢的伟大时代。千百万先烈前贤用鲜血和生命争得了百年巨变、民族复兴，推翻了帝制，击败了外侮，建立了新中国，独立于世界，赢得了尊严，不再受辱。改革开放，经济腾飞，科教兴国，生产力大发展，告别了饥寒，实现了小康。工业化雷鸣电掣，现代化指日可待。巨潮洪流，不容阻抑。

忆百年前之清末，从慈禧太后到满朝文武开始感到科学技术的重要，办“洋务”，派留学，改教育。但时机瞬逝，清廷被辛亥革命推翻。五四运动，民情激昂，吁求“德、赛”升堂，民主治国，科教兴邦。接踵而来的，是18年内战、8年抗日和3年解放战争。恃科学救国的青年学子，负笈留学或寒窗苦读，多数未遇机会，辜负了碧血丹心。

1928年6月9日，蔡元培主持建立了中国近代第一个国立综合科研机构——中央研究院，设理化实业研究所、地质研究所、社会科学研究所和观象台4个研究机构，标志着国家建制科研机构的诞生。20年后，1948年3月26日遴选出81位院士（理工53位，人文28位），几乎都是20世纪初留学海外、卓有成就的科学家。

中国科技事业的大发展是在新中国成立以后。1949年11月1日成立了中国科学院，郭沫若任院长。1950—1960年有2500多名留学海外的科学家、工程师回到祖国，成为大规模发展中国科技事业的第一批领导骨干。国家按计划向苏联、东欧各国派遣1.8万名各类科技人员留学，全都按期回国，成为建立科研和现代工业的骨干力量。高等学校从新中国成立初期的200所增加到600多所，年招生增至28万人。到21世纪初，高等学校有2263所，年招生600多万人，科技人力总资源量超过5000万人，具有大学本科以上学历的科技人才达1600万人，已接近最发达国家水平。

新中国成立60多年来，从一穷二白成长为科技大国。年产钢铁从1949年的15万吨增加到2011年的粗钢6.8亿吨、钢材8.8亿吨，几乎是8个最发达国家（G8）总年产量的两倍，20世纪50年代钢铁超英赶美的梦想终于成真。水泥年产20亿吨，超过全世界其他国家总产量。中国已是粮、棉、肉、蛋、水产、化肥等世界第一生产大国，保障了13亿人口的食品和穿衣安全。制造业、土木、水利、电力、交通、运输、电子通信、超级计算机等领域正迅速逼近世界前沿。“两弹一星”、高峡平湖、南水北调、高公高铁、航空航天等伟大工程的成功实施，无可争议地表明了中国科技事业的进步。

党的十一届三中全会以后，改革开放，全国工作转向以经济建设为中心。加速实现工业化是当务之急。大规模社会性基础设施建设、大科学工程、国防工程等是工业化社会的命脉，是数十年、上百年才能完成的任务。中国科学院张光斗、王大珩、师昌绪、张维、侯祥麟、罗沛霖等学部委员（院士）认为，为了顺利完成中华民族这项历史性任务，必须提高工程科学的地位，加速培养更多的工程科技人才。中国科学院原设的技术科学部已不能满足工程科学发展的时代需要。他们于1992年致书党中央、国务院，建议建立“中国工程科学技术院”，选举那些在工程科学中做出重大创造性成就和贡献，热爱祖国，学风正派的科学家和工程师为院士，授予终身荣誉，赋予科研和建设任务，指导学科发展，培养人才，对国家重大工程科学问题提出咨询建议。中央接受了他们的建议，于1993年决定建立中国工程院，聘请30名中国科学院院士和遴选66名院士共96名为中国工程院首批院士。1994年6月3日，召开了中国工程院成立大会，选举朱光亚院士为首任院长。中国工程院成立后，全体院士紧密团结全国工程科技界共同奋斗，在各条战线上都发挥了重要作用，做出了新的贡献。

中国的现代科技事业起步比欧美落后了200年，虽然在20世纪有了巨大进步，但与发达国家相比，还有较大差距。祖国的工业化、现代化建设，任重路远，还需要数代人的持续奋斗才能完成。况且，世界在进步，科学无止境，社会无终态。欲把中国建设成科技强国，屹立于世界，必须接续培养造就数代以千万计的优秀科学家和工程师，服膺接力，担当使命，开拓创新，更立新功。

中国工程院决定组织出版《中国工程院院士传记》丛书，以记录他们对祖国和社会的丰功伟绩，传承他们治学为人的高尚品德、开拓创新的科学精神。他们是科技战线的功臣、民族振兴的脊梁。我们相信，这套传记的出版，能为史书增添新章，成为史乘中宝贵的科学财富，俾后人传承前贤筚路蓝缕的创业勇气、魄力和为国家、人民舍身奋斗的奉献精神。这就是中国前进的路。

宋健

目　录

引　子

2013年7月22日，在湖北省考察的中共中央总书记习近平专程到武汉大学杂交水稻国家重点实验室鄂州试验基地视察，看望朱英国院士。

那天，骄阳似火、热浪灼人，鄂州试验基地田间温度达40℃以上，习总书记不戴帽、不打伞，一下车就和朱院士亲切握手、问好聊天……这个基地有130多亩[①]试验田，呈长方形，南北向，北边50亩栽种着总书记看到的“珞优8号”“两优234”和“珞优10号”等杂交稻品种，整整齐齐，蔚然壮观；南边80多亩种植着一万多个品种的杂交稻，参差不齐，五颜六色，各式各样，一万多个品种在一万多个“小方格”里，千姿万态，争奇斗艳，异彩纷呈。

朱英国陪习总书记聊了20多分钟。

习总书记对稻谷品种和粒型都很熟悉，见到籼稻立即就认出来了。随后习总书记来到田头，拔起一棵稻苗看分蘖情况，连连夸壮实，兴奋之情显现出来，脸上乐开了花，那神态仿佛回到他当年在延安插队当党支部书记时看到丰收在望的景色。接着，总书记询问了红莲型杂交稻的产量和米质，问农民喜不喜欢抛秧、机械化程度怎么样、什么时候收割等问题，朱英国一一作了回答。

---

① 1亩≈666.67平方米。

让朱英国难忘的是，当总书记听说红莲型杂交稻连续七年被湖北省列为主导品种，连续五年被国家列为长江中下游主导品种，红莲型系列累计种植面积超过一亿亩、惠及五亿农民时，很高兴地对朱英国说："您辛苦了！感谢你们做出的贡献，希望各位继续努力，科技兴农，粮食安全要靠自己。"这是习总书记首次公开提出"粮食安全要靠自己"。

总书记的肯定和感谢，让朱英国院士备受鼓舞、倍感振奋。他决心不负重托，不辱使命，为国家的粮食安全做出更大的贡献。

凑巧，习总书记看望朱英国院士第三天，三位农业专家慕名找到武汉大学（以下简称"武大"）朱英国办公室，他们是陕西省海外投资集团副总经理王冀、陕西农业科学院教授张文明，以及陕西农业科学院工程师王建军。此前，他们在国内外媒体上与朱英国有过神交，知道红莲型品种通过审定、认定的达20个，推广面积大，惠及人口多，有巨大的科学价值。习总书记到鄂州田头看望朱英国后，他们对朱英国有了更多的了解和敬佩，然而他们这次来武大却是因为另一件事，希望朱英国帮忙。

原来，陕西省海外投资集团在非洲喀麦隆有多个农业援助项目，他们三位在非洲重点搞水稻研究和种植，多则待了七八年，少则待了两三年。喀麦隆位于非洲中西部，濒临几内亚湾，气候宜人，常温在24～28℃，非常适合种植水稻等农作物。欧洲、美国及日本等国和地区也在那里开发农业项目，种植点隔得不远，彼此暗中较劲，比科技实力。

2012年，为了扩大种植规模，陕西省海外投资集团把国内的189个杂交和常规水稻品种拿到喀麦隆去试种，结果因水土不服都得了穗瘟或叶瘟病，有的几乎绝收。唯有后来送过去的红莲型杂交水稻抗病能力强，长势喜人，日本、美国、法国等国家的农业专家纷纷跑去参观，赞叹不已。陕西省海外投资集团随后打算以后专门种红莲型杂交水稻，先种1000亩，然后在中非六国，即赤道几内亚、加蓬、刚果、乍得、中非、尼日利亚推广开来。为此，他们三位从非洲回国，马不停蹄又千里迢迢赶到武汉，想要红莲“珞优8号”种子，同时寻求技术支持。

朱英国明白他们的来意，激动地介绍说：“我们研究红莲杂交稻花了40多年，在它的广适性上反复实验，解决了所有科学问题，所以表现很强大，其系列品种在亚洲的缅甸、柬埔寨、印度尼西亚、马来西亚、菲律宾、新加坡、泰国、越南、巴基斯坦、斯里兰卡等国都表现不错，成了亚洲一些国家的主推产品。此前，我们在非洲也试着推广了几个国家，同样表现不错，但我们缺少像你们这样的投资集团和专业推广机构，所以呀，我们支持你们，尽快安排种子。”

谈到合作细节，种业公司同意先给他们1500公斤红莲型“珞优10号”。可问题来了，武汉到喀麦隆有一万多千米，走陆路、水路需要48天，季节耽误不起，更担心路途遥远把种子捂坏了；空运倒很快，18个小时可到达，只是成本太高，折腾下来一公斤种子的运费得一块多，要倒贴，明摆着亏本。

朱英国说：“国与国的竞争有时不能计较成本，更多的要讲尊严、讲实力。”

种业公司的老总明白朱英国的意思，当即拍板与陕西方签订了合作协议，同时决定挑选优秀技术员张意押货飞往非洲……

一年后的7月22日，武大正在举行落实习总书记“粮食安全要靠自己”讲话精神座谈会，这时多方传来喜讯，红莲型杂交水稻不仅在国内水稻区及亚洲多国继续保持高产稳产的强劲势头，而且在非洲喀麦隆的示范田中，“珞优10号”“珞优8号”平均亩产达700公斤以上。座谈会场顿时群情激昂，曾是武大教授、朱英国团队的老朋友、湖北省副省长郭生练激动地说：“杂交稻是我国最有影响的科技成果之一。朱老师的红莲型做到了既高产又好吃，米粒晶莹剔透，蒸熟后香气扑鼻，馥溢四邻，这样的结果来得不易。朱老师的学术水平很高，非常敬业，团队实力强大，对湖北、对国家及对世界粮食安全有重大贡献，习总书记、党中央对他寄托厚望，国家支持他，湖北更要支持他，希望他再获一个国家级大奖。”

第一章 贫苦中求学

第一节 出生在大别山

1939年11月，朱英国出生在大别山深处的湖北罗田县文家庙岳家冲，一个偏僻贫瘠的小山村。这里白云出岫，逶迤绵亘，流水下滩，河流交错，北连安徽省金寨县，西邻湖北省麻城市。以雄、奇、险、幽闻名于世的大别山南麓，处在“扼吴楚、分江淮”的前沿，自古为兵家必争之要塞。

新中国成立前，岳家冲隶属滕家堡（又称屯兵堡），新中国成立后滕家堡一度是胜利县的县址，后恢复为胜利（区）镇。21世纪初，岳家冲由罗田胜利镇划归河铺镇。

岳家冲村距滕家堡30里沟壑，离罗田县老城90里山路，群山环绕，森林密布，深谷悬崖。去县城，仅翻越雷家大垴山就要花上半天时间，传说山上有伤人的野兽，村里孩子很少去过县城，更不知道省城武汉在哪个方向。

村里三十几户人家，散住在高耸的熊家山山腰。据史料记载，熊家山实为扬旗山，是历代战事的烽火台，古时农民起义或兵家争雄，站在扬旗山顶摇旗呐喊，四里八乡包括30里外的滕家堡都能看到。扬旗山林中有多条羊肠小路，内连滕家堡，外通巴源河；从宋代绍兴元年（1131年）岳飞奉诏讨伐李成，到咸丰十一年（1861年）二月初四洪秀全的爱将陈玉成联合捻军攻打罗田，再到刘邓大军中原鏖战，都经由扬旗山通道出入。扬旗山附近至今有个人丁兴旺的扬旗寨，其寨保持了近千年。

扬旗山腰部平缓，顶端陡峭，山顶残留着一处年久失修的庙

朱英国在罗田美丽的山水间度过童年

宇，山腰两翼缓缓向外伸展，像一位慈悲的老人自西向东坐拥着三面环山、正面透空的岳家冲。岳家冲的下方是一座小型水库，堤坝边的简易公路顺坡而下，经过平缓的文家庙通向巴源河。站在水库堤坝放眼望去，村子背倚青山，巍然屹立，浓荫覆盖；正面巴源河碧波荡漾，清水长流，远处有条银色纽带，环环绕绕伸向天际，依山傍水，诗情画意，好一派秀丽景色。

据朱氏家谱记载，朱英国的始祖是宋朝理学家、思想家朱熹，岁月悠悠八百多年，朱氏支脉遍布天下。

朱英国的父亲朱锦华的上一代人丁兴旺，仅一母同胞的兄弟就有七位，均以耕读为本，以勤诚作基。1912 年清明节，朱锦华刚满周岁，由其大伯做主过继到其三伯名下，不料刚过了一年，三伯不幸病逝。按过继时的笔墨约定：无论发生何种情况，朱锦华不得知晓其亲生父母的名字，不得回到亲生父母身边生活。

靠三伯母养育的朱锦华童年孤苦，却得到族人的资助，读了少许私塾，识得些小古文，能写信函，为人厚道，通情达理。他历经苦难沧桑，始终恪守孝道，义薄云天，活到 90 岁弥留之际也没说出亲生父母的姓名，给儿孙留言，他是三伯母养大的，三伯母对他恩重如山，致使朱英国始终不清楚祖父、祖母的名字。

朱锦华身体强壮，是一个种田的好把式。

1932 年前后，素有“八山一水一分地”的罗田县，连续三年遭遇严重灾害，先是沙河、澧河多处决口，致使下游一片汪洋；后是蝗虫遮天盖地，庄稼颗粒无收，十有九家逃荒要饭，卖儿鬻女，沟死沟填，路死路埋。当时流传的歌谣是："乌鸦头上叫，尸骨到处抛；盗贼遍地起，土匪如牛毛。"山民万般无奈，纷纷抛弃土地，拖儿带女地出山求生。

朱氏族人决定，把 20 石 [①] 朱氏抛弃的荒地交给朱锦华耕种，只要求风调雨顺的年景请族人到祠堂吃一顿饭。朱锦华欣然应承。此后他披星戴月，勤扒苦做，哪知粮食刚登场，要粮逼款的人就接连不断，苛捐杂税多如牛毛，军粮费、治安费、劳役费、官车费……狗往狼来，粮食所剩无几。

尽管如此，朱锦华依然信守承诺，乐善好施，慷慨仗义。粮食登场后，他不仅请族人到祠堂热热闹闹吃了一天，还把粮食送给村里其他姓氏的老弱病残。遇到青黄不接时，哪怕缸里只剩半升米，他也要给穷人一碗饭。有一年冬天，村里孤寡老人张蓉年生病在床，朱锦华说服养母，把家里准备过年的一只野兔送给了张蓉年。

因心善手松、见到穷苦人不帮一把就过不去，朱锦华自己家的口粮往往年头管不到年尾，家人常常靠萝卜白菜度日，落下的仅是一个好口碑。

1937 年 9 月，朱锦华结婚成家时，乡亲们主动凑份子，租花轿请喇叭，热热闹闹地去巴源河对岸的麻城市张家畈徐家咀，娶回了朱英国的母亲徐清珍。

第二节　硝烟久久不散

百姓的命运从来就是与国家命运连在一起的。

朱英国出生前后，国家内忧外患、民不聊生，老百姓处在水深

① 石：在此指面积单位，约 4 石为 1 亩。

火热之中。在“出英雄又出土匪”的罗北山区，星星点点的火种点燃了穷苦百姓对未来的神往，农民运动风起云涌，于是这里渐渐成了革命的摇篮。

事实上，从第一次国内革命战争时期开始，滕家堡已经是鄂豫皖根据地的重要组成部分。1926年夏，共产党人李梯云在滕家堡建立了中国共产党在罗田的第一个党支部；随后中国工农红军第十一军三十二师、红一军、红四军、红二十八军经常转战滕家堡。刘伯承、邓小平、徐向前、许继慎、王树声、皮定均等红军和解放军高级将领，都曾在这块红色土地上浴血奋战，留下不可磨灭的功绩。在艰苦卓绝的斗争中，罗田百姓作出了巨大的牺牲。

内忧阴霾笼罩，外患狰狞降临。朱英国刚满周岁时，占领华中的日军更加疯狂，连续三次轰炸罗田、大河岸、平湖、滕家堡；5000日军的步骑从桃家坳、上河界、观音嘴分三路往北，向大别山纵深发起进攻，所到之处杀人放火，奸淫掳掠，无恶不作。无数村庄被烧成灰烬，众多平民被炸死。为躲避战乱，朱英国坐在父亲挑的箩筐里四处逃难，可是他们逃到哪里，日军的飞机就炸到哪里。一次，一颗炸弹落到离他们藏身之处不远的地方，父亲不顾一切用身子护着亲人，结果他的左腿留下永久性弹片，至死也没取出来。

连年的战乱和饥荒使他们的家族悲剧连连，短短几年间，13位亲人相继离世。等到朱英国有记忆时，只有七伯还健在。

战乱中那20石土地完全荒废，无法继续耕种。逃难返回岳家冲的父亲朱锦华只好在扬旗山下一锄一镐地重新开荒、种瓜种果，勉强维持一家人的生计。

虽然生活贫困、物质匮乏，朱锦华却不忘“种植”书墨，常将他当年在私塾里背熟的《唐诗三百首》《千家诗》等诗句口授给朱英国，教他吟诵熟记。

朱英国很小就爱动脑、爱劳动，每天学完诗句后，不是跟着父亲上山捡柴，捡麦穗、稻穗，就是帮母亲扫地、洗碗、择菜，他天生聪明，性格温和，心地善良，在小朋友圈里人缘极好。1944 年农历四月初的一天，一场大雨过后天空露出蔚蓝，五岁的朱英国牵着多家共养的一头黄牛，和村里放牛的孩子一起走向扬旗山。唱完儿歌，大家把牛丢在山坡上，纷纷来到朱英明身边。朱英明是朱英国的堂哥，比朱英国大三岁，满脑子点子，是大家公认的孩子王。此时的他穿着露出胳膊的外褂，不时向扬旗寨的庄稼地张望，受他的感染，大家也向扬旗寨张望，并且都伸长了脖子使劲地咽口水。此时青黄不接，正是难熬季节，小麦没有成熟，板栗、柿子、红薯半生不熟，掏鸟巢、捅马蜂窝太危险，只有扬旗寨山地里青嫩的豌豆可口，既可烤熟吃，也可生吃。

偷摘的欲望在他们幼小的心田里蠢蠢欲动，但他们都明白，没有英明哥表态谁也不敢轻举妄动。英明哥一番思索后，安排朱英国负责看牛，其他人跟着他去行动。不等堂哥说完，朱英国就强烈反对。此前听从堂哥安排，现在他感觉自己长大了。

堂哥朱英明被他说服，同意他参加。这回朱英国准备充分，他把衬衣扎在裤腰带里，用布条在腰间缠了几圈，这样腰带以上全变成了“口袋”，摘的豌豆从领口往下一塞，全落到上身“口袋”里，如果被人发现追赶，甩开手逃也方便。结果这一回很顺利，朱英国战果累累，除了满足自己所需，还把剩余的豌豆给了比他年龄更小的伙伴。

就在这时，传来刺耳的尖叫声，日军的轰炸机贴着扬旗山飞了过来。多次目睹日本飞机轰炸制造惨案的朱英明，看到几个黑砣子从机肚中落下，连忙大声呼喊：“趴下，快趴下！”随即，爆炸声震耳欲聋，将石头、树枝撕碎掀到空中，横飞四溅地落了他们一身。巨大的硝烟像一团黑云久久不散，直到惊慌的家长们呼喊，他们才慢慢回过神来，哭着喊着找牛。

朱英国后来才知道，日军在扬旗山投弹的日子，正是日军在太平洋战场连遇挫折又不甘失败，于1944年春集结侵华日军，发起“湘桂战役”的准备阶段。

回到家里，见父亲沉默不语，一身泥土的朱英国满脸疑惑地问父亲：“你不是说驻滕家堡泗洲山的军队消灭了很多日军，日军为什么还在我们山上投弹，欺负中国人？”

父亲长叹一口气说：“驻滕家堡泗洲山的国民党军队又换了一支，这一支胆小，不像以前泗洲山的国民党军队那样勇敢。我们的国家大、人很多，却贫穷落后。山大无柴，树大无桠；兄弟再多，不团结就会受外人欺负。所以总想送你读书，学知识为国为民分忧。”

双手托着下巴、闪着一双机灵大眼的朱英国，这时自然不懂什么叫分忧，但贫穷落后就会挨打的道理，却触动了他幼小的心灵，他感觉不懂的东西太多，求知的渴望油然而生。

第三节　解放军凑学费

1945年8月，穷凶极恶的日军终于被中国军民打败而投降了，但大别山区再次布满阴云，国民党顽固派、土匪强盗、流氓地痞猖獗，社会秩序混乱，形势异常复杂，内战一触即发。父亲朱锦华用独轮车推着山货，去河铺鳡鱼咀集市卖，想凑两斗米送朱英国上学，却在路上遇到土匪，山货被抢走了不说，他还被打得遍体鳞伤，险些丢命。留有日军弹片的左腿更是疼痛难忍，朱锦华一瘸一拐挪回家，躺了两个多月，才靠木棍支撑着下了床。

父亲的这一次被抢，让朱英国上学的计划变得遥遥无期。但父亲送儿子读书的愿望依然强烈，一有空就把朱英国喊到跟前继续教儿子识字、写字、背书。

1947 年 8 月 27 日，刘伯承、邓小平率大军进入大别山，第六纵两个主力师途经扬旗山，三万人马走了两天三夜。紧接着，异常艰苦的解放战争开始，大别山人民被广泛动员起来，踊跃参军、积极支前，翻身求解放的浪潮如火如荼。朱锦华同所有贫苦农民一样积极捐粮支援前线。

湖北省罗田县胜利烈士陵园

朱英国加入了罗田第一批儿童团，帮解放军站岗放哨、送情报。他积极地参加罗田儿童团开展的“四不运动”：不给敌人带路、不给敌人送信、不说出政府干部、不说出藏粮地方。他还到处张贴宣传单：“罗田不简单，锣鼓招一片，男将抬伤员，女将送茶饭。”

同年 10 月 27 日，刘邓大军一、二、三、六纵队在蕲春高山铺战役中大捷，战果辉煌，歼灭国民党第 40 师和第 52 师共一万多人。解放军 800 余名伤员分别被安排在河铺镇严家河、八迪河、簰形地、台子垸及滕家堡区板桥、江家畈、乱石河等长达 30 里范围的偏僻山村群众家中养伤。据史料[①]记载：这一战役为大别山进一步发动群众、建立根据地创造了极有利的条件。朱英国的父亲作为支前模范，他家住进了一位双眼被硝烟严重熏伤的林排长。朱英国一空下来，就缠着要他讲故事。林排长给他讲“朱德的扁担”“刘伯承治眼”“邓小平在团风县整顿军纪”……林排长讲累了，就对朱英国说：“我们一人讲一个，看谁讲得好。”

① 刘伯承：《千里跃进大别山》。

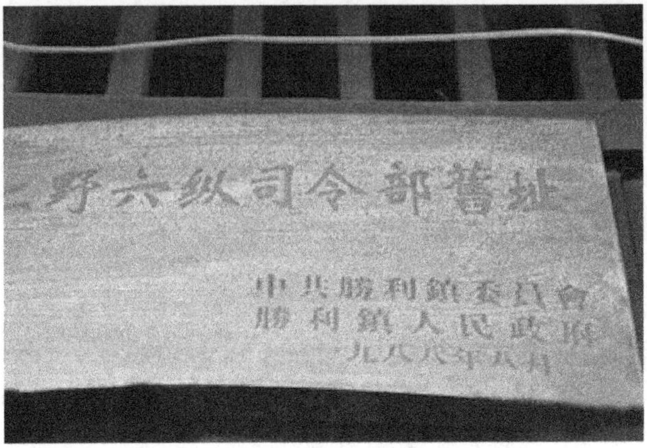

解放军六纵司令部旧址

朱英国想想说：“汉朝少年匡衡，勤奋好学，但家里很穷。他看到富有的邻居家一到晚上烛光通明，就求邻居借他一寸地读书。邻居说，你穷得连蜡烛都买不起，读什么书？匡衡发誓一定要读出来，就悄悄在邻居墙上凿个小洞，借他家的光线读书。之后他又去恳求藏书很多的大户说，我给你干活，你给我书读。匡衡就这样勤奋学习，后来当了西汉丞相。”

林排长听完朱英国的故事，连忙问：“这个故事谁给你讲的？”

“我父亲。”

“孩子，你这样聪明该上学啊！”

伶俐的朱英国说：“我家买不起蜡烛，隔壁也是穷人，村里没有大户。父亲教一点，我就学一点，没有笔和纸用，就用指头蘸水在桌上写，我会写‘赵钱孙李，周吴郑王’，我还会背《三字经》，我背你听：人之初，性本善。性相近，习相远。苟不教，性乃迁。教之道，贵以专……”

林排长当晚就对朱锦华说，就是砸锅卖铁也要送孩子上学，他是块读书的料，不能再被耽误了。朱锦华实话告诉林排长，家里仅有的一点粮食都捐给了队伍。林排长连忙掏出自己身上的一点钱，递给朱锦华说，宁可饿肚子，也不能误孩子。

第二天，朱英国记得是 1947 年农历十月初五，父亲用箩筐挑着两斗学费米，带着他去下湾李赤庭的私塾上学了。

在路上，看着朱英国欢天喜地的样子，父亲叮嘱他说，今天去了，先要拜孔子、拜先生。

当时，罗田私塾分蒙馆和经馆两种，蒙馆主要是对少年儿童进行启蒙教育，经馆主要招收年龄偏大、有一定文化基础的学生。私塾无固定学制和教材，学时不限，以《三字经》《百家姓》《千家诗》等为基础材料；教学方法由老师圈点教读、学生诵读；作业为临摹习字、对课（学对对联）、背诵诗词格律、学写诗。李赤庭的薪俸全由学生家长承担，逢年过节学生还要给他带些烙粑之类的东西，这是当地的尊师传统，称之曰：爱子重先生。

下湾私塾学堂设在李赤庭的堂屋里，堂屋正面倚靠着两副红漆神龛，两神龛外侧各雕有一条尾翼清晰、鳞甲飞舞的长龙。龙头上昂，神气活现，虎虎生威。神龛上方墙上竖挂着“天地君亲师位”牌。桌面上满是书籍、文房四宝。父亲牵着朱英国来到龛前，指着龛上厚厚的一摞线装书说：那牌位、那书，就是孔圣人，先拜圣人，再拜先生。于是，朱英国对龛虔诚一拜，犹如平日里家中祭祖一样，俨然那高高的一摞书就是孔圣人庄严地坐在那里，然后转身恭拜李先生。受礼后，李赤庭随手取出两本小书递给朱英国并说：发蒙从《三字经》《千字文》读起。还嘱咐：今天在孔圣人面前磕了头，从今以后，读圣贤书可要认真吃苦，不可游戏贪玩。

父亲离开后，朱英国回头看到十五六个学生穿灰色长袍、戴圆顶小帽，有的留着小辫子，多数比他个子高、岁数大，大家都规规矩矩坐成一圈，一个学生领读，其他学生放开喉咙高声跟读，童声悦耳。

李赤庭手里拿着三尺长、三寸宽的竹板，学生们怕打，都格外用心读书。李先生要求学生把《三字经》倒背如流、通篇默写，文参平同学却无论如何都做不到，挨板子后哭着回了家，再也不上学了。朱英国基础好，又有过耳成诵、过目不忘的天资，但也挨过李先生的板子，那一次是因为他写毛笔字时把“已”写成了“己”。

挨打后的朱英国吸取了教训，先生教时聚精会神，习字时一丝不苟，可还是有不懂的，回到家问父亲：“‘除却书中艺，并无百日功’是什么意思？”父亲说：“李先生的真意是，书中之艺，纵使百日千日又何能通呢？如果真想有学问，需长期苦读、不耻下问、反复思索。”

朱英国进学堂后长进很快，可家里太穷，连油灯都点不起，父亲每晚把砍回的一截松树节疤[①]绑在桌子角照明，照着儿子读书。松油灯烟大，黑黝黝、飘闪闪地满房跑、四处窜，直往朱英国的鼻孔和脸沟里钻，如果朱英国熬晚了，次日上学前没顾上洗脸就成了“黑面小包公”。

不久，李先生就把成绩好的朱英国和余品题安排在课堂中间座位上，让他俩轮换当领读生，还分别任命为路队长：远的由余品题带队，近的让朱英国负责。一辈子与朱英国保持来往的余品题说：

> 上学后，我跟英国就成了最好的朋友，夏天的中午烈日炎炎，大人们都回家避暑了，我和他光着上身爬上树圈知了、毁鸟窝、捣蜂巢、偷瓜果，寒暑假常一起砍柴、放牛、捡粪或合伙与邻村的孩子打架。英国个子小，家里穷，三九天穿着单薄褂子，时常冻得流清鼻涕，可他记忆好、聪明、爱动脑子，成绩总是班里前一二名。

第四节　谁知盘中餐

李先生很喜欢朱英国，但有一个疑问，李先生一直没有给朱英国明确答案，直到1949年12月文家庙村建成了小学，朱英国由私

① 在湖北省罗田县叫亮壳疤，里面有松油。

塾转入读三年级，并作为罗田县第一批少先队员，戴上鲜艳的红领巾，朱英国才向新任班主任文烈老师说出了这个疑问。

原来，英国上私塾后性格变静了，常常捧着一本书一动不动地看几个时辰，生怕别人打扰，可是他三岁的妹妹朱英娟爱哭爱闹，一点不如意就搅得他无法看下去。

一天下午，朱英国正坐在门前石板前临帖，妹妹看到进村货郎的担子里有她爱吃的糖果，哭闹着非要不可。朱英国从自己攒的准备买钢笔的钱里拿出少许买糖果，把妹妹哄得喜笑颜开，哪知道却捅了马蜂窝，孩子们都围着他要糖果，闹得他更不安静。他心一横，把好不容易攒的买钢笔的钱全都拿出来，买糖果分给了孩子们。过后，他想到那一群孩子灿烂的笑，心里就很甜；没听到一句感谢话，又后悔……好些日子陷入纠结。

他当时问李先生，自己到底做的对不对。李先生取下眼镜瞅了他好一阵子，然后摇头晃脑反复自诵曰："君子好人之好，而忘己之好。"朱英国虽不懂其意，但见先生神态，明白李先生是在肯定自己，于是又惋惜道："我的钢笔又买不成了。"先生听了又慢悠悠地念诵起来："人而好善，福虽未至，祸其远矣。"朱英国的记性本已惊人，回到座位即刻把李先生之诵写下来，却不能完全理解。

朱英国的新老师文烈，虽古文根基不深，但对这样的问题还是能应对的，他安慰朱英国说："李先生认为你是君子。你今后不会有祸，做了好事将来有福。"

世上善事，至善莫过于善解人心。朱英国那时不过十岁左右，他以童心相通，舍己之好，可从小见大。

朱英国从此天天写日记，坚持了几十年。他在自己的第一篇日记中写道：

> 文烈老师说，我们戴上红领巾后，要爱劳动、爱科学、孝敬父母……做善良的人，做富有一颗同情心的人。太阳施恩于大地，太阳却从没有从地球上获取任何回报；上善若水，水善利人

间万物而从不争功，这就是最高品德，善良也应该是这样的，善良的事做了就做了，不要回头，不必去追求好处和回报……

除了在学校学知识外，在家里父亲的品质也影响着朱英国。

1951 年 1 月，抗美援朝进入艰苦时期，国家号召爱国募捐。这一年罗田又遇到严重旱灾，他家已将细粮换成了粗粮，加上开荒地里的瓜果，一家人才能勉强接上茬。如果也捐，明年春荒就难过了。父亲坚持说：政府给我家分了三亩六分地、一头牛和一部水车，虽然日子难，但比起朝鲜前线的战士算什么？就是吃糠咽菜该捐的也要捐。父亲当即拿出 80 斤粮食捐给国家。

1952 年 2 月，朱英国转到廖家坳小学读五年级。他家离廖家坳小学 8 里，山高道陡，森林密布，遇到雨天、雪天父母们就更不放心，所以报名时父亲就给他背来被子，让他住读。

同时从文家庙转到廖家坳的，还有余品题和他的姐姐余品如。

廖家坳小学最早是由廖绍润牵头、廖姓九房出资建成的，也称九房祠小学，建校之初专收廖氏弟子，历经百年，渐渐不分亲疏，面向八方招生。这所被村落包裹的小学，曾经是新四军武工队和罗田第一个地下党支部活动的中心，留有战争痕迹的墙壁如今早被重建的教学楼替代。校门口墙上挂着多个荣誉牌，其中“老区希望小学”让人感觉沧桑和厚重，以及希望与未来。

朱英国依稀记得 70 年前读书的景象：

新中国刚成立，学生一下子增加了几倍，课桌和床铺不够，有的学生站着听课，趴在窗口写作业。窗子没有玻璃，用泥巴糊了糊，冬天冷风刮进教室，大家都冻得窝成一坨。学生寝室是租借的民房，两间厢房挤了 30 多个，睡地铺，返潮，垫稻草树叶，光线暗气味重，三九天像掉在冰窖里，夜里起来屙尿常相互踩到。班主任金声老师特别喜欢我，专给我弄了一块木板，在走廊里搭个铺。可没管几天被人偷走，只好趴在地上做作业。

小学同桌刘金海回忆说：

> 英国每次考在前头，老师抬他，他又是班长，做体操、唱歌、劳动都是他带队，有的同学爱打架，但都不惹他。有一次，金声老师出了一个作文题，让大家以“锄禾日当午，汗滴禾下土；谁知盘中餐，粒粒皆辛苦”为背景写一篇作文，结果朱英国写的这篇作文在班上贴了一个学期。金老师常拿他的成绩在班上亮，鼓励大家向他学习，我们嫉妒死了。

住读生自带粮食，带的多数是小粟米，穷的家庭干脆扛来一麻袋白萝卜、红薯和土豆。细粮也好，粗粮也好，大杂烩一锅煮，像粥又像羹，没有谁挑剔，能把肚子填饱就行。新中国刚成立，又处在抗美援朝阶段，农民们饿着肚子向国家捐粮，老师一个月的薪水是 70 斤小米，金声老师把他两个月的小米都捐出去了，跟学生一起吃羹。那些老师都是从旧社会走过来的，连年战乱让他们没饭吃，有了职业，很感激新中国，他们一门心思教书育人，很是敬业。

第五节　惊闻“人相食”

朱英国童年读书，是“浸泡在盐水、碱水”中，远难于一般意义上的“求学”。在当时罗田山区那种艰难环境下，能坚持读下去的很少，能读出名堂来的就更少，大多数读个高小就退学了。朱英国坚持读下去有两个推力：一是父亲全力支持，把培养他成才当成人生的最大愿望，再苦再难也乐意扛；二是新中国成立后，国家给山区学校派去一批素质高、非常敬业的老师，他们想方设法关怀学生，不仅教知识，还教孩子们如何做人。

在朱英国的记忆里，金声老师心怀宽广、待人真诚，总是把学生当子弟。一次课外活动中，同学们都在操场上做游戏，朱英国却坐在旁边聚精会神地看书。金老师想让他换换脑子，轻手轻脚从后面捂住他的眼睛。朱英国看书喜欢静，关系再好的同学打断他的思路，他也会发脾气的。这会儿他的眼睛突然被人捂住，挣脱不掉，顿时火冒三丈骂道："是哪个野种？"

回头一看，傻了，原来是平时最喜欢他的金声老师，他顿时感到很愧疚，连连说对不起。可金老师一点也不生气，仍平静地说："看书不要时间太长，有时向远处望一望，别把眼睛看坏了。"当时许多同学担心金老师以后是否会继续信任他，结果金老师对他一如既往，学校组织大型活动时还是让他当负责人。

温和亲切的金老师有时也发火，而且发起火来让全班记忆深刻。六年级下学期的一天，班上的一个同学把一个没吃完的馒头扔到路边，走在后面的金老师心疼地看着那个馒头，馒头滚到哪儿，他的视线就移到哪儿。当晚自习，金老师当着全班同学的面把那个馒头吃了，回头在黑板上重重写了三个字：人相食。随后问全班："谁知道这三个字的意思？"见无人应答，他又在黑板上写道：白骨露于野，千里无鸡鸣。问全班："谁知道这两句是哪个朝代诗人写的？""东汉诗人曹操在《蒿里行》描写饥荒景色。"朱英国答。

"何止是东汉。"金老师难以抑制自己的情感，噙着泪花说："西汉末年汉朝人口5800万，因连年灾荒动乱人口降至1500万；隋炀帝大业五年，全国人口是5100万，几年饥荒下来锐减至1800万；1942年河南发生灾害饿死数百万，惨绝人寰，举世震惊。"

随后，金老师讲了几句让全班同学终生难忘的话：

在我们罗田山区，或许就在你们村，历史上因饥荒发生过多起人相食事件。据罗田县志记载：万历十七年（1589年）罗田大旱，饿死者无数，发生人相食事件；崇祯十五年（1642年）发生饥荒，十死八九，出现人相食。什么叫人相食？就是活人吃死人身上的肉，是饥荒之年饥饿的人为了活命，最痛苦最残忍的选择。

从那以后，同学们不敢再浪费粮食，一提“人相食”三个字，心里就发怵。

其时，罗田又发生了严重旱灾，家长给学校送来的连粗粮也少了，退学的也多了。这个时候朱英国的弟弟朱英斌出生了，妹妹朱英娟已经上学。家里日子一天比一天难，担心自己读不下去的朱英国在日记里写满了担忧：

岳家冲的庄稼地下点雨就涝，晒几天就旱，父母总盼着风调雨顺发年景。前几天回家，秧苗被烈日烤得蔫耷耷的，村民纷纷到扬旗山庙里烧香拜佛求雨，可老天爷就是不给脸。父母不忍吐穗的稻秧旱死，用水车一级级往梯田转水，塘里的水越转越浅，梯田越来越高，转到第五级就转不上去了，父母就一担担往山上担。腿上有弹片的父亲受点累就痛得走不了路，母亲身体本来就弱，加上长期在低矮厨房里受浓烟熏烤，她的视力变得更弱了。岗上的苗眼看没救了，为了支撑一家的生活，为了我和妹妹读下去，母亲在升子（用以计量粮食的器具）里面粘一坨糖，以此减少粮食消耗。父亲担心口粮管不到年尾，提前到山上去挖葛根和蕨根，这两种野生植物含有淀粉，晒干磨成粉子可充饥……这些日子老做梦，梦见出现了一种神秘的稻种，它能抗涝抗旱抗病虫，撒到哪里，哪里就是一遍金黄、丰收在望，全村欢呼雀跃，喜气洋洋。梦里醒来又惴惴不安，担心灾情发展下去出现人相食惨景。

朱英国越是担心家里，学习越是刻苦。他常想起解放军林排长说的一句话：要冲出一条血路。

1953 年 7 月，在岳家冲出现“互助组”时，廖家坳小学开始了小升初考试。朱英国以优异成绩考上胜利（又称泗洲山）初中。他的好同学余品题也考上了。参加考试的 118 名学生中，12 名榜上有名。“12”这个数字，是罗田其他7所小学被录取的学生的总和，当时在全县引起不小的震动。

这个时期，革命历史和传统文化厚重的胜利区，经国家批准建立胜利县①。泗洲山初中实际上是胜利县第一所、也是全县唯一的一所初中（现罗田胜利中学前身）。招收的150名学生，涵盖刚被划入的湖北麻城县、安徽金寨县和周边多个县的学生。任课老师是湖北省教育厅从各地挑选出来的。成立不久的胜利县财政经费很困难，但县委还是作出一个决定：给泗洲山初中拨款设助学金，资助家庭困难的优秀学生，并决定由时任县长孙岱远兼任校长，叶芬任常务副校长。

泗洲山初中开学第三个月，即1953年11月，大别山区部分县开始搞农村初级合作社：在自愿基础上，农民用自己的土地“入股”，组织联合生产，农家同时拥有自留地和私有财产。这种仿效苏联搞“集体农庄”的办法，在我国农村实践的情况并不乐观，甚至出现了相反的效果，很快地，各地粮食库存出现报警，国家随之实行统购统销，计划供应，凭证定量，即把老百姓生产的粮食统一收购，然后根据各家各户人口多少定量供应。“定量供应”政策的出台，让那些家大口阔全靠粮食支撑的家庭，日子难以为继，生活水准急骤下降，填不饱肚子的问题更加严重。与此同时，工薪家庭往往拿着钱买不到粮食，于是，在中国后来广泛使用的粮票正

如今的胜利中学

① 1952年10月组建，1955年5月撤销，恢复胜利区建制。

式登场。

中国农村转型时的政策，大多是摸索性的、实验性的，大凡政策交替背后都隐藏着巨大的社会难题。摸索的过程，有时是百姓付出巨大代价的过程。在这种背景下，身为大别山深处普通农民的朱锦华，梦想培养儿子成才的愿望仍然一如既往、毫不动摇，他鼓励儿子坚持时，实际上他自己更加痛苦地在坚持。

好在朱英国特别争气，泗洲山初中开学不久，他因为各门功课优秀，第一批获得奖学金。虽说只有2元钱，但当时的猪肉2毛6分一斤，大米4分一斤，2元钱可以办不少事。父亲听说儿子获得奖学金后激动得声音发哽，连连提醒朱英国：好好读，将来回报政府。朱英国回忆道：

> 初中阶段有许多难忘的记忆，李景波、彭震、李茂华、张荫明等老师，特别是班主任胡建文老师都非常好，生活再难，总是用爱国思想影响学生。
>
> 我所在班是“黄继光班”，胡建文老师常给我们讲黄继光用胸膛堵枪眼、邱少云被燃烧弹烧死不暴露目标的故事。我是学习委员，听了后就带头写心得，实际上那一代教师，给我们种的是爱国之瓜、成人之豆，让我们懂得要爱祖国、爱人民，不怕困难，努力追求知识。
>
> 我家离泗洲30多里，在校住读，母亲给我腌了一缸咸菜，每月回家一趟带粮带咸菜，有时父亲把粮食送到学校。父亲老是嘱咐我，没事不要往家里跑，要专心搞学习。那时社会上没有多少诱惑，能把肚子填饱，就感觉浑身是劲，我对功课很自信。这个时候，我除了跟余品题保持友谊外，还结识了后来考入华中师范大学、一辈子来往的严世明同学。
>
> 我们三个相互鼓励，相互帮助。县长兼校长孙岱远是南下老干部，常去学校，只要遇到我们就特别欣喜，摸我们的脸，接着送一筐鼓励话，嘱咐我们刻苦努力，早日成材。

然而，人生是一盘没有定律的棋、一座被浓雾笼罩的山，从来没有如果，也没有假定，只有大致的方向。朱英国最终和别人不一样，是因为关键时候作出了不尽相同的选择，是因为有一位无比坚强的父亲给了他支撑。

1954 年下半年，苦难接踵而至，先是四岁的弟弟朱英斌掉到水塘中，救活后落下终身智障，接着是哭干泪水的母亲视力变得更弱，妹妹朱英娟从此辍学。贫困和灾难，让朱英国对继续读书产生了犹豫，刚强的父亲对他说："民国二十九年，日军轰炸后开始搜山，见人就杀。你六爹看到死人堆里有许多壮男，他就不再逃了，一个人拿着猎枪跟日军周旋，保全了全村老少的性命。一个村子一个家庭，最困难时总得有人站出来准备牺牲，否则，这个村子就会消亡。只要我还能动，你就要坚持读下去，你读下去我们看到希望，才有信心奔。"

朱英国顿时感到有团火在心里燃烧，他发誓豁出命也要读出名堂来，让苦难的父母亲看到希望。

> 从那后我就兼顾两头，边坚持读，边顾着家。家离学校 30 多里山路，每个周末往家里跑。回家砍柴，挑大粪，修田埂，见什么做什么。有一回砍柴砍多了，又舍不得丢，就把柴分成若干小捆往山下拖，拖过河后，柴更重了，天也黑了，怄得哭，最后听到父亲的呼喊声。冬天里，胡萝卜地里盖上厚厚一层雪，我先把雪扒开，然后把冻硬的沾满泥巴的胡萝卜一个个拔出来，在结着冰的水塘里洗干净，让父亲拿出去卖……
>
> 那些日子里，我十来天就要穿破一双鞋。母亲视线好时做的千层底，总是很合脚，穿上也舒服。母亲失明后，只能靠妹妹和婶婶们帮忙，做的鞋不是大就是小，勉强穿几天就穿帮，露出脚趾，夏天还好办，用麻绳绑在脚上，冬天就不好过，冰雪钻入鞋底，常把脚与鞋冻在一起，扯不下来，脚后跟冻烂，就用棉絮缠住，一瘸一拐在山路奔来奔去。

虽然异常艰苦，但朱英国的脸上总是带着平静和微笑，哪怕有时是强装微笑。他是学生会负责人，虽然不会唱不会跳，但威信高，常组织全校唱歌拉歌、进行体育比赛。他至今会唱那首融入他灵魂的歌：五星红旗迎风飘扬，胜利歌声多么响亮……

第六节　扣好第一粒扣子

朱英国永远记得那感动的一幕。

1954 年 7 月间，湖北省发生了严重水灾，武汉关警戒水位被突破，全省许多地方变成一片汪洋，受灾人口达 1888 万人，连南北大动脉京广铁路线也被洪水冲断……这年的 7 月 15 日，胜利县泗洲山初中也发生了一件与洪水相关的事件，虽过去了整整 60 年，却仍像一道耀眼夺目的闪电，永远定格在朱英国和那一届同学的记忆中。

期末考试结束后，学校要整体搬到胜利街去。显然是因为胜利（滕家堡）的条件比泗洲山要好得多，大家都很激动。胡建文教师想到平时学习忙，决定利用搬家前半天，带学生去看看近在咫尺的国民党第七军军部在泗洲山的旧址，进行爱国主义教育。

国民党第七军泗洲山旧址

胡老师边走边向同学们介绍，第七军是爱国将领李宗仁的桂系部队，他们在台儿庄战役中前赴后继，歼灭日寇两万多人，震惊中外。1938年9月，该军军长张淦将军率部到罗田，驻扎在巴源河、固基河三面环绕的泗洲山，并将泗洲山更名为笑狮山，仍坚持抗日，先后取得罗田独松树、蒙蒙山和步兵河阻击战的胜利。李宗仁还专程飞到滕家堡泗洲山下河坪检阅过第七军。

张淦将军是一位儒将，泗洲山顶巨型花岗岩上刻着他写的“笑看乾坤”四个大字，右侧刻有两位师长和他的诗文，道出中华民族同仇敌忾、抗敌御侮的爱国情怀：倭奴以中国为睡狮可欺，岂知狮已醒，一吼而倭氛散，一搏而倭奴灭，倭奴倭奴，死无噍类矣……

滕家堡老街

看了泗洲山，胡老师又带学生到滕家堡看800米老街。具有浓郁明清特色的雕梁画栋、飞檐翘角、木雕窗花、门楼、石刻狮子，精美细腻、古色古香。金凤楼香火旺盛，佛堂、大香炉、雕花香案和门口卧守的两雕花石狮，威武雄壮，栩栩如生。清代叶氏祠、张氏榨油坊、万年台遗址、铜锣关城楼等建筑，耀眼夺目，风姿多彩……后来均被国家列为重点文物并受到保护。

也许跑累了，回到泗洲山学生宿舍后大家都早早入睡了，谁也没想到凌晨时上游暴雨倾盆，山洪暴发，洪水翻江倒海地汹涌直下，巴源河、固基河水位疯涨，转眼间漫过河床，倒流涌进岸边的学生宿舍。凌晨2时，一男生起来小便，突然看到鞋漂在水上，水快淹到床面，窗外一片白汪汪，他随即呼喊，同学们急忙裹着被子跑向高处。

天亮时才看到，学校被洪水包围了，水急浪大、汹涌澎湃，不可能继续按计划搬家了。校领导这才想起，粮食、青菜提前被运到了隔河相望的胜利镇，留下的大米只够吃一顿的。情况一下子变得严峻起来。朱英国回忆说：

> 150名学生和20位老师只留下一顿饭的米和菜。总务说，把稀饭熬稀点。平时吃饭我们自己打，八人蹲在地上围成一团，萝卜白菜加上学生自己腌制的咸菜，虽没有多少油水，但总是吃得很香。那天早餐的稀饭后勤主任亲自掌勺。孙岱远县长在洪水滔滔的那一方通过电话嘱咐学校领导，一定要保证学生的安全。孙岱远后来当过黄石市市长，任胜利县县长兼泗洲山中学校长时，常骑一匹剽悍的高头大马到校处理事务。他给老师开会时，马就拴在学校操场旁的树上，我们对他骑的马很好奇，总想靠近摸一下，又怕它桀骜不驯踢一脚。学生们把稀饭吃完了，全体老师没吃一口。为难的是天还下着大雨，洪水丝毫没有消退的迹象。
>
> 这时，叶芬副校长安排老师们到校旁边的周家湾去借米。湾子很大，两个大队数百户人家。借米的老师向农民承诺水退后即还，可是1954年的周家湾全是穷人，跑了一百多家，没借到米。胡建文老师叫学生原地不动，他涉水探路，到对岸的粮管所去找粮食。叶校长看到洪水凶猛，浊浪滔天，太危险，不同意他一人过河。这时李锦波、张荫民、李茂华、彭震等年轻教师纷纷站出来，他们手拉手，组成人链下河。胡建文说他水性好，要求在前面探路。一下河，就看见那条人链被狂涛冲得左摆右摇，快到河心时，一波恶浪将最前面的胡老师冲走了，叶校长一边呼喊老师撤回，一边组织营救，一时间，竹竿、绳子都有，但难达河中心，男生们顺河边往下追赶，女生

有的急得号啕大哭。最后上帝保佑，胡老师自己抓住了下游的树根……

精疲力竭的胡老师被大家扶上了岸，他看到学生们眼里含着泪花，笑了笑反而安慰学生们说：我死不了，浪又把我打回来了。天不生无路之人，等水退一点再想办法……

文烈、金声和胡建文等老师，对我们的人生观起到很好的引导作用。青少年时代的取向决定了他未来对整个社会的价值取向，而当时，我们又处在人生观形成和确立阶段，就像穿衣服扣扣子一样，如果第一粒扣子扣错了，剩余的扣子都会扣错。人生的扣子从一开始就要扣好。胡老师后来被评为湖北省教书育人楷模。直到他八十多岁离世前，我一直与他保持联系，很尊重他。

前辈老师的影响对朱英国的成长起到了很好的鞭策激励作用，他传承了前辈老师的品质，真心实意把学生当弟子，后来他获得“全国师德先进个人”荣誉称号。

第二章

饥荒之年高考

第一节　哥保送，弟走失

1956年9月，朱英国成为“黄继光班”唯一一个被保送上罗田一中的学生。所在年级共三个班，共保送了三名学生，其他两人分别是余彦文和李声朗。

他回到家里，想把喜讯告诉父母一起分享，然而迎接他的依然是苦难现实。弟弟朱英斌（斌斌）不在家，狮子狗也不见了。他想到家里的几块好地交给了合作社后，父母又开垦了一些荒地，于是直接去了后山冈。

失明的母亲摸索着正在田埂上割草，手掌旧伤口疤痕里粘着草末，新伤口渗出血迹。他边心疼地给母亲包扎，边询问父亲和弟弟的去向。

母亲长叹着说，哪天父母不在了，斌斌靠什么糊口，就托朱英明带斌斌上山学砍柴，哪知柴没砍回来，斌斌却走失了。父亲和妹妹到山里找斌斌去了。他连忙到处找弟弟，喊遍山林不见影子，最后全村出动，找到第三天才在密林深处找到饿昏的斌斌……

回到家里，郁闷的父亲听说英国被保送读罗田一中，情绪立即好转，万般惊喜，在堂屋里连连转圈，不停地自言自语“好哇好哇”，之后对朱英国说，家里事都别管，好好玩几天。

让孩子不参加劳动，是这位宽胸睿智的农村父亲给儿子的最高奖赏。

但朱英国哪有心情玩！家里就这个现状，离罗田70多里，上学后回家更难了，必须在这个暑假把他凡能想到的事都做完，才能安心读书。

我提前想到了两件事，一是扬旗山山腰部、我家开荒地上方有个渗水坑，应把它扩大成蓄水池，平时养鱼，旱时抗旱。我花了十多天，天天凿，日日撬，硬是把这个先前只有餐桌大小、半人深的水坑，变成了20多平、一人多深的蓄水池，之后放入鱼苗。读大一回乡度暑假，我从蓄水池里捞起了不少鱼，其中最大的一条草鱼20多斤。第二件事是，家里厨房低矮，做饭烟雾弥漫。母亲被熏瞎了，不能伤及妹妹和父亲。于是我在厨房的墙头开了两个窗口，装上滑动木板，重新做了烟囱。

还有件事是，家里太穷，读高中的学费、生活费要靠自己想办法。我把地里长的、树上结的，以及平时砍回的柴，凡能换钱的，用独轮车推到离家20里的鳡鱼咀集市去卖。还有，因为母亲的视力不行了，我必须要学会洗被子、缝衣服、腌制咸菜……到一中后，第一学期就凭着各科优秀，获得4元奖学金。高二暑假回岳家冲，农活这一块就能顶替父亲，农业技术方面甚至超越了父亲。

在一份年深月久的罗田政府简报上，记录着朱英国首次在罗田露脸的经历：

1957年8月间，胜利山区发生严重虫害，松毛虫以极快的速度繁殖蔓延，受害山林达数万亩，大片树林被啃得只剩光杆，这让靠山吃山的乡亲十分揪心，可一时又找不到有效的对策。高二在读生朱英国暑假回到文家庙，积极动脑，敢想敢干，采用“有限控制，明火熏燎”的办法，效果很明显，既大量熏死了松毛虫，又确保留得青枝在，其方法很快得到推广。

“世界上能为别人减轻负担的人都不是庸庸碌碌之徒。”读高中的朱英国用他的聪明验证了狄更斯的这句名言。而这个小插曲，让返校的他心里甜了好些日子，第一次感受到获得社会认可的自豪、精神境界升华的快乐。

当然，他最盼望的还是家里老少平安，自己能吃饱饭顺利读下去；希望那个仿佛在向他招手的大学越来越近，却没想到，这些愿望竟成了他的奢望。

第二节　独越“雷家大垴”

他的面前竖立着一座座山，而往返罗田一中必经的雷家大垴山，在他的记忆里特别深刻。爬山的经历，不仅是爬上爬下的艰辛，还直接影响到他后来科学精神和意志的形成。

罗田山水

雷家大垴山在群山峻岭的大别山中，算不上险绝突兀、重峦叠嶂、古木参天、瀑布潺潺那一类，它的特点是石级层层、缓坡悠长、杂草丛生、怪石林立，上下一趟需要四五个小时。让行人不安的是，山的两侧偏僻、孤野，没有人家，且森林密布，山顶常年笼罩在浓雾中，却又是罗北人去县城的必经之道，常有拦路抢劫之事发生，传说还有伤人的野兽。人走在里面，就像一只蚂蚁爬在大象的肚皮缝里。山顶有稀疏的古树、庙宇、香台，香火旺盛时，庙里免费向行人提供饮水。行人会小憩片刻，赶在太阳偏西前急忙下山，一般选择早登山、午下山，结伴而行。

此前朱英国往返罗田一中，翻越雷家大垴，全遵守安全警示：

赶早、结伴。

1958年10月下旬，一个周末的下午，我在校门口碰到私塾同窗文参平，他突然对我说："英国，你妈妈病重你知道不？"我不信，因为前几天我还听说，我母亲能下地。文同学说，你妈患痨病，要命的那种，人快不行了。我开始怀疑这个被私塾李先生打逃了的同学不怀好意，直到他对天发誓咒，才相信他说的是真的。随后，我立即向班主任老师张祖芹请假，什么也不顾往家里跑。虽然家里穷，父母成年累月为一家人的温饱操劳，但母亲特别爱我，冬天怕我冻着，夏天怕我热着，家里有一点好吃的总是留给我……8岁那年下大雪，父亲在外卖板栗，深夜我发高烧，母亲就用棉被裹着我，深一脚浅一脚把我背到下湾找郎中。母亲眼睛看不见，但她心里亮堂，听村里人说我读书刻苦、成绩好，更怕我饿着冻着，隔几天就催父亲去廖家坳送粮食送衣服。有一次她摸到学校，把洗好的衣服和温热的白面馍送到我手里……

不知不觉一口气跑出了十多里，看到雾蒙蒙的雷家大垴，朱英国突然感到隐隐不安。想到日薄西山，只身穿越面临的危险，突然有点犹豫，甚至想返回学校，明早再动身。可一想到母亲，他浑身是胆，什么也顾不了。

朱英国敢于作出这个勇敢的决定，除思母心切外，还有一个重要原因：此前一个月，罗田一中举办田径运动会，身体瘦小的朱英国居然一举夺得全校马拉松长跑冠军，同学们很是惊奇，猜测也许是十多年翻山越岭的求学经历，练就了他的超常体质。事实上，大家忽视了一个细节：运动会前一周，朱英国作为罗田一中数理化代表队队员之一，参加了与蕲春、麻城、黄冈等六所高中的比赛，从预赛、复赛、半决赛到决赛，他一直走向数学冠军领奖台。前后一周，顿顿大鱼大肉，让长期处在半饱半饥、缺乏营养中的朱英国得到一次空前补充，以至于在赛场上如狼似虎地让人目瞪口呆。这也说明只要营养供得上，朱英国的确有长跑运动员的天赋。

他一路小跑，跑到雷家大垴山顶，此时太阳已经下山，他急切地向寺庙讨了碗水喝，接着往山下冲。可是还没有跑到山腰，天就黑透了，路两边密集的丛林仿佛都变成了黑色的幕帐，顿时让他感觉在穿越时空隧道，衣服被荆棘挂成条条，冷风渗入肌肤有种丝丝的凉意。月光透过树缝露出一丝光，把怪石和树枝照映得忽闪忽闪的，似魔影在身边晃动。

渐渐地，不安的影子缠上了他。这时他想起雷家大垴的一个传说：乾隆元年的进士李珌，是一位正直清廉、受百姓称赞的官员，后被奸臣迫害发配到雷家大垴。李珌独自在雷家大垴山生活，直到年老去世也没有被野兽吃掉，说明山上没有吃人的野兽，即使有也会不伤人，通常情况下人不去惹怒它，它不会主动伤人。

> 我不断找理由给自己壮胆：黄继光面对敌人的火力点不皱一下眉头；邱少云被烈火烧死不叫一声；胡建文老师往汹涌的洪水里跳，没半点犹豫……此刻月亮躲进云层，墨绿的树林深不见底。我感觉背脊有些冰凉，步子不觉加快了，也算是蹊跷，走到山腰停下来辨别方向时，几对蓝色的暗光一闪一闪的，沿着斜坡迎面向我走来。撞到野兽了，顿时紧张得不敢动，心提到嗓子眼上。但我很快回过神来，往路边靠了靠，心里默念：朋友，我也是山里长大的，我们同吃山果、同饮山泉，都是靠山吃山，我们是朋友啊！那些“蓝光”也怪像有什么急事似的，一个接一个地从我的身边走过，其中有一条小的，被大的挤得无路可走，踩着我的脚脖子走了过去。

确认“蓝光”全部过去了，他继续一溜小跑，到家时已是深夜。听到朱英国进门的声音，妈妈艰难地支起上半身，连连咳嗽，不安地问：“这么晚回家？翻雷家大垴没出什么事吧？”边说边摸到儿子挂破的衣服和一身大汗。

看到妈妈瘦得两手筋脉暴出、双眼窝陷、说话更加有气无力，惊魂未定的朱英国喊了一声“妈妈”，便哽咽地说不下去了。

无边的黑夜如沉重的磨盘，碾压着他们一家。父亲对朱英国说，土地改革时分的土地、农具、耕牛收归集体了，实行以生产队为核算单位，队里已办起了大食堂，吃饭不要钱，打饭不计数，到处是浪费；家畜饿死没人管，土地荒了没人问，大食堂连稀粥都快无米下锅，很快要散伙了，各家各户没存粮，散伙后日子怎么过？

父亲预感到即将出现大饥荒，他能做的，就是提前一点下手，到山上多挖一些葛根、蕨根等含有淀粉的野生植物，尽可能地多种点蔬菜瓜果，让他的这个家挺过隆冬、度过明春。可是，读高中的儿子的口粮从哪儿来？他不能喝西北风啊！这让父亲有种昏天黑地般的茫然，暗夜中发出一声声无可奈何的长叹。

朱英国永远记得，那晚，他筋疲力尽想睡却睡不着。黑夜似村头那条被人打断腿的野狗，痛苦而缓慢地向前爬动。听着隔墙母亲不停地咳嗽，朱英国最担忧母亲的病情，对父亲说：“痨病不是绝症，能治好！”

父亲也知道不能就这样拖，可家里一贫如洗，连填饱肚子都成了问题，又能想什么办法？

第二天朱英国返校时，母亲颤巍巍地从床头摸出一双她给儿子做的最后一双布鞋，要朱英国穿上，还伸手摸摸合不合脚，之后恳求朱英国说：“妈妈的命是根草，有没有无关紧要，以后啊，不是家里叫，就不要回家，好好地安心读书。”朱英国含着泪走出家门，又折了回去，想跟父亲说句话。可他终究没说出来，心里苦苦地离开了。

几十年后，朱英国对全家那晚的煎熬记忆犹新。他的家，是中国农村无数个家庭的一个缩影。父亲为母亲的病痛，为一家人吃饱饭承受着巨大压力，绞尽脑汁琢磨如何度过饥荒，如何支持朱英国继续读下去。

第三节　学校成炼钢厂

父母怕分散儿子的精力，怕面临高考关键时期的儿子打退堂鼓，再难都默默地忍受。可罗田一中这时发生的一系列事情，却很难让学生不分散精力。这一届学生运气不好，他们无法回避接踵而来的一波波“浪潮”，朱英国自然跳不过，要面对、要经历。

1958 年 10 月，《人民日报》报道了河南省长葛县小麦亩产两吨的经验。罗田县委觉得“经验”难得，要求罗田一中到三里桥、十里铺搞深耕密植，向长葛看齐，实现亩产两吨。

当时罗田一中教学区右侧有条麻骨岗，面积约两亩，长着几棵歪斜的小马尾松和稀拉的茅草，学校选择在这里开挖荒地，放一颗小麦“卫星”。于是，让学生们将菜园的土推来填补，上层是晒干的塘泥，再铺一层猪粪和草木灰，最后用拖耙弄得平平整整、松松散散。随后将精心挑选的 200 斤小麦种，一粒一粒排放在松软的泥沙上，小心翼翼地泼一层水。

次年开春，绿油油的小麦长到一尺来高。罗田县委看到罗田一中深耕密植的小麦极是好看，组织全县干部到罗田一中参观。为了壮威，校领导安排学习尖子朱英国和萧平安[①]为小麦试验田写一块牌子。两个从农村出来、成绩特别优秀的学生，感觉这种试验荒唐可笑，可是又不敢抗令，于是合写了一块非常有讽刺意味的卫星牌子：“罗田一中小麦试验田亩产 5 亿斤”，当众插到试验田里。县委随后赞扬罗田一中“敢想敢干敢放卫星”。岂料，几天后

① 萧平安，毕业于中国科学技术大学，曾任中国建设银行黄冈支行行长。

一场春雨，使绿油油的麦苗全部倒伏，最终收取干瘪的麦子不到70斤。

紧接着“大炼钢铁”的旋风吹来，县委又一次看上罗田一中，令罗田一中办实验点。全校18个班加校务处、总务处，一夜之间砌起20座土高楼。三个昼夜，校园拉风箱的、添运栗炭的、砸废铁器的、看火色做记录的，闹成一团，彻夜不息，终有两个班“炼”出两个铁屎砣子。

一个接着一个的“运动”，把许多成绩不错、看上去很有前途的学生给耽误了。他们没有考上大学，渐渐地从人们的视野中消失，有的很早就离开了人世。朱英国回忆道：

> 在学校那种情况下，我、严世明、李声朗经常偷懒，要么躲着读书，要么逃回胜利把板栗装在独轮车上，弄到罗田去换零用钱。当然我们并没有先见之明，只是觉得没精力凑那个热闹，这其中也有教师在暗示，自古以来学生专心读书是天理；另外一个原因是，胜利区这边，是罗北的穷乡僻壤，去罗田一中读书的学生，家里普遍比较穷，父母都很苦，不忍心玩，玩不起，也闹不起。

朱英国一步步向梦想走近时，严峻的饥荒也在一步步向他们的家乡走过来。这个时候，整个罗田县的大食堂连稀粥都无米下锅了，只好解散。随后大难临头，饿死人的日子逼近了。

第四节　饿着肚子高考

1959年7月初，当饥荒的寒流肆无忌惮地吹开老百姓一扇扇破烂的家门，人们开始瞪着发绿的眼睛四处寻找食物时，朱英国这一届的学生面临着一个让祖国挑选的机会——高考。

直到这时，那些参与“运动”的同学才突然发现，耽误时间太多来不及了，有的干脆放弃高考，有的只想走下过场。感觉有些希望的，“在皮鞋与草鞋”的选择里，日夜冲刺，出现了“发奋识遍天下字，立志读尽人间书”的景象。

可朱英国却面临着另一个难题。高考前一周，满打满算，他手里的饭票按平时的标准算，无论如何管不到头，没有别的办法，只能从牙缝里“抠”。那个晚上，他吃了一个馒头加点咸菜，这点食物在肚子打个滚就没了，刚到九点，就感觉肚子“呼啦啦”造反，他采用老办法：吃咸菜、喝白水、紧裤带。也许是咸菜放久变质，或许是生水不干净，不一会儿，胃里就翻江倒海，恶心作呕，扒心扒肝难受，身子难受得抽成了一坨，想吐，却吐不出来。半小时后恢复平静，又感觉饿，全身没劲，眼花头昏，饥饿像凶猛的豺狼舔食着他的全身，消磨着他仅有的能量。

朱英国在日记里写下了挨饿的痛苦感受：

> 明天还有课，还要摸底考试，上床强迫自己睡，可越是强迫越感觉饿，越是睡不着，满脑子是大米馒头，哪怕是半碗米汤、一个胡萝卜、一把生米、一条生鱼……饥饿，要命的饥饿，仿佛由豺狼变成了无数的蚂蟥，缠着全身寸步不离，之后又变成了一个长指魔鬼，钻到了我的肚子里，在肠胃里疯狂折腾，拼命撕咬。饿和吃，这时成为生命中的唯一，成了眼前胜过一切的乞求……深夜了，我又一次起来找水喝，身体仿佛走在气球上，虚弱得几乎倒在水池边。
>
> 回到床上仍无法入睡，对食物的强烈渴望让我产生了幻觉，我仿佛变成了蚂蚁，真盼望自己变成蚂蚁，至少残渣碎屑能充饥；或者变成了蜻蜓，露水昆虫能度日……然而幻觉醒来，一切依旧，空空如也，痛苦难当。
>
> 这是求学期间最难忘的一次挨饿，这个感觉伴了我一生。

有那么一刻我想放弃高考，不奢企那个要命的“皮鞋”。可是我的背后，不，是心底里，总有股强大的力量在鼓励……那是百姓的眼神，是亲人的眼神。

高考前的一个晚上，我借着夜色，跑到一中后面的山上，遥望江南、仰望星空，默默地许下一个心愿——考进武大。梦想遥不可及，甚至非常模糊。我这时只是听说武大是一所名校，却不知道武汉在何方、武大在哪里。

高考各门单科都考，共考了三天。考完最后一门走出考场已是下午四点多，张祖芹老师看朱英国脸色苍白，走路有点晃，就把他喊到自己的宿舍，给他点心吃，问他考得怎么样。朱英国说，应该没问题。

看他疲倦的样子，张老师又说：“反正今天走不了，慢慢吃，再喝杯开水！”

朱英国渐渐回过神来，想到高中三年张祖芹老师对他的关爱，平时既是师生又是朋友。许多次，自己不想参加那些“活动”，是张老师帮忙打马虎眼。高考结束了，他心里有许多感恩话。

张老师看朱英国的脸色转红，随后打开话匣：“听说你想献身农业，真想好了？”本来想说“早想好了”，张老师这么一问，他反倒不知怎么回答了。

张老师笑了笑说：“学什么专业你自己拿主意。总之，选择自己喜欢的专业，等于选择施展才能的平台，是高考后的一件大事。如果需要，我可以帮你出点子。”

朱英国顿时产生了一个想法：张老师平时总表扬自己，他心里对自己到底是什么看法？于是谦虚地说：“张老师，听听您的意见，我报什么专业好，我的性格适合什么职业？”

张老师直言不讳地说：“你人品好，友善、厚道，不善花言巧语；属扎扎实实、本本分分一类，也许更适合做科研、搞设计、当老师……”

朱英国没有正面回答，他转过话题，留有余地地说：“张老师，您给了我很多关怀和帮助，日后我无论学什么、干什么都感谢您，一旦取得成绩会向您报喜。”朱英国后来兑现了承诺，无论再忙，每年都抽空回母校看望曾任罗田一中校长的叶芬、汪云洋，看望曾任自己班主任老师的文烈、金声、胡建文、张祖芹及初中、高中各个学段的科任教师李景波、彭震、李茂华、张荫明、钱志魁、徐新春等。他们在教学上的责任感和敬业精神，让朱英国一生受用。每次见到这些老师，他总是说：是你们指引我走向成功的阶梯，教会了我怎样去为社会服务，做一个对国家对人民有用的人。

高考结束第二天，学校操场来了一位照相师，山区学生平时没有照相机会，甚至没见过照相的，都感觉很新鲜，家里条件好的同学纷纷合影留念。朱英国却悄悄走开了，他连买饭票的钱都没有，哪有钱照相留影！也就是说，朱英国从小学到上大学期间，没有留下任何影像资料，从武大毕业后，又忙于教学和科研，很少有机会留影，这也成了本部传记前部分的缺憾。

朱英国说：

> 高考结束后，考生要填志愿，可以自己填，也可委托科任老师或班主任填。当时高考分理工科、文史科、农医科三大类，学生能不能考上，考哪个专业，老师的心里都有数，帮忙填志愿一般八九不离十。我原打算把我的志愿委托给张祖芹老师填，跟严世明、萧楚辉同学一起回胜利镇双凤坳中学建筑工地打工。但因武大招生历来严格、慎重，要求学生自己填。我身无分文，家里就那个条件，即便考上了也得自己想招弄学费。所以，高考一结束，我就在罗田做零工，比严世明、萧楚辉他们晚几天回胜利。

不料，罗田档案馆的事，没干上几天就干完了。一时找不到事做的朱英国，只好改变原计划，提前回胜利。

第五节　一路饥馑刻骨铭心

这一路所见所闻，让朱英国触目惊心、刻骨铭心。

背着行李走出校门，有那么一刻他的心情特别好，周围是空旷的山野、蔚蓝的天空、纯净的气息。四个多月没回家了，令他倍感煎熬的高考好像一场梦，说结束就结束了，人生的一个重要坎就这样跨过去了。走了三年的这条崎岖山路，以后走的机会就少了，那些往日没有留心的景色，虽有些凄凉、凋零，但这时感觉是那样的亲切，不知不觉身子变得轻盈起来，他大步向雷家大垴山走去。

渐渐地，他的视线里出现了令他惊讶不已的画面：一拨拨拖儿带女逃荒的人群，穿得破破烂烂的，扛的背的、推的拖的，有的操河南口音，有的说安徽方言；有的从县城出来，有的向县城走去，都没有明确方向，也不知哪里是他们的目的地。而本地农民，或三五成群在荒废的田头抢种秋黄豆、苦荞麦，或收瓜果、种蔬菜。农家门前都晒着葛根、蕨根、野板栗……

饥荒疯狂蔓延，无情侵袭着天下的百姓！想到亲人，想到学业，他感觉一片茫然。他大步超越逃荒的人群，可丢下这一拨，前面或侧面又出现一拨。突然，他听到路边传来狗的惨叫声：一条走路摇摇晃晃的狗妈妈和它的四条幼崽，被逃荒的人群团团围住，狗妈妈拼命护着它的孩子，忽左忽右挣扎着嚎叫，试图吓开人群。可它瘦得皮包骨、歪歪扭扭站不稳，经不起几扁担，就瘫倒了，最后发出了一声悠长的惨叫，咽气前仍用弯曲的四肢护着它的孩子们。可一切都是徒劳的，在一声接一声的惨叫中，狗妈妈和它的四个孩子很快被剥光了皮，丢进了滚烫的吊锅中。

走了很远，朱英国的耳边仿佛还能听到幼崽的惨叫声，刚出校门时的那种心情早已烟消云散。

走下雷家大垴，山坡渐渐平缓，依稀有些村子。该是收获季节，却是一片悲怆哭诉，路边不时出现新坟，都很简陋。按我们罗田的风俗，年满60岁的人辞世称为“白喜事”，棺材被漆成黑色，出殡时放爆竹，哀乐锣鼓齐鸣，孝子亲朋拥棺就葬，显神圣庄严。若是未成年人夭折，丧事较为简单，其棺材用四块白木板拼成“火柴盒”，不做油漆。严重的饥荒，已打破了罗田的习俗，即使是“白喜事”也请不到人，能用上“火柴盒”也就不错。所以很难说眼前这些简陋的新坟，埋的是老人还是孩子，是当地人还是逃荒人。

天地间陷入死一般的沉静，行人形容枯槁，骨瘦嶙峋，虚弱得连抬头相互看一眼的力气都没有，但生存本能仍让他们挣扎着寻找充饥食物。山里人善良，看到逃荒的人有的到菜园扯菜吃或偷晒的野板栗，都装作没看见。

我前面赶路的是一家人，丈夫用箩筐挑着两个幼儿，步履维艰得几乎是一步一颤，孩子的母亲让男人放下担子喘口气，不料担子刚放下，男人便一头栽倒昏了过去。哭喊引来许多挖葛根的乡亲，一位婶子摸了摸昏迷男人的头，忙从怀里掏出用蕨粉做的烙粑递过去，对逃荒女人说：你男人是饿昏的，把烙粑咬碎，一点点喂到他嘴里，再喂点水，一会儿会醒来的。在一边的我受到感染，把自己随身带的干粮也掏出来，分给箩筐里的两个孩子。逃荒的女人转身跪在大婶和我跟前，连连道谢。

第一次关怀陌生人，我心里有种难言的舒坦。这个时候，好心大婶看到饿昏的男人渐渐苏醒，不安地说，饿成这样子，还挑两个孩子翻山，翻过去又如何。逃荒女人又跪下，求大叔大婶指条活路。乡亲们眼神交换意见后，同意带他们一家进村。茫茫群山峻岭，靠山吃山不会饿死。

目送他们下山后继续赶路，快要走出森林，路边出现了一具牛的尸骨，其实只剩下一堆白骨，可白骨周围还围着不少饥民，努力用各种铁器削刮，不时为争骨渣发生争吵。外围，一圈是饿瘫了爬不动的人，稍远的一圈，是一群焦躁不安的野狗；白骨上空，一片黑压压的鸟群在盘旋，它们瞅着白骨不停地嚎叫、追逐、撕咬，飞得快的追慢的，体质强的吃弱的，一只被咬伤的鸟儿哀鸣着坠落下来，狗群比人群更快地奔过去，没等鸟儿落地就被撕碎，连点血迹都没留下。饥饿的荒原，这个时候人类与别的动物相比，似乎看不出有多大的区别，全都在为活命而挣扎。

令我更加惊心的是，丛林边缘，闪动着一些带血丝的眼光，它们不是野兽，而是一些快要变成野兽的男人，他们或许是在等待行人饿死，或者是在等待向路人下手的时机。惊心动魄，一阵恐怖包裹了我的全身，我很担心，真不敢深想，难道“人相食”的悲剧要重演吗?

第六节　连填三个生物系

高考后目睹的这些场景，让朱英国明白了一个道理，这个道理彻底改变了他的一生，伴随着他一生，促使他不顾一切为粮食丰收奋斗一生。他回忆道：

恩格斯这样说过，没有哪一次巨大的历史灾难，不是以历史的进步为补偿的。但历史的进步，少不了那些亲历灾难的人去影响、去发动。没有目睹饥荒现场的人也许不会相信，当饥荒成为灾难时，所有自然景象和生命的规律都会发生裂变，人与人、人与动物、动物与动物、人与植物、人与自然……此前所有的和睦关系，都会骤然出现颠覆性破坏，甚至全盘崩溃，苍生的基本法则和生存次序会被完全打乱，物种会变得残酷无情，甚至不可理喻。人类文明会急遽倒退，人的情感和道德准则也会发生巨变，会滋生邪念，会变得疯狂，会不顾一切。这是人类的最大悲剧，也是社会动荡的重要根源。

在严重饥饿面前，人会变得渺小脆弱，精神世界不堪一击，意志薄如纸巾，甚至是非含糊，良莠不分。人一生要经历许多磨难，然而只要有粮食吃，再大的难、再多的苦，也能挺过去。粮食啊粮食！从记事起，就被你缠着绑着，最恨最爱，受尽折磨，承受煎熬，感同深渊，你让多少妻离子散，多少家破人亡！这个世界上很多很多岗位，有没有我朱英国一样运转，而粮食行业却少不了我！需要我的精神与意志，需要我一辈子为其研究奋斗，需要我为天下苍生永不挨饿打拼到底。

几天后朱英国返回罗田一中，没有任何犹豫，不给自己留任何退路，拿起笔，愤然在武大志愿一栏中，连写了三个同样的志愿：生物系！生物系！！生物系！！！

献身农业，追求粮食增产丰收，从此成了朱英国一辈子的唯一选择。

第七节　父亲挑担送武大

填完后，朱英国长舒了一口气，放下了所有包袱，直奔双凤坳中学，按事前与严世明、萧楚辉同学的约定，打工挣学费。

朱英国回忆说，活儿不轻，要到十里外的凉亭山，把木头运过新昌河，然后驮到双凤坳中学。河水不太急，扶着可以漂过河，可是浸湿的木头上岸后更重，一个人根本扛不动，就在地上拖，拖一会儿喘口气，最后三人合作，一根根地拖，一点点地往前移。没有正经路，到处是沟坎，一趟趟把木头移到学校，累得我们四肢朝天躺在地上喘气……大约干到第十天，建筑商变卦，此前说好干一天3毛8分，突然却说数量不够，没有堆好，把工钱压到每天3毛5分。想了想，3毛5分就3毛5分吧，挣一点是一点，继续干。

这个时候，他们三个虽然都填了志愿，填了自己梦想的大学，但最终能不能录取心里都没有谱。于是三人达成协议：无论谁考上，另两个把这回打工挣的钱，全送给考上的那一个人做学费。

琢磨通知快要到，每天下午完工后，他们三人便轮流跑一趟河铺邮电所，看通知到了没有。每次去时，都是同样一句话：你俩等着，我定带回好消息。结果，连续跑了好几天都空手而归，后几天打听到，往双凤坳送信的，是个姓梅的姑娘。于是他们三个把自己的姓名、地址交给小梅，也把希望交给了小梅。

8月24日上午，小梅把三份赫然醒目的大学录取通知书送到双凤坳中学施工场，送到前半小时，他们三个到凉亭山扛木头去了。小梅姑娘就等在那里，报喜信封上，清楚地写着录取的大学和姓名，小梅想亲眼看看，考上武大的朱英国、考上华中师范大学的严世明、考上华中农业大学的萧楚辉都长什么样。

终于等到了，小梅看到的是，全身泥水、衣服破烂、露出的四肢撞得青一块紫一块的三个苦寒的哥哥！小梅当时就蹲在地上哭，恳求三位哥哥上大学后告诉她，武汉在哪个方向、大学是什么样子。

他们三个心潮澎湃，激动不已，协力把小梅哄笑，匆忙结账——干了24天，每人挣了8元4毛钱。

1959年8月27日，离武大报到的时间还剩两天。朱英国带着打工的钱和胜利区领导出面帮忙募集的10元，加上乡亲们东拉西扯凑的4元，准备到武大报名。

离家前一天晚上，送走乡亲们后已经很晚，母亲拄着拐杖颤巍巍地下床，她要亲手摸摸妹妹朱英娟给朱英国准备的行李。

父子都睡不着，父亲知道，这时嘱咐什么都是多余的，却不由自主地问了一句："学什么专业？"

朱英国平静地说："我立志学农，搞粮食研究，将来当一名农业科学家，让百姓不挨饿。"

饱经沧桑的老父亲忍不住满眼晶莹，只说了一句："睡吧孩子，明天要走很远的路。"

次日，父亲挑着行李送儿子到武大。当时从文家庙到武汉要走两天，第一天步行到但店住一夜，第二天到团风长江码头，花7毛钱坐"秭归号"客货混装船，逆江而上到武汉。

离家时，妹妹搀扶着已经看不到一丝光的母亲一直将朱英国送到门口。

整个岳家冲的乡亲们，能走动的都走出家门，到村口、到塘堤，给新中国成立后从文家庙村走出的第一个大学生送行。走了很远，朱英国还看到乡亲们在招手。朱英国进一步感觉到自己追求的，不仅仅是自己的，也不仅是老父亲的，更是岳家冲，是罗田，是整个老区，是普天下百姓的期盼。他感觉梦想的翅膀已展开，很是激动，同时感觉肩上沉甸甸的。

第三章

武大牢固梦想

第一节　读武大也挨饿

考上武大后，朱英国第一次走进珞珈山，开始攻读植物遗传专业。没想到进入大学后，席卷全国的饥馑更加惨烈，朱英国和许多人一样，心里因为饥荒留下了长久的悲悯，更坚定了他少年时的梦想：让世界远离饥馑。

1959年9月1日，武汉的中午依旧很热，朱英国的父亲用中国农民对儿子最朴实的爱，用箩筐挑着儿子的行李，在刚建成的长江大桥武昌桥头中华路码头下船，一路打听到珞珈山武汉大学。老父亲看到古朴典雅、巍峨壮观、中西合璧的宫殿式建筑群，以及各种植物花卉争奇斗艳、异彩纷呈的景象，感觉进入了一个全新的世界。

可父亲又想到母亲躺在病床上，斌斌要人照料，家里对朱英国读大学虽然欣喜万分却帮不了什么忙，儿子朱英国手头的那点钱不知道能管到哪一天！父亲把行李送到新一幢第一层的六人寝室，说了几句话就返程了。

朱英国与同寝室的新生方智远①、唐定台、张黎光等很快就成了好朋友。辅导员牛太臣非常周到，不停地向他们介绍学习和生活细节。

闻名遐迩的学校、目不暇接的景致并没有让朱英国陶醉。他心里清楚，武大名气再大、环境再美，与自己有关又无关：或许自己像万千个学生一样，只是一名普通过客。

他知道，目前要尽快做好三件事。

第一件事，熟悉专业，了解老师、同学及课程安排。生物系学

① 方智远，中国工程院院士，蔬菜遗传育种专家。

制五年，112 名新生分为三个班；前三年公共课一起上课；后两年自行选班，有植物、动物、微生物三个专业；专业班里还分若干小班，可供选择。何定杰教授教达尔文进化论，余先觉教授讲摩尔根遗传学，杨弘远教授讲植物胚胎生物学，公立华教授讲生物学……

第二件事，询问助学金事宜。辅导员牛太臣介绍说，助学金是普遍的，不管家庭出身如何，确有困难一律享受。朱英国的助学金是 6 元 2 毛 5 分，另发 1 元 5 毛零花钱和 5 毛钱点心票。6 元 2 毛 5 分，正好是一个月的生活费，可直接到学生食堂兑换成菜票和饭票。1 元 5 毛用于日常生活所需，比如洗一次澡 1 毛 5 分、开水费 2 分、看场电影 1 毛 5 分、租书费每天 2 分，还有新书新本、牙膏牙刷、香皂毛巾、缴班费团费等。

缴齐相关费用，他手里只剩下 2 元 6 毛。这就逼着他不得不尽快想法做第三件事：勤工俭学。

他想找到一份相对稳定、时间跨度较长，既不影响学习又能挣钱的活儿，且越快越好。就在朱英国忙着找事情做时，学校一连发生了几桩事。

一个比朱英国早两届的归国华侨的儿子，受不了学生食堂的伙食，跑到校外用他自己存的点心票，买了 40 个藕夹一口气吃完，返校又吃了三两大麦馒头，水喝多了，结果肠胃出现剧烈膨胀，刚送到医院人就死了。紧接着，又有一个同学饿得不行，跑到校外买回一些糍粑，不料这些糍粑早已发霉变质，几个饥肠辘辘的同学吃了后，出现严重中毒症状，好在抢救及时。因营养严重不足，比朱英国早一两届的一个班级中，95% 的学生患营养性水肿，肌肉失去弹性，一按一个窝，脸发青，走不动路。学生食堂偶有大米饭或白面馒头，就发生哄抢，像朱英国这样的小个子和多数女生抢不过，只有干瞪眼。营养严重不足，学生们仍通宵达旦学习，校方不得不作出强行规定，每天上半天课，限制学习时间，同时停止体育比赛和大型活动，让学生们多休息少消耗。校内管住了，校外的信息无法控制，有些学生的亲朋好友饿死了，接到信后哭哭啼啼……

开学没几天，就有学生因为吃不饱而退学。

上大学短短几天，朱英国就陷入深思，粮食问题不仅与国家命运相连，也与个人前途紧紧连在一起；他这时就明白：世上许多事情都可以讲百分之几，唯独吃饭问题不能讲百分之几，必须讲百分之百。

可是，农民即使挨饿，也没有几个愿意让他们的后代继续从事农业。武大生物系在很长一段时间里是冷门，穷家读不起，读得起的不愿报。1953 年生物系只招了三名学生，学植物遗传专业的只有一名。

对于发誓献身农业的朱英国来说，眼前要紧的是，是尽快找事做，确保自己顺利读下去。

第二节 五年勤工俭学

朱英国回忆道：

到校第二周，我打听到生物系在二区有个试验基地，也叫农场，位于老校区门口，那里有 40 亩地，养了一些用于科学实验的猪、兔、鸡、鸭，还种了八九亩萝卜、白菜，四季需要人手，有一定报酬。我就直接找到场长梁东瑞，说了自己的想法。梁场长曾留学苏联，是靠勤工俭学完成学业的，对勤工俭学的学生历来有好感。

梁场长看我的样子，又听说想长干，开门见山地说，养殖脏、种植累，干一天一块钱。如果没别的要求，每个周末自觉来。从此后，我与这个农场结下不解之缘，读武大本科 5 年的每个周末，都到农场养猪养兔、种菜种麦、整田插秧。勤工俭学的收入，不仅滋养了我的学业，还让我较早开始了植物遗传的研究与实验，为我的毕业论文获奖和毕业留校，打下牢固基础。

收入有了着落，朱英国心里的一块石头落地了，随后他去了图书馆。走进豪华古典、高雅宁静的建筑，以及宽敞明亮、配置规范的阅览厅，看到如山如海的藏书，他目不暇接、欣喜万分，仿佛坠入梦幻般的世界。

我从读私塾开始，除了教科书，对天文、哲学、文学、党史、宗教等，都爱不释手，放假回岳家冲干农活，有空就坐在山坡上看书，甚至连走亲访友也不忘在腰间插本书。小时无数次在书店看到喜爱的书，袋里没钱，只能忍痛离开。常常羡慕图书管理员，他们天天待在书海里，想看什么伸手就能，那多好啊！如幻想成真，自己也能想看什么有什么。我还惊喜地看到，书架里有给我们授课的高尚荫、孙祥钟、余先觉、何定杰、公立华、杨弘远、周嫦、汪向明等教授的专著或合著，一股崇敬感油然而生，暗喜有硕师名人引路。

武汉大学老图书馆

学习走上正轨，同学间相互熟悉了，不善交际的朱英国除了与同寝室的几个同学保持友谊外，与系里其他同学来往并不多，每当老师点他发言，他明明白白回答问题后，便悄无声息坐在那里，从不大声喧哗，遵守课堂纪律。

从武大毕业后到北京工作的荆亚美介绍说：

他成绩好，心眼善，我们女生干不动的活，说一声，他总是乐意帮忙，比如植树挖坑、整田收稻。他是我们的班长，出入教室总在一起，常在一起讨论问题，作业不会的地方他乐意教，本应该亲密无间，可他性格偏内向，在校园撞面，他微微一笑，算是给你回应了。后来他当院士了，电视中看到习总书记去田头看望他。他那么老实一个人，那么一个不善交往的人，分别多年后干出了惊天动地的事业，在科技界有那么大的影响，真了不起，同学们都为他自豪。

朱英国说，那时他给同学留下不善交际、性格偏内向的感觉，主要是他肩上压着两座山：一座是追求梦想的山，要争分夺秒学知识、打基础；另一座是担心家里，放不下失明又瘫痪在床的母亲和残疾的弟弟，还担心妹妹出嫁后，家里没人做事。

夜深人静，思绪不由自主飞回岳家冲，家里吃的够不够？母亲的病情是否好转？妹妹出嫁后谁照料母亲？斌斌会不会又失踪？这些问号每在脑子过一遍，就有种火烧火燎般的煎熬，像一根鞭子在抽打灵魂。家里苦成那样，除了悲悯和祈祷什么都帮不了，做不了，自己还静静地在大校读书，理想是什么？是遥远的、可望而不可即的空中楼阁！有时恨自己无能，怀疑自己太自私，是不是选择错了。假如不那么用心读书，不那么刻意追求，干脆像私塾逃离的文同学那样做一般的人，过一般的日子，就可以帮父亲种地，可以替父亲照料弟弟，还可用独轮车推着母亲去看病，在母亲床边好好尽孝……回过神又想，选择没错，追求也没错。既要爱父母家人，更要爱天下百姓，哪怕天天浸泡在盐水里，也要承受……

第三节　娘在贫困中早逝

1960 年 5 月的一天，何定杰教授把朱英国喊到办公室，表扬他学习刻苦、成绩拔尖，还说他菜种得好，之后，何教授向门外瞅了瞅，猫着腰，把他被人称为美髯公的黑胡子理到桌面上，伸着脖子，声音压低对朱英国说："你能不能给我搞两棵大白菜，我想吃点新鲜蔬菜！"

朱英国眼眶有些发热，默默地点头。

何教授博学多才、学贯中西，讲课逻辑性很强，常把难学难懂的章节用简单精辟的哲言概述出来。他也很有个性，即使是在炎热的夏天也穿着一双蒙古毡靴，既有学者的派头又有大侠的风度，一副飘然若仙的模样。他早年在法国留学时，多所大学和研究机构高薪聘他，承诺洋房洋车，都被他一一拒绝，义无反顾回到祖国，可他现在只想吃白菜，还悄悄地跟他的学生商量。朱英国回忆道：

> 顿时，一个滚烫的话题在我心中回荡：武大著名教授的生活尚且如此窘迫，可知国家灾难当头啊！马克思主义的一个基本观点是：人类社会生活首先须是吃、喝、住、穿，然后才能从事政治、科学、文学、宗教等活动。何教授这小小的一点需求，让我难过，似针扎我的心。每忆及此类细节我都会联想很多：我不仅要为先生送几棵白菜，还要下苦功搞出科研成果，让粮食丰收，那样才对得起我心中的大师，对得起乡亲，对得起国家。

朱英国和几个勤工俭学的同学把大白菜送到住在二区旁边的何教授和另几位教授家里。返回的路上，朱英国又想到病床上的母亲。

大一寒假回家时，妈妈瘦得骨头硌手，朱英国难过地扑在妈妈怀里哭。那个寒假，是朱英国感觉最寒冷的一个寒假。妈妈病重，门前修水库的人群中天天有饿昏的、饿死的。腊月二十三晚上，他突然梦见妈妈断气了，惊慌地爬起来，把自己睡的床移到妈妈的病床边，寸步不离，一连十多天陪护妈妈。第一次这么长时间陪妈妈说话，给妈妈梳头洗脚、喂汤喂药……直到正月十二返校。离家时，他已跟妈妈说了道别话，跨过门槛，回头惊骇地看到，妈妈竟伸着脖子“看”他的背影，他的泪水哗地流下来，返回去贴着妈妈的脸说：“妈妈你等着，等儿毕业挣钱给你治病，让你享福。”妈妈笑了笑，催他走。朱英国把妹妹叫到门外，流着泪提醒她说，如果妈妈有事提前打电报。妹妹明白，提前打电报，好让哥哥赶回家看妈妈最后一眼。

1960年7月6日下午，期末考试考完就要放暑假，朱英国想到妹妹出嫁后，家里农活缺人手，打算回家帮一把，突然看到自己床上摆着一封信，是父亲写来的。

父亲明知儿子即将放假回家，还写来信！他不安地展开信，泪水不禁涌了出来。父亲在信中，就像儿子就在他跟前那样慈爱地说：

> 国儿：本该一个月前就电告，但是，你妈妈临走前无论如何不让我、也不让你妹妹通知你，你妈妈于农历五月十八去世，临断气前央求说，她这辈子没给你做什么，还老拖累你，要死了，让你往返一趟，又花路费又误时间，影响你读书。你妈走得很平静，到今天已过了五七。等你收到这封信时，想必已经考完，不会有多大影响。为了不至于让你太突然，提前告诉……

从没享过福的母亲就这样悄悄地走了！走时年仅44岁。

那夜，朱英国爬上珞珈山，望着家乡的方向，想着妈妈疼爱自己的点点滴滴，哭了很久……儿是藤，妈是树，藤总缠着树，总怕树倒了。可是儿刚准备读大二，妈妈这棵树就这样悄然倒下，妈妈本来还有很长的路要走。妈妈是病死的，也是苦死的。妈妈终于没有等到儿子大学毕业的那天，没有等到儿子能够挣钱给她治病的那天。

朱英国这时在日记里写道：

> 母亲病故后我才明白，人生其实是一个接一个的坎组成的：读书升学的坎、专业选择的坎、恋爱婚姻的坎、事业挫折的坎、

突发灾难的坎、失去亲人的坎，许多无法预知的坎，常常让我们遍体鳞伤，无论是否承受得了，都必须去面对，咬紧牙关挺过每一道坎……几天后，我回到了岳家冲。失去妈妈的巨大悲痛让混沌中的弟弟似乎清醒了几分，他呵呀呵呀地挥手示意，极力向我表达妈妈没了，妈妈去了山上；还示意，狮子狗也没了，妈妈走后它也跟着走了。

来到扬旗山下端的虎形尾，看到母亲的坟，朱英国喊了一声"妈妈"就跪在坟前，久久地哭喊不起身。可无论他怎样喊，回应的只是山川山冈那苍茫悠远的沉静。妹妹和弟弟这时也来到坟前，兄妹三人用无尽的思念和泪水向苦难的妈妈道别。

妹妹说，妈妈快咽气时，嘱咐她学着给哥哥做鞋，照料父亲，照料弟弟；还说家里太穷，她走后不要棺材，不要请客，用旧草席一裹就行了。

父亲无论如何不同意用"旧草席一裹"，可家里买不起棺材，就是买得起，按罗田的风俗习惯，不满花甲的亡人，不能称之为安葬，也不能用黑漆漆过的棺材，只能用白板钉的简易"火柴盒"。岳家冲的乡亲也不同意草草下土，他们说，朱家几代人做的善事无数，培养了一个为村里争光的好儿子，应该破例厚葬。随后，孤寡老人岳大成大爷，把给自己准备的棺材借给了母亲，王莲香奶奶送来寿衣，大队干部送来了一点米，从饿得歪歪倒倒的人群中，挑选了八个抬棺材的劳力。送葬时，整个岳家冲、文家庙和附近村庄的乡亲都过来了，都默默地为母亲流泪、送行……

家住罗田县河铺镇凉河亭曾家湾的朱英国年近古稀的妹夫曾庆树，回忆当时的情景，一次次哽咽：

岳母死在饥荒年，那个事，到现在也不敢往下想。当时，我还没有跟朱英娟成亲，只是相亲时去过一次岳家冲。岳母喜欢我，把她平时舍不得吃的鸡蛋做给我吃。接到岳母去世的消息，感觉很突然，相隔20多里我一口气跑了过去，从头到尾一直在那里帮忙。所有安葬的东西全是村里人给的或者是借的。英国不在家，英娟代替她哥哥，每接一件，都下一次跪，然后又扑在妈妈怀里哭一场，她哭，乡亲们也跟着哭。毕竟岳母走得太早了，短短的一生，也没有享什么福，活着能动时总是勤扒苦做，为人又好、又善良，村上老老少少都跟她合得来，都舍不得她走。队上送去的一点大米，勉强只够八个抬棺材的人吃；亲朋好友吃的，是自己带来的或是乡亲们送的粗粮野菜。抬上虎形尾时，很多人哭成一片，当时人饿得保命都难，能顺利安葬岳母是岳家冲、文家庙的乡亲齐心帮的忙，也是对朱家世代忠厚善良的一种回报……

第四节　校园美好记忆

返回武大后，朱英国好些日子都沉浸在痛苦中。

然而他是班长，这个职务要求他除了保持成绩拔尖外，还要承担班里的许多工作：组织班里集体活动，参与各类评比竞赛，代表班级在学校露面。性格使然，心里再苦他也不向别人倾诉，表露出来的总是风平浪静，留给同学们的始终是一副平静快乐、稳稳当当的样子。这也从另一个角度证明，他具有天生干大事的天分。

1963年年底至1964年年初，饥荒情况出现好转。郭沫若在《光明日报》发表诗作："旭日升起东方，光弥宇宙；寒流逃到天外，春满人间。"

武大校园生机盎然、百花争艳。充足的食物供应让大批患营养性水肿的学生逐渐康复，学校恢复了各类文娱体育活动。朱英国的业余爱好是跑步，特别是看书，他回忆道："但我的确没有多少文艺细胞，极少几次登台演三句半或大合唱，都是在初中以前，上大学当班长后，大多是组织班里的文娱活动，调动发挥能歌善舞的宣传委员王延枝她们的作用。"

1964年5月，班里举行毕业联欢会，场面异常热烈，他被主持人王延枝等同学推到台前，为难中他随机应变，说："为把节目演好，特邀请王延枝、荆亚美、刘梅英三位女生上台配合，请王延枝同学拉手风琴。"

三位女生没想到英国突然来这一手，不得不配合。等三位女生走到台上，朱英国随即宣布："大合唱，《莫斯科郊外的晚上》。"顿时，台上台下跟着王延枝的手风琴唱了起来。

毕业联欢会结束后，大家开始面临毕业分配的问题。

朱英国说：

我对同学有感情，对恩师更是充满怀念与感激。在我的记忆里，高尚荫教授才华横溢，1930年留学美国，26岁获耶鲁大学博士学位，回到武大生物系当教授，后是中国科学院的院士、武大副校长。他讲课条理清晰，道理深刻，课堂上要求很严，课后平易近人。

余先觉教授曾在美国加州理工学院留学，也是博学多闻，满腹经纶，他对学生特别亲和，好几次讲完课后，把我喊到他的办公室，指着案头上的书对我说，你想看就随便拿，还对我说，鲁迅说过：时间如海绵里的水，只要挤总会有的。1994年8月10日，得知余先觉教授去世的消息，适逢当时在外地搞杂交水稻实验，我连忙赶回武大与余老告别。

公立华1946年赴美国华盛顿大学留学，学成后拒绝优厚待遇回到武大，执教49年来桃李满天下。通今博古，无所不通，还特别关注细节，有一次在二区试验田，有个同学不小心把少许几粒不同的品种溅到一起，公老很生气，当场批评那位同学，要求把混合的种子另外装起来。那年春节，东北的几个学生留校过年，公老安排食堂给他们做好吃的，还让夫人把女生带到他家过年。公教授百岁寿辰时，他的学生我、周敦、熊平英、邱冠英、邓凤姣、唐兆子及我们的家属，一起参加庆典，校领导托人送去了鲜花……

我跟杨弘远教授时间较长，先是做他的学生，后来一起工作了 20 多年，感情很深。还有汪向明教授，他在莫斯科大学留学时，就是中国留学生主席，获副博士学位回国，教育部对他很重视。他给了我很多帮助。

在与前辈交往中，一是学到了他们的爱国精神。他们几乎都有出国发展、享受优厚生活的机会，但都义无反顾地选择了放弃，回国效力，用知识报国。二是学到了他们严肃的科学态度。他们搞科研一丝不苟、严肃认真，有的在国内外声望很高，是学术带头人；有的为国家做出了重大贡献，仍然兢兢业业，一辈子图奉献。三是学到了他们顽强的意志。多位教授一生坎坷，有的蹲过“牛棚”，有的曾被剥夺教学和研究权利，困难时连生活都难以保证，但无论多难多苦，他们追求梦想的决心不曾动摇，对祖国的爱不曾动摇。四是学到了他们高尚的品德。他们不求名利，资历再深、成果再大、贡献再多，也总是低调谦虚、不张不扬，一辈子默默无闻、无怨无悔。这些，都为我后来的发展打下了牢固的思想基础，也是我一辈子的财富，让我取之不尽、终身受用……

大师的影响，让我常想起马克思青年时的一段话：如果我们选择了最能为人类福利而劳动的职业，那么，重担就不能把我们压倒，因为这是为大家而献身；那时我们所感到的就不是可怜的、有限的、自私的乐趣，我们的幸福将属于千百万人，我们的事业将默默地、但永恒发挥作用地存在下去，而面对我们的骨灰，高尚的人们将洒下热泪。

第五节　做人民的一块砖

1964年7月5日是朱英国大学毕业分配工作的日子。

从1947年10月在文家庙上私塾到从武大毕业，朱英国求学共16年半。无论经历了多少酸甜苦辣，无论盐水、碱水怎么浸泡，他的脉搏始终与共和国成长的频率一起跳动。

那时大学生分配不用个人操心，也没有多少选择，毕业生的去向全由组织安排，而且同学们都很单纯，对工作不挑剔，分到哪儿就去哪儿。道理很简单：他们是国家花钱培养的，听从安排理所当然，好好工作回报感恩。当时流传一个顺口溜："愿做人民的一块砖，哪里需要哪里搬，砌在高楼不自满，砌在厕所不悲观。"

最先宣布去向的是方智远，他被"砌"到了中国农业科学院蔬菜研究所，专事蔬菜研究。朱英国、王延枝等同学被安排留校。其他多数同学被分到了省、地级城市，少数去了县城。他们毕业的当月被定为国家干部，行政23级，工资43元5角。地区间没有明显差别，被分到北京的方智远和被分到湖北随县的刘梅英工资差不多。刘梅英还多5角钱，因为女干部另有卫生补助。

朱英国回忆说，他能留校有三个原因：一是读武大期间年年是优秀生，毕业论文获了奖，他的毕业论文题目是《限量授粉对小麦受精的影响》，周嫦教授为其论文指导教师；二是在农场勤工俭学五年，许多教师看他有吃苦的优点；三是汪向明教授牵头搞的教育部下达的重点项目，即水稻生育期遗传研究需要合适人手。

从苏联留学归来的汪向明教授，当时负责武大生物系遗传研究室的工作，研究方向分为三部分：遗传学、细胞学、生物化学与植物生理学。汪教授想留下朱英国搞定向培育，专攻水稻生育期遗传课题，同时做他的助手。

关于留校原因朱英国是后来才知道的，事实上在名单没公布前，他已做好了到水稻产区去的准备。立志一辈子研究水稻的朱英国，在武大五年中，更加坚定了自己的目标和信念，只要与水稻研究相关，无论分配到哪里他都心甘情愿，愉快服从。去向明朗后，他知道自己得以留在武大生物学系[①]激动地当晚失眠了：一路沟沟坎坎，一路泪水汗水，一路爱恨交织，无一不是与粮食相关，他终于可以坦然地向老父亲、向故乡岳家冲、向大别山乡亲说一句：英国上路了，无论路多长、多苦，将一如既往，坚持到底。

按国家有关规定，留校生须先下乡劳动锻炼一年。朱英国去锻炼的地方是水稻产区。1964 年 8 月上旬的一天，热浪滚滚，他背着行李直奔孝感地区孝感县白沙公社（现隶属孝昌县）饶家湾大队。

白沙公社位于今孝昌县京广线附近，属低丘平原地区，主产水稻。朱英国一到白沙，看到一望无垠、金光闪闪、随风摇曳的稻田，异常激动地蹲在田头，捧着沉甸甸的即将收割的稻穗看了又看，贴在脸颊上，闻着醉人的清香，仿佛是在与知心伙伴说悄悄话。

迎接他的是一位和蔼的中年干部。听说朱英国是武大生物系毕业生，格外热情，忙自我介绍，他是孝感地区派到饶家湾大队的社教队长，叫梅晓中，以前在应城做过区委副书记。"听说你热爱水稻研究，这里品种多，可以提供一切条件。"他最后要朱英国跟他住在一个房间里，负责写写画画，兼做他的秘书。朱英国平时轮流在社员家吃饭，一天交 3 角钱和一斤半粮票，白天跟社员一起干活，晚上一起开会。

① 武大生物学系于 1922 年成立，1992 年与病毒学系和生物工程中心合并，成立生命科学学院。经过历代师生员工的努力，特别是一批学术造诣深、治学严谨、国内外知名的高水平生物学家在此辛勤耕耘，学院成为学科门类齐全、综合实力较强、在国内外有较大影响的研究型学院。

第二年开春，队里果然给朱英国划出一块试验田，让他有了梦寐以求的实践平台。从浸种那一刻起，朱英国就夜以继日地开始观察记录……理论上，他懂水稻生育分四期：一是萌动发芽、三叶期；二是分蘖期；三是拔节孕穗期；四是抽穗开花、乳熟黄熟、完熟期……不过，目前只是观察摸索，离真正的研究有很大距离。干部群众对他很支持，纷纷帮他整田、插秧、看苗，他每天都有一股使不完的劲，朦胧中似乎看到丰收的景色。

然而，现实却给了他当头一棒。也许是劳累过度，他的试验田刚返青，他就感觉全身乏力，社员家做的菜，油放多一点他就咽不下去，作呕、小便发黄、头昏眼花、走路打飘。他总以为是小毛病，能扛就扛。

坚持了半个月，此时的秧苗已长出第三片叶。梅书记看他脸色发黄，蹲在田头呕吐，一副要倒下去的样子，感觉很不安，要他立即回武汉检查，不要耽误。回到武大，朱英国直接去了卫生科。医生看他眼睛和脸色发黄，连汗透的衣服都变黄了，立即抽血化验，随后把检查结果告诉他：正常人的转氨酶在 40 以下，而朱英国的达 600，必须住院。

没想到，这一住就是六个月，他第一次发现有些事是人无法掌控的，再怎么无可奈何也必须面对。

住院期间，遗传研究室的老师和留校的同学分别去看望他，白沙公社的梅书记也到病房看望……其中有两个人让他至今无法忘怀，朱英国回忆道：

> 一位是武大设备科的梁业荣，他是武大生物系 1963 届毕业留校的，系里安排他照料我。他和我岁数不相上下，长得很精干，非常细心，每天像亲兄弟一样给我送水送饭、擦背洗衣，帮我借书还书。病情好转的一天，我无意中说好久没看电影了，他第二天就买了两张《南征北战》的电影票，陪我看电影，还带我逛珞珈山，连出院手续都是他代办的，这么多年了，心里

总觉欠他的情。

另一位是邓海铭，他是从长沙农学院调入遗传研究室的。他常把饭菜送到我的病房，还帮我洗衣服。出院后，我俩同住一个宿舍，前后相处了14年，亲如兄弟。

身体康复后，朱英国回到文家庙老家，与徐小梅结婚成家了。对此，邓海铭介绍说：

选择与农村姑娘结婚，说明老朱的本色没有变，我能理解他。朱英国才华出众，人品又好，即使他这辈子没搞出大的研究成果，在武大当普通教授同样荣耀。显然，他考虑到自己的家庭情况特殊，父亲和弟弟需要人照顾，而从事杂交水稻研究长年在外，极其漫长艰苦，后院得有人守。这也说明，他这时已做好了一辈子豁出去的准备。

婚后，返回武大的朱英国接到了白沙公社送回的行李和鉴定，还捎来梅书记的一封信，信中说：

英国同志，你1964年8月6日到白沙公社锻炼，从事劳动生产，热衷于水稻研究。养病期间，你两次返回白沙看试验田，看生产队里的水稻种植，说明你深爱农业，盼望粮食丰收。算起来，你到农村学习锻炼期已超过了一年，现送回行李和对你的鉴定。我们相处时间不长，但感觉你是一个有理想有追求、能吃苦耐劳的青年，你如此热爱农业科学，感动了白沙的干群，也让我们看到了农业的希望。如今，城里“文化大革命”轰轰烈烈，乡下比较平静，生产照常进行。你在白沙的试验田，虽没有来得及系统研究，但社员在收割时仍感觉到你付出的心血，欢迎空时到白沙做客……

朱英国给梅书记回信说：

……如果梅书记方便的话，请给饶家湾大队说一下，还给我留点试验田，哪怕几分地都行，同时麻烦您帮我收集孝感地区各类水稻品种。我学的是植物遗传专业，上大学前，就立志搞水稻研究，让天下苍生不再挨饿。眼下的实验是起步，是摸索，一切才刚刚开始。梅书记是我毕业后认识的第一位农村干部，您给我传授了很多好东西，也让我体验到农村工作的不易。谢谢梅书记对我的关怀和照顾，我现在跟课题组做细胞学……

约两个月后，梅书记回信说情况发生了巨大变化，他已调回了应城，可以帮助收集种子，但农村的形势不利于搞研究，搞下去就要“戴帽子”；还说，再回白沙搞实验的可能性不大了。

第六节 “文化大革命”期间不忘种子

那个“热闹”的日子很快来临。

1966年11月，朱英国卷入了红卫兵“大串联”活动。就在他和周九元、陈克成、汤家芳等青年教师准备去西安、成都、重庆、上海“串联”时，他收到了梅书记寄给他的种子。

两难中他没有选择，所有这个时代的知识分子都没有更多的选择，更无法回避，大家都是国家的人，个人命运与国家命运早融到了一起，于是朱英国要求积极参与“串联”。

但是，怕自己的实验断了线，怕收集的品种不能落地，心里纠结的朱英国考虑再三，决定把种子寄回老家，让老父亲帮忙种，并写信对父亲说：

我要参加运动，但不能丢下专业，荒废昔日的梦想。请您利用母亲坟边的开荒地种上这些种子。按您往日的步骤看管，我想了解季节和土壤的变化对水稻生长期的影响……

同时，他特别嘱咐妻子徐小梅不要对外声张，注意记录幼苗到分蘖的现象。

“串联”出门前，爱书如命的朱英国，想到路途遥远，没有书陪伴不行，可是带任何书都可能被“打棍子、戴帽子”，于是他只好带上了几份过时的《人民日报》，其中有一期刊有焦裕禄事迹的长篇通讯。

“串联”三个月，他们先去了成都，后去了上海。因为他们戴着红卫兵袖章，一路吃饭不要钱，睡觉却成了问题。在上海郊外，窝在旅馆过道上的朱英国睡不着，又捧着刊有焦裕禄事迹的报纸反复看，心里想到家乡，想到自己的梦想，悄悄在心里说：兰考是沙地，罗田是山区，两地相隔一千多里，共同特点是百姓穷，缺吃少穿，焦裕禄是为了老百姓有好日子，操劳而牺牲的，而自己读了一肚子书，却在到处“串联”！父亲种的秧苗长势如何？孝感那几个品种移到罗田山沟有什么变化？

四个月后返回武汉，朱英国立即回到罗田。父亲真是种田的好手，把孝感的种子栽种到罗田山区后长势喜人。

回罗田第四天，朱英国就接到返校的电报，要他立即到学校专案组报到。

武大是“文化大革命”重灾区，有的老干部被不明不白地整死，不少人挨批斗后被关进“牛棚”。朱英国被选进专案组，负责调查时任武大党委副书记蒋蒲的所谓“历史问题”，其罪名是在新中国成立前做地下党期间“当过叛徒”，为此将其撤了职并关进了“牛棚”。为还蒋蒲清白，朱英国和专案组不辞艰辛，先后去襄阳、开封、郑州、咸宁等地，找到多位曾与蒋蒲一起做地下党的同志，反复调查，经一年多时间的核实，证明蒋蒲在新中国成立前的确做过共产党的地下工作者，经历了许多艰险，但他始终对党忠心耿耿，对革命有贡献。

随后朱英国参与起草蒋蒲的调查报告，澄清了其历史问题，恢复了蒋蒲的职务和工作。在当时“怀疑一切，打倒一切”的背景下，帮助一位领导干部洗清不白之冤，并促使他重新出来工作，是一件值得欣慰的事。

然而，朱英国魂牵梦萦念念不忘的，还是那片嫩绿的秧苗，那些苗儿似乎都在焦急地等待雨露甘霖。

1970年夏，“文化大革命”仍如火如荼，但武大的情形出现好转。朱英国听说遗传研究室要组织科研人员外出搞农作物调查，立即要求回到了生物系。朱英国说，这时，搞定向培育的科研组已经解散，学校开始复课闹革命，实际上，多数院系闹革命是假，复课是真。

朱英国回到遗传研究室没几天，汪向明教授就对参加农作物调查的人员进行了分工，决定让朱英国等人分批去河南、四川、陕西研究高产小麦，调查“豌豆麦”和“有色棉花”的形成过程。“豌豆麦”是河南偃师县的一位劳动模范研究出来的，而“有色棉花”是四川农民张业周培养出来的。朱英国等人到现场看了，北京大学生物系的专家也去看了，纷纷感叹农民了不起。

事实上，在汪向明教授分工前，朱英国的主要精力已经转向在全国收集水稻资源（品种）的工作上，他先后到河南、湖南、四川、广西和湖北等省（自治区）的30多个县，收集到了500多个品种。

这个时候，朱英国已经意识到，有一种“天降大任”在向他接近。

第四章 最早的“候鸟”

第一节 “红莲”的“祖母”

就在朱英国努力收集各类稻种的时候，大气候正在悄然发生变化。党和国家领导人深为国家前途命运担忧，敏锐地意识到，无论革命热情多么高涨，无论形势多么“欣欣向荣”，一旦断了粮，人口众多的国家出现饿肚子的情况，形势就会骤然失控，国家就可能崩溃。

就在这时，农业部、国家科学技术委员会决定把杂交水稻研究列为重点科研项目。

机遇从来都青睐有准备的人。朱英国和遗传研究室的战友早已万事俱备，只等这个“东风”了。

很快地，由朱英国、张廷璧、邓海铭三人组成的杂交水稻科研小组成立了，朱英国担任组长，专攻三系杂交水稻。

上级把如此艰巨的任务交给朱英国，显而易见，是因为他对粮食有着刻骨铭心的情感，对水稻研究情有独钟；是因为他对天下苍生有一颗滚烫的慈悲之心；再加上杂交水稻研究不同于其他学科，更多的是田间实验，既有艰苦的脑力劳动，更有繁重的体力劳动，没有吃大苦耐大劳、非同寻常的韧劲和狠劲，没有豁出去的献身精神，是不可能搞出名堂来的。这些禀赋，朱英国全都具备，同时他又是共产党员，这个小组长非他莫属。

1972 年春寒料峭的 3 月，全国遗传育种经验交流会在春意盎然的海南省三亚市鹿回头召开。武大的汪向明、张廷璧等前去参加，留在武大的朱英国、邓海铭继续到全国各地收集稻种资源，为展开全面实验做准备。

水稻历来是我国人民的主粮之一，栽种时间悠久，至今有一万多年历史，分布十分广泛，已知品种 78 000 多种。劳动人民不断采用原始方法选育淘汰，近亲繁殖，导致种子退化现象严重。“施肥不如换种”，渴望优良水稻品种成了亿万农民梦寐以求的愿望。

从遗传学角度讲，杂交水稻的优势关键在于选择配亲本，即遗传差异越大，亲缘关系越远，生存和抗自然能力就越强；品种的形态差异越大，互补作用越强，杂交出来的品种产量就越高。

从这时起，朱英国就把收集品种的地点扩大到了东北寒冷区，云贵高原区，四川丘陵区，河南平原地区，湖北湖南、广东广西水稻区……在气候条件、土壤元素差别很大的各个地方寻找各类稻种资源，为一步实现他心里的目标做全方位准备。

就在朱英国广泛收集水稻品种资源时，海南会议传来信息，首次提出的杂交水稻和花药培养应成为科研重点。这个新观点，对全国杂交水稻的研究与发展产生了深远影响。

海南会议结束后，汪向明、张廷璧等去海南陵水自治县南繁杭州农业科学研究所考察，返回武汉时，带回了在南繁基地获得的一株红芒野生稻——这就是后来闻名天下的“红莲型”三系杂交稻的始祖，被称为“红莲”的“祖母”。

第二节　三系科学原理

为便于阅读，以下有必要用通俗语言介绍一下三系杂交水稻的科学原理。

我们知道，水稻属于雌雄同花、自花授粉的植物。也就是说，它不需要人为的“男女”搭配，就具有与生俱来的自我繁殖的能力。

扬花季节，每一粒青绿的谷壳“头上”自动扬花，属雄性，而同一个谷粒青嫩的下方，谷壳微张，像两只漂亮的“小手”，仿佛在等待雄性降临的“爱情”滋润，自然授粉后，结出饱满的谷粒。

在雌雄两性发育正常的情况下，无法对其实现人工授粉，也就是说，无法改变一万多年来水稻自花授粉结实的天性。一万年，按一年种一季，遗传了一万代。一代代近亲繁殖，导致水稻品种严重退化，出现大量产量低及抗旱抗涝、抗病能力弱的品种。新中国成立初期，南方水稻产区平均亩产为 150 公斤，部分仅 40 公斤。

人口快速增加，粮食品种不断退化，产量上不去，数亿人口吃饭的问题引起各级领导和农业科学家高度关注，用科学技术提高粮食产量迫在眉睫。

要想改变水稻的遗传弱势，必须通过科学动它的“根”、变它的“祖”。换句话说，就是要选择优秀品种杂交，培育出人们希望的高产稳产、能抗旱抗涝抗病、米质好营养成分高的新品种。

基于这个目标，必须选育出一种雄性花粉发育不正常但雌蕊正常，只能依靠外来花粉结实的品种，这就叫雄性不育系。比如我们看到的，马和驴杂交生出来的骡子，虽膘肥体壮，却只能忠心耿耿地服务主人，不能繁衍后代。不育系水稻虽然没有自花授粉繁衍后代的能力，但通过科学技术，将粉撒在不育系的花蕊上，使之复活并重新结果，还能保持雄性不育的特性，这就是不育系的保持系。

有了保持系还不够，还需解决生产上大量应用的杂交种子。这又提出一个问题，即必须要有一种特定的种子：将雄性花粉授予不育系后，既能结出种子，又能恢复雄性的生育能力，而且具有较强的杂种优势。表现为：雌雄正常，自交结实，这就是雄性不育系的恢复系。培育出不育系、保持系和恢复系，等于三系配套。

实现了三系配套，从理论上说，一个杂交水稻新品种就诞生了。

但是，其培育的过程极其漫长艰难，每一对选育的种子，均要从成千上万组品种中挑选，且每一个季节只能选择一次，即使经历千辛万苦，选育顺利，实验成功少则需要五六年，多则十多年。

即使科学实验成功了，如何将其转化为大范围推广种植，又是一个问题，还需要不断选育、反复回交，小田大田、各省各地、大江南北……反复试种，寻找适合推广的科学数据。这样一来，少则七八代，多则十几代，甚至几十代，千里选一、万里挑一……终于某个品种被认可定型，通过了省和国家的审定，之后大面积推广也得八年十年。

许多农业科学家默默无闻，为此奋斗了一辈子！

全世界有110个栽种水稻的国家和地区，其中68个国家和地区有水稻研究机构。印度、越南、印度尼西亚、菲律宾等国家都有不错的研究团队，但研究了三系杂交水稻很多年，至今都没有明显成效。美国1943年就有了希尔斯的植物三系理论，投入了不少人力财力，但只培养出了不育系，没找到保持系和恢复系，三系没有配套成功。

直到今天，在国际杂交水稻领域，人们普遍认为袁隆平①的“野败型”、朱英国的“红莲型”和日本的“包台型”三分天下，而日本的“包台型”因科学问题没解决好，至今尚未大面积推广。

毫无疑问，中国的杂交水稻技术占据世界领先位置。

但朱英国起步的这个时候，对于杂交水稻三系来说，无论是遗传学理论研究，还是复杂的育种实践，都是一座没有攀上去的高峰。其时袁隆平先生的“野败型”尚在实验阶段，国内外许多遗传科学家都在摸索阶段……没有现成经验可资借鉴，连可供参考的资料都很少。

朱英国在心里有自己的珠穆朗玛峰，无论再难再险，都要攀登，要征服，要在山顶竖起一面自己的旗帜。

分析国内外杂交水稻培育的经验和教训后，朱英国决定走自己的路：从远缘杂交开始，寻找突破口。

① 袁隆平，中国工程院院士，著名杂交水稻科学家。

第三节　保温室不保温

从海南带回的那株红芒野生稻，看上去就像水塘沟边的一株普通野草，根须和叶子瘦长，平淡得甚至有几分丑陋，如果生长在沟渠田头，即便不被耕牛吃掉，也难躲过冬季烧荒的一把野火。然而一到武大，朱英国和几位老师就把它当作了宝贝，小心翼翼地把它蔸上的单蘖分开，分别栽种在16个营养钵里，用薄膜捂着，供水供肥，精心看护。

1972年4月插秧季节来临，红芒杂交的准备工作有序展开。曾连续五年在二区农场勤工俭学的朱英国，对试验田的情况了如指掌，他和老师们一起挖沟、犁地、耙田，两天工夫就整出了一块水稻田，并形成数十个小方格田块。之后，在此前收集的数百个品种中，他们挑选出几十个亲缘关系遥远、饱满健壮的常规品种，分别浸泡催芽、播种成秧，然后栽种到小方格田里。

“稻秧是根草，丢在哪儿哪儿长。”说的是稻秧生命力强，只要气候、水、肥土适合，一般不会死亡，但那指的是大田常规品种。而红芒野生稻，是哪个年代散落的，始祖是亚洲的还是非洲的，是哪个“始祖”的分岔，是什么样的“血型和基因”，是高贵还是低贱……眼下全然不知。让它突然与各地选来的品种杂交，对武汉的水土是否适应，有没有可能结实……第一次实验，不知道是什么结果，因此朱英国和他的战友都格外慎重，周密细致。

春风吹来，小方块田里的稻种开始返青、抽叶；而在营养钵里成长的16个红芒“同胞姐妹”也是“青春”荡漾，露出了鹅黄嫩绿，活像少女身上披着的轻纱，微微飘荡。

朱英国、邓海铭、张廷璧把全部的爱都倾注在红芒野生稻上，对它早问寒晚问暖，一有空就查看病情虫情。他们有多少次含情脉脉，无言地对着红芒野生稻，反复倾诉不尽的衷肠。而红芒又真像是懂得亲人的爱抚，常常报以“沙沙沙”的絮语回应主人。两个月时间，红芒差不多是在他们的怀抱中长大的，水、肥、光、温、日照长短，在每一个细小的环节上，他们都做到无微不至。

功夫不负有心人。六月，红芒开始抽穗、分蘖。到了朱英国、邓海铭最紧忙的时候，又是十几个日日夜夜，少不了被蚂蟥咬、蚊虫叮、烈日烤。他们抓紧利用扬花期，用16个红芒“同胞姐妹”作母本，与几十个常规稻种杂交。为保护好杂交后的稻种正常发育，还得给这数十株的穗头捂上风吹不落、雨打不湿的记载着“新郎”身份的特殊纸套，宛如新娘的盖头。

过了20多天，到了收获季节。

遗传研究室的老师们都悬着一颗心，远远看着朱英国抱着从试验田剪回的杂交稻“果实”去了实验室，他们连忙跟了过去。

大家心情都有点紧张，眼看着朱英国打开第一穗纸套，全是秕壳；第二个也是秕壳；第三个、第四个还是……难道授粉出了差错？难道筛选的都是残废？难道野生红芒不属于稻类？大家的心都吊到嗓子眼上，直到朱英国打开第八个纸套，他用手一摸，硬的，有少许饱满籽粒，大家才长吁了一口气，都露出激动的笑容。

接下来几个纸套中的种子也有部分结实。大家忙看标记，原来杂交的父本是“莲塘早”。也就是说，在几十种组合中，只有“莲塘早”与野生红芒杂交有果实，结实率为0.3%。第一次实验，收获了200粒稻种。

虽收获少，但毕竟是野生红芒和“莲塘早”的首轮梦想组合。大家激动地你一句我一句，立即给它取了一个后来名扬天下的名字：红莲型杂交稻。

听说首次杂交有进展，高尚荫教授来到现场，表扬朱英国说，这是个不错的起点。不过，一个新品种的形成，要经历反复加代实验，才可能找到遗传特征，目前还很陌生，要继续实验。

朱英国明白遗传科学的基本特征：杂交血缘关系越远，越不稳定；越近，越容易稳定；远的组合起来很困难，但下一代会很优秀；近的容易组合，但下一代有遗传弱性。他更知道，眼前和将来很长一段时间内，要花费很大精力去解决这种“不稳定”。

马不停蹄，又一轮实验接着开始了。这时，湖北已进入秋季，中午有点热，但早晚明显有凉意。朱英国和战友们决定利用苏联1954年在武大二区建的保温室，虽说很简陋，又破又窄，但毕竟是保温室，于是这个给他们带来极大希望的保温室被派上用场。

秋风阵阵，一夜之间，武汉人开始穿夹衣，老年人甚至裹上棉袄。为确保水稻杂交成功，从下种催苗阶段开始，朱英国就像瞅着自己襁褓中的儿子一样，充满爱意地盼它们健康顺利成长。随着深秋来临，保温室变得不保温，秧苗长到三寸，温度就是上不去，冻得秧苗像怕冷的人一样，老是弯着腰。朱英国急得团团转，无奈之下，只好把系里烧开水用的火炉移到保温室，给秧苗升温。进入十月底，夜里听着窗外“嗖嗖”的寒风，朱英国更是不放心，绝不能让心血“冻”之东流，他干脆卷着被褥住进保温室，昼夜守候，随后青年教师韦俊英也住了进来。

他们把保温室角角缝缝用泥巴全封起来，门窗都挂上棉被，通宵达旦加煤促温，可到了深夜太冷，室内的温度仍然下滑。遗传研究室的另外几位教师看朱英国累得东倒西歪，也轮流过来帮忙。

第二轮实验中，他们费了九牛二虎之力，终于出现了他们希望的科学现象。从理论上讲，这该是“红莲雄性不育系的F1”。但是大家并没有多少喜悦，一则因为保温室根本不保温，没完没了熬夜加温，太累、方法太原始，不是长久之计；二则别说是F1，就是搞到了F9，也不一定能搞成三系，过程太苦，个别人干脆退却了。

朱英国心里清楚，保温室秋天马马虎虎能对付，冬天根本不行。

对于一个新品种，正常情况下需要研究十多年，如果不成功重来，又得十多年[①]，而一个人的黄金工作时间只有 30 多年，湖北的气象条件允许一年只能搞一季，如此慢慢腾腾往前搞，猴年马月才会出成果，如果研究失败，连扭头的时间都没有。

因此，必须压缩时间。

实际上，国家相关部门更着急。同年 11 月，国家粮食总产量再敲警钟，农业部在全国农业会上又一次强调杂交水稻研究的迫切性，宣布成立国家协作组，协调各省杂交稻研究。湖北省农业厅、湖北省科学技术委员会和武大随即作出决定：任命朱英国为小组长，带队到海南南繁基地研究红莲型杂交稻。

第四节　从此做水稻“候鸟”

海南南繁基地具有全国得天独厚的光温资源优势，四季温暖，雨水充足，常年平均气温在 22 ～ 24℃，是天然育种室，适合各种农作物加代繁殖。从 1956 年 9 月起，国家就把海南三亚作为选育良种基地，揭开了全国南繁育种的序幕。

1972 年年底，国务院发布第 72 号文件，确定把农作物新品种加代繁殖放在南繁。从那时起，南繁育种规模从最初的海南三亚、陵水、乐东三个市县，渐渐扩展到以临高为中心的琼北育种区，每年育种面积达到 8 万～ 10 万亩，一年可以完成 2 ～ 3 代。

为利用南繁加代优势，每年 9 月至次年 5 月，全国 20 多个省的

① 事实上，红莲型杂交稻到目前已研究了 44 年，虽然已大面积推广，但仍有巨大研究空间。

500多家科研机构、高等院校、民营科技企业的专家、学者，带着他们宝贵的育种材料、卷着行囊直奔海南，连春节都在海南过。在北方雪花飘飞的季节来海南追赶太阳，进行农作物种子科研、繁殖、制种、加代、鉴定或生产……这里不仅是中国的“绿色硅谷”，还是中国农业科学家成长的摇篮。

1972年11月20日，朱英国和他的助手邓海铭所在的小组，作为湖北省最早的实验小组之一，受领任务准备出发。他俩想着任务的长期性和艰苦性，既激动又担心，深夜都睡不着。在朱英国和邓海铭的日记里，同时留下了他俩当年的对话：

邓：老朱，我们这一去得搞很久吧？

朱：要长远考虑，短则十年八载，长则一辈子。

邓：那我们以后不能回家过年了？

朱：春节前后，正是海南稻苗返青期、授粉期，肯定回不来。

邓：你是我领导，我们上有老下有小，我想提个建议。

朱：我知道，两头难，两头兼顾。这样吧，你先回邵阳老家看看新婚妻子；我也回罗田瞅一眼，我们在长沙会合。

邓：材料怎么带？

朱：我带材料，你负责开介绍信。我们买相同的车次，11月26日长沙车上见。

邓：还要带什么？

朱：被子、蚊帐和一切生活用品。

邓：再加上带材料，我们都要背150斤。

朱：再重也要带，一件不能少。

邓：那好。26日长沙车上见，我们先到湛江，然后到雷州半岛……

邓海铭比朱英国小4岁，1965年7月在长沙农业学校即将毕业时，时任武大生物系党支部副书记毛绍麟去长沙寻找人才，把他聘请到武大。他英俊壮实，性格开朗，非常热爱农业，到武大不久就被安排给朱英国当助手，并与朱英国同住一室，两人性格爱好相投，亲得像一对兄弟。朱英国还知道，邓海铭的老家在湖南邵阳市邵阳县乡下，母亲走得早，有个幼小的妹妹，是爷爷帮他结婚成家的。邓海铭回家结婚蜜月没有度完，就接到返校通知，回武大不久，就收到妻子怀孕的喜讯，喜得一蹦三跳。朱英国知道他放不下妻子，一度想找人代替，让邓海铭留在武汉，毕竟武汉离邵阳近一点，邓海铭不愿临阵脱逃，坚持要一起去海南。当时，从邵阳到永州没有通车，只有走衡阳经南宁才能到湛江。就是说，在长沙会合，邓海铭要先经长沙回邵阳，然后从邵阳返回长沙，一往一返，要多走20多个小时，他在家只能待一天。

朱英国这时已有一对儿女。随着父亲一天天苍老和照料残疾弟弟的压力加大，家里的情况并没有多少好转。苦的是他妻子徐小梅，照料家人、哺育孩子的重任全落到了她身上。农村当时实行以生产队为核实单位，记工分定分配。他的家属于典型的老弱病残、家大口阔的“半边户”。去海南前，朱英国每次回乡休假，必要做几件事：一是把稻谷挑到文家庙碾成大米，把米缸倒满；二是去鳡鱼咀集市买回一担白菜、萝卜，供妻子腌制咸菜；三是把猪粪、牛粪挖出来，交生产队丈量，合算成工分；四是查看房内屋外有无漏雨痕迹……如时间充裕，就替妻子出几天工，挣点工分。

朱英国的夫人徐小梅说：

> 还有一件事他是必做的，英国特别看重情义，和乡亲的感情很深，每次回家有点间隙就到各家各户串门、聊天，看到哪家穷得过不去，就两块三块把钱借给人家。当时的一块钱可以买一斤半猪肉。53元工资他拿了17年，这个习惯也坚持了17年，开始都说是借，借了几十年他从没有要人家还。好几次离家时，他把自己兜里借空了，连搭车回武汉的钱都没有，就瞒着我找他的同学借路费。家里难，队里农活重，家里还养着猪和鸡，老父亲从不闲着，忍着伤腿出工，挣工分，照料残疾弟

弟。这回要出远门，春节也不能回家过，英国心里放不下，有些牵肠挂肚，老父亲鼓励他说：你是国家培养出来的，到了回报国家的时候，历来干事业的人只能顾一头。英国为了顾他的那一头，连孩子上学的事都没时间过问，两个大一点的孩子，和村里孩子一起玩、一起长大、一起上小学。唯一不同的是，他们较早地学会了给爸爸写信。

第五节　一个单程七昼夜

20世纪70年代，搞杂交稻研究最苦的一个环节是坐车反复跑。年底去海南，收获种子后急忙赶回湖北，湖北收获了，又奔广西搞第三季，许多媒体后来形容他们像候鸟——不停地追寻春天。

那时从武大到海南陵水，路途畅通顺利的话，一个单程得走一周，若遇洪水冲毁路基，或到雷州半岛被台风挡着不能过海，就得十天半月。

从邵阳市农业局领导岗位退下来的邓海铭，年过古稀精神却很好，在邵阳郊外一家宾馆对笔者说：

一路非常艰辛，有时难受得直想往车下跳。搞水稻研究说比农民还苦，一点也不夸张。农民种地有农忙农闲之分，老朱带我们整个是车轮子转，没有农闲之说。其所以形容我们是候鸟，就是哪里是春天我们就往哪里跑，团队中有人受不了，不愿意受这个苦，每跑一趟，会减少一些人。老朱常说，搞杂交水稻研究没有对国家、对民族未来的高度责任感，没有对粮食刻骨铭心的认识，没有豁出去的吃苦精神是万万不行的，也是坚持不下去的。老朱的话现在还管用。我调回邵阳后一直搞农业，同样在田头跑了一辈子，目睹了许多看上去很有前途的人因为受不了这个苦，改行离开了。70 年代出行交通不便，科研经费少，条件原始，全靠手脚，一年跑三个省相隔数千里，跑到位还要干农活。解放军打仗攻下高地任务就完成了，就能停下来休整，而搞杂交水稻研究太漫长，似乎看不到尽头，很多人宁可牺牲性命，也不愿吃那个苦。

第一次去海南，老朱把一本厚厚的书看完了，四周乘客换了一茬又一茬，走了两天一夜 37 个小时，列车才缓缓停靠在广东遂溪站。按路程推算过了遂溪，再走一个小时就到湛江了。晨曦中的小站上下车的乘客少，有零星叫卖声，一对穿着破旧的母女跑到窗口，把装茶鸡蛋的篮子举到窗口叫卖。虽然疲倦不堪，看到叫卖的小女孩非常可爱，老朱许是想到他的女儿，叫我买了她们的茶鸡蛋。此后跟着老朱跑了七年，每次路过遂溪听到她们母女的叫卖声，我们总是习惯买她们的茶鸡蛋。

邓海铭被调回邵阳后，余金洪、张再君、黄文超等先后做过朱英国的助手，凡路过遂溪，也习惯买她们的茶鸡蛋，买了十几年，买了几代人，买到朱英国满头银发。

他们从湛江火车站下车后，要赶紧到码头坐轮渡去海口。第一次出门没经验，加上都扛着一百多斤的行李行动迟缓，结果没赶上轮渡，而下一趟因海军演习暂时停摆。他俩不得不另想办法，一路打听到长途汽车站，次日凌晨坐上去海安镇的班车，颠簸 11 个小时后，来到海安镇码头，一番煎熬，好不容易挤上去海口的轮渡。

连续多日不分昼夜马不停蹄的奔波，让他俩筋疲力尽，身体极度虚弱，没想到坐船过琼海又遇到狂风大浪，船舱在海里像秋千一样大幅度晃荡，全船的人都吐得东倒西歪。

邓海铭说：

我和老朱都是第一次坐船，我晕船，眼睛吐绿了，头吐木了，根本不知道东南西北，几乎要休克。英国同样扛不住但比我清醒，他拼命护着种子。我记不得是怎么下船的，只知道到了海口身子瘫得迈不开步，英国只好找个旅馆让我睡了一天，然后又坐9个小时班车，经文昌、万宁，越九盘岭……经七天七夜艰难跋涉，终于到达目的地——海南陵水县。

虽然旅途十分疲惫，但初到海南满眼奇异的风光仍让朱英国激动不已，心里不禁感叹，此时北方滴水成冰，而海南却春意盎然、万花齐放，相差50多摄氏度！祖国的疆土多么辽阔，大自然多么神奇！

陵水县东濒南海，南与三亚市毗邻，西与保亭县交界，北与万宁县、琼中县接壤。到处长着槟榔、椰子、橡胶、杧果、龙眼、香蕉，也有水稻、玉米，生活着十几个少数民族，会讲普通话的人不多。天空特别明净，繁茂的果林在风中摇曳，簇拥着从平原向山丘延伸，万绿之巅的椰林最显眼，它仿佛在以特有的姿态欢迎远道而来的客人。

他们要去的地方是椰林公社，在陵水县城近郊。

穿过婆娑椰林，一座翠绿的山峰闪入眼帘，带路人说，这座山叫大溪岭，山那边是海，桃万8队在山的这边。

带路人还介绍，提起“南霸天”，全国人民都知道，那个怙恶不悛的艺术形象的原型就在桃万大队，桃万一带还是“红色娘子军”战斗的地方……新中国成立前，这里的人民不停地与土匪恶霸、日军及国民党军队搏斗，牺牲了很多人，这里既是老区又是民族地区，很贫困，很多土地没有被开发。

朱英国想到家乡罗田是老区，海南实验点也是老区。老区的共同特点是，为了中华民族的利益倾其全部、拼其所有、在所不辞。

空气里夹杂着海水的腥香味，小路两侧一边是大片荒地，长满杂草，一边是稀疏的庄稼。村子破旧，多是简易房。令人惊讶的是这里百姓的住房，不知是邻海原因，还是判断出错，总之不像内地注重南北向，而是面向四方，八面来风，且房子低矮，瓦沟全用水泥牢固，人们穿戴破旧，环境条件简陋，生活比较贫困。美丽的自然景色与贫瘠的村落形成强烈反差。

朱英国这才知道，湖北沔阳县（今仙桃市）排湖原种场的农业技术人员也到桃万了。从此，他与排湖原种场结下不解之缘，成了他“第二个春天”的首选。

第六节　险被“怪”咬死

房东邓明仕把家里三间小平房腾出了一间，里面摆着两块油棕杆编成的单人床板，中间小桌上放着一盏煤油灯，没电，没自来水，门前的小水塘，既用于洗衣又用于饮用，还供水牛滚水散热。邓明仕一家人用的一个茅坑，仅用椰林围了一圈，四处透亮，上面没掩盖，卫生条件相当差，根本没法用。刚到这里的朱英国和邓海铭，相互掩护到僻静处解决内急，随后第一件事就是对厕所进行改造。

邓海铭说：

> 海南当时流传许多怪事，比如，三个老鼠一麻袋；三只蚊子一盘菜；三条蚂蟥做皮带；火车不如牛车快；抱着孩子谈恋爱等。这里面，有的形容自然环境，有的反映民族风俗，有的表达生活现状。不过，我们最要防的是老鼠。海南有 30 多种老鼠，其中四种危害大：一种是褐家鼠，重达 800 克，一胎 12 只，如发现后代被人打死两只，下一胎就多生两只；第二种是黄胸鼠，耳大尾长，攻击性很强，什么都吃；第三种是尖嘴鼠，也叫毒鼠，人被它咬过后，如治疗不及时会死人；第四种叫田鼠，专门破坏庄稼，一只田鼠洞中可挖出 20 斤粮食，而且三个洞相通，即入口、出口、偷粮库。老鼠们似乎有灵性，总是与人斗智，被赶走了，眨巴眼又来了；特别是田鼠，能在一夜之间把一块田的稻种吃光。

谷秧下到田里后，朱英国和邓海铭轮流值班，防天上飞的，赶地上爬的，一夜夜不能睡，全身被蚊子乱咬。拉上一层网，只能管小老鼠，大老鼠会打洞，钻进田里啃秧苗，最后他们把床铺搬到田头日夜守候。房东邓明仕一家也帮忙看秧田。

1973年3月，朱英国（左）和助手邓海铭在海南试验田

当时全国有30万人在海南育种，每年都发生意外丧命的事件。

邓海铭说：

而我遇到的是要命的事，多亏朱英国救了我。一天夜里，我拿电筒去稻田查看，发现几处稻秆被老鼠啃断，心里很憋气。英国在武大搞实验时，捧着被老鼠啃断的一株稻秆心疼得掉泪，这一次就啃断了五六株，他肯定会很难受。我脱鞋下田，想把咬破的网子封起来，就在这时，一只硕大的长毛老鼠在电光下一蹿，没等我回过神来，脚趾被咬了一口，痛得我抱着脚打转。英国看我疼出一身汗，把我扶到卫生所包扎，返回时已到深夜。看我难受得脸色苍白，又问了一遍我被老鼠咬的经历，他知道被毒老鼠咬了可能丢命，连忙把我背到村里一位郎中家。郎中在暴肿起的地方划了一刀，流了一地血水，裹了厚厚一层药膏，痛得我快要昏死过去。回到住处休息两天就消肿了。后来我想，如果不是英国我可能回不来了。

由于生活不习惯，朱英国，邓海铭二人决定自己开火。从那以后，他们像插队知青一样，自己种菜，自己打柴，自己做饭。因为供应关系不在海南，许多生活必需品无法买到，如食用油、猪肉，想开一次荤要等几个月。生活上，只要能填饱肚子就行，要紧的还是育种。

最初阶段，实验的种子非常少，最少的一种只一粒，有的十来粒。后来媒体形容说一粒种子改变世界丝毫不过分。所以我们把种子看得特别重，放在沙袋里浸泡前，口已封好了，还不放心要打开看看，生怕被老鼠吃了或弄丢了。为确保种子平安，我们把特别少的宝贝级种子，安放在秧田中间，四周是相对较多的种子。日夜防老鼠、防麻雀。要特别细心，将几百个品种，分别种在小方格田里。方格的大小，根据种子的多少和重要程度决定，大的如乒乓球台，小的像西餐桌，最小的仅几株。插完秧，普天下的农民可以松口气，英国和我却不能，还要给秧苗编号，记株数、位置、特点，给各型号建档。做这些工作时，春节到来了。

第七节　海南——第二个家

实际上，那些年，在海南过年的内地科技人员，都把海南当成了自己的第二个家，不过因食品供应困难很难吃上肉。陵水一带的百姓喜欢吃鲨鱼肉，但邓海铭怕闻鲨鱼那个味，朱英国对海虾过敏，不敢吃。他俩就在田头水沟里抓一些鱼，加上自己种的萝卜白菜，对付过年。

邓海铭说：

春节无法与家人团聚心里本来就难受，还要看秧、种菜，到分界岭去砍柴。朱英国还有他的事，每年春节，他都要拜访在陵水荔枝沟搞杂交稻实验的袁隆平先生，看望南繁基地的广西农业科学院的专家李丁民、四川农业大学的教授周开达、辽宁育种专家杨振玉、安徽农业科学院教授李成荃、安徽农业大学教授徐静斐等。说是看望，实际上是相互交换材料，讨论科学问题。朱英国1972年到海南就与袁隆平先生认识了，他俩友谊很深，常一起开会，一起研究三系，一谈就是几个小时。随着红莲型杂交稻研究的深入，后几年，朱英国还去过中山大学、厦门大学、福州大学、福建农学院、江西农业科学院、湖南农业科学院、湖南安江农业学校（袁隆平先生教过书的学校）等大学和研究机构，向各地同行、老师请教。可以说，海南各个研究团队和南方的大学他跑遍了。

还有一个，就是自学英语，朱英国大学学的是俄语，在武大他和我同住一室，常自学到深夜，到海南那几年常熬油灯，终于攻下英语。他那时就立志攀登科学高峰，为此打好了各种基础，后来看英文资料、做英文笔记、用英语交流很方便。

当然，与朱英国交往最多的，是同住桃万8队沔阳排湖原种场的农村人员。排湖原种场的杨显林，是从湖北到海南最早的人员之一，他那时20岁出头，高高的个儿，一表人才，口才极好，对袁隆平、朱英国很崇拜，有点空，不是跑到荔枝沟帮袁老师守稻田，就是到这边帮朱老师看向秧水。

因为杨显林的积极作用，朱英国随后将第二“春天”敲定在沔阳排湖。

第八节　比农民还要苦

农历三月初，各类稻种陆续扬花，人工授粉即将开始。

100个品种，就有100个扬花时间段，有的提前半月，有的推后10天，无论哪天扬花，一般是上午9点至下午4点，这时太阳直射，温度高，是授粉最佳时段。

大量报道朱英国的新闻作品，大都有这样一段描写：

海南陵水的三月，烈日炎炎，田头站三分钟就是一身大汗，朱英国他们严格按照操作程序，蹲在稻丛间，小心翼翼地把住穗头，剪颖、去雄、套袋、授粉、封口。1000多个套袋、100多个组合，都得小心翼翼，剪去谷子头，用细镊子取出花药，套袋，抖入另一品种的花粉，然后封住袋口。整个程序精细如姑娘绣花。为了抢时间，一套固定的程序每天得做几百个，一直到眼睛冒金花、汗干成霜……他们头顶烈日，辛勤劳作，经历了实验失败的痛苦，更收获着成功的喜悦。他们的成功，实际上是九十九分汗水加一分机遇。

笔者在陵水桃万采访时，欣赏了朱英国团队培育出来的“珞优8号”“红优379号”“两优379号”“两优234号”等国家“863”“973”重点项目成果，看到百亩稻田清澄绿色，碧波荡漾，宛如受阅士兵，酷似丰腴少妇，还看到朱英国带着他的学生姚国新、但志武、戴继洪、刘元庆等博士，穿劳动服、戴草帽、带矿泉水，在烈日下下到田间劳动——重现当年的一些细节。

44年过去了，当年没有路，没有车，没有盒饭，没有肉吃，现如今条件好多了，但程序一步不少，比如可以在基地院子里，轻松地做着授粉前的相关准备，笔者全程观摩并做如下日记：

假定A稻穗为父本，B稻穗为母本，现在要把A花粉授给B。那么，先把A留在秧田里，把即将扬花的B连泥带水拔起，带回基地院子，用43℃热水把B已长出来的花粉烫死。考虑到如果没有全烫死，会影响其纯洁性，他们动手用剪子一粒一粒地剪，即把B稻穗每个青嫩谷粒上部分1/3剪掉，整个B稻穗全剪成了“光头”，分别用纸袋套好提到田头，等待田间的A扬花。等的时段是中午，也是很热的时候，是普天下农民收工避暑的时候……

44年前的这个时候，朱英国和邓海铭在做同样的授粉工作，他俩提着“光头”在田埂等待。炎热难当，汗淋淋的朱英国瞅着田间的A扬花，情趣广泛的邓海铭边等边摆弄田埂上的含羞草。陵水田野中到处是含羞草。朱英国一声叫喊“B扬花了”，俩人连忙下到蒸笼般的田里。

1000个品种，就要授1000次粉，备1000个竹牌，写1000个代号，重复1000个程序。水壶喝干，硬挺；衣服汗透，硬挺；面对秆高的水稻，半站着；面对秆矮的水稻，半蹲着；蚂蟥钻入身体，一身泥水一身血水。

授粉结束后，夜以继日的田间管理便开始，直到五彩缤纷、万紫千红，试验田长出红、橙、紫、蓝等各种颜色混杂的谷种。

到了收获季节，千奇百怪，无奇不有，有的稻穗少数饱满，多数空壳；有的饱满却全部伏倒；有的看似饱满，实则为秕子；有的叶子脱落只剩光秆；有的旺盛却被虫蛀；有的杆粗叶茂却不见颗粒……无论哪种情况，都得一穗穗剪回来，再一粒粒脱壳后，紧急打包，空运到下个“春天”。

1974年3月，朱英国（右四）在海南进行水稻研究

44年过去了，当年的房东邓明仕和他老伴依然很健康，如

今他们家住在漂亮的三层阁楼中，儿孙绕膝，幸福满堂，提到朱英国他们异常激动，滔滔不绝地与笔者聊起来。邓明仕说：

那些年，我们一家与英国和海铭好得像一家人，撞到好吃的相互请，几个孩子都帮忙看稻田。一天中午特别热，社员们都收工在家避暑，我躺在木椅上打盹，大女儿阿秀突然说，两个叔叔昨晚做的 8 个馒头 4 个没有带走。我猜想他们中有一个可能生病了，于是带着凉开水去了田头，看到朱英国躺在田埂上喘粗气，正发高烧，脖子上被蚂蟥咬过的地方血水流成了线。

第九节　战友悲伤他流泪

病一场，对朱英国来说算不了什么，真正让他痛苦的还是邓海铭的妻子遭遇不幸。一天，他俩正在试验田中劳动，一个邮递员骑摩托车飞驰到田边，大声喊："谁是邓海铭？电报。湖南来的。"

"男孩，准是男孩！"朱英国接过电报准备念。激动地不知说什么好的邓海铭，站在一旁憨笑。"武汉大学水稻三系科研组邓海铭，妻难产病……"突然朱英国嘴唇哆嗦，双手颤抖，念不下去了。电报上分明写着："妻难产病故速归！"

邓海铭顿时被这个突如其来的噩耗击蒙了，一阵晕眩，年轻漂亮的妻子的音容笑貌仿佛在他眼前闪动。"不，不可能，绝不可能！"他大声喊着，蹲在田埂上孩子般地哭了起来，朱英国边流泪边劝，并尽快安排他回老家。

幼年丧父母、中年丧配偶、晚年丧子女，是人生的三大不幸。

如今重大的不幸降临在远离家乡的邓海铭身上，叫他怎能不悲恸？朱英国连忙作出决定对他说："我去帮你买票，无论如何要回家看看。"当天从陵水到海口的班车票已卖完了，朱英国拦停了一辆到三亚的过路车。邓海铭泪流满面回到家时，老父亲已经处理完他妻子的后事，他抱着襁褓中的孩子大哭了一场，在家待了三天，又返回陵水。

桃万的种子收获后，朱英国和邓海铭的心已飞到了湖北沔阳排湖原种场。因为是第一次与排湖合作，朱英国提前安排杨显林返回排湖。同时考虑到武大老试验田现有的资源，他们动身返回湖北前将种子分别空运到武大和沔阳，然后兵分两路：邓海铭回武大，朱英国直奔排湖。

第五章

追湖北　赶广西

第一节 沔阳排湖农场

1973年5月1日，朱英国在武昌一下车，就急忙坐上去沔阳的班车。

排湖原种场位于江汉平原的中心，地处长江和汉水之间，古时是云梦泽中心水域，也是古荆州水路要冲，西入巴蜀，东出三吴，南连洞庭，曾经是曹操八十三万大军的战船南下通过的水面，也曾是元末农民起义领袖陈友谅训练水师的地方。这里气候温和，四季分明，光热充足，雨量充沛，春夏雨热同步，油黑色的土壤下层是硬质沙土，有利于植物生长……

朱英国更感兴趣的是，这里很适合红莲型的培育加代；加上离武汉近，往返较方便；生活习惯相近，便于下一步建育种基地。

实际上排湖当时的条件也很艰苦。当时的原种场是个不太规则的四方形，前面一栋是实验室、办公室，正后面一栋住着朱英国和小戴、小马等几个大学生，左侧是职工住房，右侧是食堂和厕所，中间有个水泥晒场，两条水沟从这里穿过，都是平房，很潮湿，沟里是浊水。旁边有养牛场、养猪场、养鸭场，很远都能嗅到气味。

朱英国在排湖待了八个“春天”。他的日记里写道：

> 方形的院子，四周长满野草，宿舍仿佛刚在水里浸泡过，墙壁满是陈腐的痕迹，石灰刷过的地方部分脱落，浓重的潮湿和渗漏的雨水，连办公室内的桌椅都散发着泥水味儿。交通不便，地势低洼，下几天雨到处是泥，什么鞋都不能穿，只能打赤脚。水是浑浊的，到处是河蟹、黄鳝、龟鳖、泥鳅，还有血吸虫窝子。重要的是，这里的气候、土壤、雨水适合实验杂交

稻，而且视野开阔、场面很大，新品种出来了便于大范围种植推广。

相比桃万8队，虽然每一步仍需要朱英国作示范，但小戴和小马都是华中农业大学毕业的，杨显林又有育种经验，所以体力上的消耗要小一些。

稻种刚下到秧田，遗传研究室的汪向明、张廷璧、王明全、宋运淳、王心坦等教师，就带着看望朱英国和“与工农相结合”的两个愿望，住到了排湖，随后利用农场的资源，办起了湖北省农业科学知识培训班。朱英国也被邀请去讲课，并带学员参加劳动。此前，较为清静的排湖原种场，随着朱英国他们的到来变得热闹起来。朱英国展开排湖实验时，同时在紧张地选择第三个实验点。他心里盘算着：7月中下旬在排湖搞完第二季，11月将返回桃万8队，那么，7月下旬到10月下旬的第三季，该选择在什么地方？答案自然应该是气候温暖的南方，那里有适应红莲型成长的环境。

朱英国觉得不能再等了，等排湖收获再联系就来不及了。于是他边搞实验，边以湖北杂交稻研究组组长的身份，通过在海南认识的专家教授，与广西、云南、广东等方面联系。很快地，南宁农业科学院回复愿给武大杂交稻研究组提供所需要的一切研究条件。玉林地区农业科学研究所也回复愿意提供现有资源，积极配合朱英国搞杂交稻研究。

1975年8月，朱英国（左）在武汉大学校园试验基地进行水稻研究

如此这般，第三个“春天”的时间和地点

确定下来。此后，朱英国和他的团队一年三个“春天”正式运转起来。那些日子，朱英国比全中国所有的生产队队长还忙，白天跑田头，夜间记日记，综合数据，观察红莲型的科学现象，分析其内在规律。他几乎没有时间概念，满脑子是“种三季、奔三地”。

第二节　老父亲的担忧

三个“春天”正式运转起来后，朱英国的所有空闲时间全部被填满了。有一年，朱英国把排湖的事安排好，回罗田待了一天，刚返回排湖，就接到父亲的一封信。父亲在信中充满担忧地说：

国儿，回家看你又黑又瘦，我放心不下，追封信来，想跟你再说几句话。我们村也搞一年三季：两稻一麦。为了抢季节，上面要求“早稻不插五一秧，晚稻不插八一秧”。社员最累的是五一前后双抢，一边抢收麦，一边抢插早稻，常常晚9点收工，凌晨3点又被哨子催醒，累变了形，可是收入并不比以前一年种两季多，分值每天还是两毛多。无边的劳累、年复一年的耕作，磨平了社员的锐气，搞伤了不少人的身体。当然，家乡的一年三季和你搞的三季性质不同。但有一点是一样的，那就是太累，你们既要栽种，还要搞研究，比社员搞三季还苦。我知道，你这样安排，是为了压缩研究时间，早点搞出成果。对此父亲能理解，但却很难接受，人的体力是有限的，如此超负荷拼搏，实际是在压缩生命时间。国儿，责任再怎么重如山，也得有一个过程，不应该把健康甚至生命置之度外。你这次离家后，我老在想一个问题：你追求天下苍生不挨饿的梦想，没有谁不支持，但是，你求学阶段受苦太多、影响太重，是不是让你失去了对苦累的感觉？为了心里的目标，什么也不顾了？如果是这样的话，父亲告诉你，奋斗的日子很长，悠着点，注意身体。

朱英国看完父亲的信，想着信中的几句话，浮想联翩，忍不住提笔给父亲写回信。

尊敬的父亲：

童年受苦的不只是我一个，而是整整那一代人，是那个时代造成的，是我们那一代人无法绕过的。现在看来，那些经历都成了我的财富，我甚至要感谢那个时代，它不仅让我对苦味的感受记忆犹新，还给了我坚强的意志、明确的方向。我能如此承受并决心坚持下去的另一个原因，是你过去常提醒我的，我是政府培养出来的，不能忘了报恩，回报祖国是天经地义的。我们这一代大学生都在为祖国拼命，绝不是我一个人。

父亲，干事业的人童年多受磨难，但受过磨难的人不一定都能干出事业。童年，我受父母善良宽厚的影响和老师的教诲，总感觉这个世界充满了仁慈，乡亲们的苦就是我的苦。可是当我一次次目睹饿死人的场景、历经母亲在贫寒中过早离世的痛苦后，更痛切地感到，同情和悲怆不能解决任何问题，为民族、为国家分忧必须要有具体行动。国家有困难，人民还很贫困，几亿人口的吃饭问题历来是大问题。我的行动就是要为国家分担，为解决粮食的后顾之忧分担。我们国家不缺少聪明人，也不缺少豪情满怀充满幻想的人，缺少的是在第一线顽强坚守、认准目标不动摇的人……我的实验已经填满，坚持的日子将会很漫长，父亲在家里肯定要吃很多苦。儿子追求的梦想也是您老人家的希望。您坚守希望，就是帮儿子坚守志愿……

之后，朱英国又给妻子徐小梅写了一封信，真切地劝说：

我每次回家，总借点钱给困难农户，人家不还就算了，就不要去提，你想想，在我求学过程中、特别是母亲去世时，乡亲们给了多少帮助啊，再说了，当初借钱给他们时，我就做好了“有借无还”的准备。另外，我曾跟你说过，每个家庭过日子迟早都会遇到一些坎，需要有人帮一把，就目前而言，生产队其实也在帮我们这些“半边户”。想想看，我们家除了年底拿出一点超支款，平时队上分粮食、分稻草、分瓜果哪一点少了我们的？我们享受的和其他农户完全一样。而年复一年的苦活累活，特别是农忙的急难险重，都是人家壮劳力在顶。他们顶队里的事，实际上是在顶我们家里的活。设想一下，假如这时把地分给各家，田里的事哪一步能少、哪一桩能躲？而我们家老的老、小的小、残的残，日子肯定更难。所以客观上“大锅饭”帮了我们家，我们给乡亲们一点回报也是应该的。

实验的程序一如既往，辗转轮回，科学数据却在不断积累、提升。在排湖加代的“红莲”被收回后，立即脱粒去壳、标号打包，然后用“航空加密邮件”，将其紧急送到武汉空军机场，运往广西，提前浸泡催芽。随后朱英国和邓海铭立即出发，直赴广西。

朱英国赶到广西南宁时，广西农业科学院的技术员已将稻种浸泡露芽。

在广西农业科学院的支持下，他们重复了排湖试验田的细节。每到当年 11 月初，他们又带着“红莲”，从南宁奔往海南。

凭着朱英国和其团队在三个“春天”里顽强奔波所获得的科学数据，“红莲”三系配套研究的周期大大缩短了。

第三节　省点名当协作组组长

1973 年 11 月 28 日，在桃万 8 队的朱英国接到通知：速赶往苏州，与湖北省农业厅、科技厅的同志一起参加全国水稻生产会议。他立即出发，经广州一路奔向苏州，到会场时才知道，国家对这次会议特别重视，其时分管农业的国务院副总理和农业部部长主持了会议。湖南的袁隆平先生在会上介绍了他们搞三系配套的进展，与其他与会者在会上交流了经验，并提出了下一步攻关设想。

作为湖北主研杂交水稻团队，武大派汪向明也参加了会议，他们在会上散发了红莲型研究进展的小册子，介绍了培植不育株的过程。

湖北省农业厅、湖北省科学技术委员会对朱英国等的红莲型研究给予了肯定。然而，他们的研究成果比起湖南的研究成果明显差一截，这让湖北省与会的领导心急如焚，他们把更大的希望寄托在朱英国的身上。朱英国感觉担子更重、压力很大，也巴不得快点出成果。可搞杂交稻培育不同于搞两弹一星。两弹一星是中央直管，举全国之力，且不受自然季节制约，两弹一星的专家教授们在国家内忧外患、极度困难的环境下，豁出命缩短研制时间，硬是比原计划提前了八年取得成功，令世人震惊。而水稻的成熟期是固定的，不能改变它的遗传基因属性，更不能揠苗助长，只能根据它的特点自然培育，何况一年已经搞了三代，紧得不能再紧了，再拧螺丝就要断了。

20世纪70年代初，朱英国(左一)和袁隆平（中）在海南水稻试验田搞技术攻关

朱英国感觉到湖北省领导心里急，他再次表态，一定抓紧时间，用科学的态度一步步实验，无论再苦再累，都

要力争早点出成果，用行动为湖北人民争光。

返回了桃万8队，朱英国依旧一身泥一身汗，不知疲倦地与天上飞的、地上爬的各种害虫斗。老鼠变得更加狡猾，不仅可以从地下打洞钻进稻田，还能从防护网上跳过去。朱英国想尽办法都不管用，最后和邓海铭把铺盖搬到田头，昼夜与老鼠周旋。马灯一亮，蚊虫一窝，咬得他们实在受不住就把蚊帐裹在身上，捂出一身痱子、一身疙瘩。

转眼又到吃年夜饭的时候了。邓明仕的妻子特地做了两道湖北菜，其中一道是用朱英国他们种的白萝卜煮的排骨，当然还有辣椒炒鲨鱼肉和海虾。朱英国有意多喝了几口，上床就能进入梦乡。一觉醒来，是大年初一，他连忙整理好自己的情绪，去看望友邻单位人员，思考下一步的计划。

1974年4月下旬，桃万8队又一轮实验结束，联系空运，正打算奔排湖。朱英国突然接到湖北省科学技术委员会发来的一封紧急电报，要他推后几天返鄂，速到三亚参加全国杂交水稻研讨会。朱英国安排邓海铭按原计划去排湖，他则搭车向相反的方向，奔往三亚。

因为已多次代表湖北省参加这类会议，在去三亚的路上，朱英国多少有点漫不经心，可是到会场后突然感觉无法再轻松。会上，与他来往密切、私人感情很深的袁隆平团队宣布，野败型三系杂交配套成功，已进入应用研究阶段。朱英国感觉压力更大，而湖北与会代表更是坐不住了，当即商量措施。

1974年6月18日，红莲型杂交稻在排湖刚返青，湖北省农业厅、湖北省科学技术委员会经省人民政府批准，在仙桃县委招待所会议室举行了一次非同寻常的会议。参会的有多位厅级领导，包括时任武汉地区各高校、仙桃县政府负责人，省农业厅、省科学技术委员会分管农业和科研的相关处长胡传松、翟裕民、王治久、张良海和部分县农业局、原种场的负责人。

会议决定，湖北省成立三系杂交水稻协作组，任命朱英国为组长，省农业科学院的卢兴桂、排湖农场的技术员戴绍钧为副组长。朱英国一直在担任红莲型杂交稻研究组小组长，而且是整个湖北杂交水稻研究大团队的主要负责人。

会议宣布，协作成员单位是武汉大学、湖北农业科学院、华中农业大学、华中师范大学、沔阳县（现仙桃市）排湖农场、京山县原种场、蕲春县原种场、国营五三农场等。大方向确定后，还有具体分工：武大继续红莲型研究，确保湖北特色，力争早出成果、快出成果、出大成果；湖北农业科学院、沔阳县排湖农场等单位，负责研究推广湖南的野败型；华中农业大学、华中师范大学等单位，重点突破日本的包台型。

决定宣布后好一会儿，朱英国待在那里回不过神来。事前，他对这个任命一点都不知道，更没有任何思想准备。组织突然把全省协作组组长重任交给他，太突然，他感觉担子太重，心里忐忑不安，连忙找到胡传松说："我是搞研究的人，不太适合做领导，你们把这么重的担子交给我，我心里不踏实，我怕完不成任务，再说，我还在负责红莲，一年三季跑三个地方，没时间没精力啊！"

胡传松对朱英国说：

> 湖北是水稻大省，省里对杂交水稻研究非常重视，组织这么多大学、调来这么多精兵强将，同时攻一个科技项目，并且专款专用，费用直接打到排湖账号上，这在湖北的历史上从来没有过。你研究杂交稻辛辛苦苦这么多年，不分白天黑夜，爱岗敬业，任劳任怨，奉献精神非常强，有一定的研究成果，在业内威信很高，省里没有理由不信任你、依靠你。现在你负责的这一摊子，是湖北杂交水稻的希望，再难也得扛啊！

朱英国说：

> 苦和累我不怕，问题还是两个字：精力。我真没精力当全省协作组组长，我要集中精力搞红莲研究啊！

胡传松也感觉朱英国责任重而压力太大，如果真的耽误了红莲型杂交稻研究，谁都不好向省里、向国家交代，于是他放缓了语气说：

> 当然不能丢下红莲，而且还要进一步抓紧，争取早有动静。红莲是我们省眼前最能看到的亮点，一点也不能马虎。你过去一直在当武大的研究组长，有经验、有套路、有点子，只是目前这个摊子大了些。这样吧，我们做你的助手，你呢，不分散搞红莲的精力，继续搞你的一年三季。但是，最起码，协作组的工作你要带上路，要把人马摆开，有计划有方案，有检查有评比，你才能放心搞红莲啦！

胡传松把话说到这一步，朱英国感觉再推托就说不过去了，就表示会努力干，完成上级交给的任务。

没几天，协作单位的人员纷纷到排湖报到，一下子来了 50 多人，多数是副教授、讲师和一线农业技术人员，少数是毕业不久的初、高中生，还有几个大学生在赶来的途中。排湖研究氛围变得轰轰烈烈。朱英国召集协作单位负责人，提要求、定措施。各协作单位按他的要求成立党团组织，确定了任务目标……

人马摆开了，接下来就是落实。

第四节　明码给省委发报

人员全部到齐后没几天，排湖传出一个笑话：协作组的一名男大学生，夜间到驻地旁水沟里洗澡，被一群洗衣服的姑娘堵在水沟里，等姑娘们走开，他全身被浑水里的颗粒物涂得像打了一层油，洗不下来，狼狈地逃回住处。

朱英国却没有把这件事当笑话传，感觉有些沉重：虽然协作组队员的户口、编制在原单位，各自承担着研究任务，到底搞多久也拿不准，但省里的研究经费已经打到排湖账号上，大家的工资和粮油供应关系都转来了，显然不会是短期的。他身为协作组组长应从长计议，从宏观上把控，知道他们在想什么，最缺什么，最需要解决哪些问题。于是他安排布置建了洗澡间，买明矾沉降颗粒物，配发防血吸虫胶鞋，购买娱乐器材，安排种瓜种菜、养猪养鸭……

显然，协作组组长这个职务，不可避免地会分散了他的一些精力，但他明白，红莲型是他的孩子，是湖北的盼头，是协作团队的重中之重，再累也要与时间赛跑，三地奔波。

可是时间不等他，任务更加急迫。

1974 年 12 月，农业部在广州召开杂交水稻工作会议，时任农业部部长又一次出席了会议。湖北省有四人参加会议：湖北省农业厅副厅长、省农业厅办公室主任、省协作组组长朱英国和省农业科学研究所的一位高级工程师。会议开得非常严肃，要求不得迟到或早退、不得外出会朋友。与会代表参观了广东农业科学院试验田，听了杂交优势情况介绍，分析了全国粮食形势。农业部部长随后在会上严肃强调，各省必须拿出南繁育种方案，要求现场拿、现场交。湖北与会的四位代表感觉压力很大，全省的方案，他们心里就算有谱，也不敢现场做主。一番紧急商量后，他们连夜发明码电报，向时任湖北省省委书记发报，说明了任务的紧迫性，并提出了

1978 年 4 月，朱英国（中）在武汉大学试验基地进行三系水稻研究

他们的建议。

书记很重视，第二天召开全省紧急会议，要求以各专区为单位，挑选精兵强将，携带行军锅，以半军事化的动作，立即赶赴海南南繁基地，参加杂交稻育种。

命令下达后，各专区紧急动员、立即行动，少则三四十人，多则六七十人，浩浩荡荡地前往海南，加上多所大学、研究机构的人员和后勤服务人员，湖北省这次南行人员超过三千人，分别住在海南陵水县的椰林、光坡、三才、英州、隆广、新村、黎安等公社所辖的近百个生产队中。为管好这支规模庞大的科研团队，湖北省政府牵头，成立了南繁育种指挥部。朱英国兼任副指挥长，主抓科研，重点搞红莲型的研究实验，负责整个湖北团队的技术问题。

朱英国回忆说，他的摊子变得更大了，要管的人和事更多，但仍住在桃万 8 队邓明仕的家中。这时的红莲型试验田，已扩大到桃万周围的文官村、勤风村、波流村等多个生产队，实验用的土地由 3 亩发展到 30 多亩。武大湖边试验田进展得有声有色。

他在日记里还写道：

> 感觉责任更重，特别累。不过，不再孤独，走出桃万，遍地是内地口音，还有不少乡音。大家在生活上相互帮助，研究成果相互通报，我与袁隆平先生关系好，每年都交换材料，通报研究进程……再劳累，科学问题不解决，等于瞎子摸象，因此在秧苗生长期，我仍把看守任务扔给邓海铭，到海南各省试验基地、岛内外各研究机构和大学，交流情况，研究杂交水稻问题。各省的团队我都看了，队员们的吃苦精神令我难忘。湖北省各个专区都有女队员，她们和男同志一样吃苦受累。时常听到有人歌颂工人可敬、解放军可爱，在我看来南繁队员同样可爱。正午时分，站着不动也一身大汗，大家都坚持下地，三五成群像勤劳的蜜蜂，精心为农作物助花授粉；到了夜里，还有队员在稻田里借着月光数着稻穗的颗粒。在黄冈专区的一

块试验田里，辛苦育出来的稻苗被牛吃了几棵，一个大学生捧着损坏的苗儿在那里哭……

岁月在这里留下了厚重的一笔。那些曾在海南挥洒过汗水，包括那些如今仍在海南育种的老一辈研究人员，回忆起往日的艰苦，都会唱当时流传的一首歌：

我们是光荣的南繁队员，
千里迢迢来到海南；
为了神圣的种子事业，
北种南繁任重道远；
我们是光荣的南繁队员，
不怕当头烈日炎炎；
汗水浸润着禾下泥土，
人勤苗壮心底甘甜。
……

大自然从不以人的意志为转移，春天总是匆匆而来、匆匆而去。朱英国用“石头煎成水，铁棒磨成针”的意志，一边肩负着协作组组长和南繁副指挥长的重任，一边像一台不知疲倦的机器，反复在“三个春天”里来回奔跑，周而复始，一如既往地追求他心里的梦想。而现实总是与梦想发生撞击，他必须要面对、要担当，自然比常人要承受更多、付出更多。

第五节　年初一奔七十里

1976年大年初一清晨，一场罕见的大雪覆盖了大别山的群山峻岭，气温只有 -5℃，在峡谷中的一条偏僻小径上，朱英国迎着瑟瑟寒气奋力前行，他火急火燎，步子太急，头上冒出一团热腾腾的雾气，他要步行七十里赶到罗田县城，乘汽车到武汉，然后尽快赶到海南桃万 8 队。妻子劝他说，既然回家了为什么不能等几天？就是要走也要等雪停路好走，去镇上坐上班车，大雪天走七十里山路多累！

他不能等，一刻也不能耽误。桃万 8 队试验田快要杂交授粉，红莲型经十几代回交，已出现可喜的科学现象，在这个节骨眼上不能出闪失；更何况，自己既是协作组组长又是副指挥长，许多队员还留在海南过年，他们远离亲人，过年都没有停止工作。让他更加揪心的是，前天回家的路上听说湖北团队有个队员在分界岭砍柴时，不幸被眼镜王蛇咬伤中毒身亡。虽说团队后勤那一块不是自己分管，但他毕竟是副指挥长、党委班子成员，必须共同承担责任，无论如何要立即返回去，帮忙处理相关问题。

原来，年前朱英国的父亲在劳动时左腿摔成粉碎性骨折，恰恰是挨过日军炸弹的那条腿。妻子徐小梅在送老人去镇医院的路上，怄得一路流泪。她深知父亲在朱英国心里的位置，他几乎每次回信都提醒，老父亲不能干重活、不能受凉。徐小梅尽量孝敬老父亲，重活苦活尽可能自己干，家里再难再苦她都默默忍受，从不在朱英国面前叫苦，也从没有给朱英国发过“告急”电报。可这回，她怕朱英国怪她，反复考虑后还是给朱英国发去了电报。

正在广州开会的朱英国，接到邓海铭从桃万转给他的电报，心里一怔：老父亲终于顶不住岁月的磨砺，还是出事了！

其实父亲没有想让朱英国回家，他清楚儿子这时正忙，可徐小梅对他说：“英国跟我说过一百回，母亲活着时他没有尽到孝、走时没有通知他，这成了他终生的憾事。您老人家摔得这么重，又快要过年了，应该让他知道。”

回家待到第三天，看到父亲的伤情稳定，朱英国的心就飞到了海南。这时已到了腊月二十九，家家户户准备关门过年。天不作美，寒风飕飕，大雪纷扬，刚满两岁的小女儿朱金洪看到爸爸进进出出，生怕爸爸走了，紧紧地抱着爸爸的脖子不松。

看朱英国坐立不安，徐小梅知道再怎么留也难改他的决定，就边帮他整理行李，边拐着弯儿说：雪大得连路都看不清，班车肯定停开了，也许今晚不下雪，冻一夜，明天就有车了。朱英国感觉妻子说得有理，看着门外漫天的大雪无法出门，便同意推后一天，或许当晚不下雪，第二天就可以上路。

第二天是大年三十，雪更大了，大得隔三五步看不清人。

看着病床上的父亲、妻子和三个儿女及残疾弟弟个个沉默不语，小女儿依依不舍，缠着他不放，朱英国装作若无其事与家人一起过了大年三十。大年初一大早，不等孩子们醒来，他就去父亲的房间与父亲告别。

一向坚强的父亲变得有些脆弱，明显地惜儿疼女，从床上支起身子，含着老泪说："猫儿狗儿也有三天年，你却大年初一离别亲人，要出远门！"

朱英国理解父亲，更知道母亲因贫困病故后，自己作为这个家中顶梁柱的儿子，应该给父亲更多的安慰和关怀，多抽点时间陪陪心里孤单的老父亲，然而在国与家的选择之间，早在朱英国上大学之前，父亲就已经给了儿子一把尺子，而且泾渭分明，要他全心回报国家。大年之际好不容易回家的儿子又要离家，伤残的父亲心里一时不舍，也是很自然的。朱英国没有被亲情左右，他理顺思路，平静地转过话题对父亲说："您老知道，过年正是海南水稻疯长的日子，耽误一天就误一季。再说我是负责人，很多同事都在等着我。"

父亲说："雪那么厚，没有班车怎么走？"

"我步行去罗田，我走惯了没事。"

父亲震惊地抬起头来，儿子对事业如此铁心让他深受感染，这何尝又不是父亲在朱英国求学阶段千叮咛万嘱咐、魂牵梦萦所期盼的？父亲于是说："既然决定要走，就早点动身吧，不要担心我，放心家里事，一切都会好起来的。"

七天七夜后，朱英国从大雪纷飞的罗田，回到春意盎然的桃万8队，看了自己的试验田后，不顾长途疲倦直奔南繁指挥部，了解队员被眼镜王蛇咬死致亡事件的经过。

22岁的张力是湖北咸宁人，平时表现很好，腊月二十二那天，他和几个战友租了一台手扶拖拉机去分界岭砍柴。去分界岭砍柴，是湖北各团队通常的做法。此前朱英国带人去分界岭砍柴，一般不租运输工具，凌晨三点起床，步行三十里到分界岭，把砍好的柴拖到公路边，拦顺路车运回桃万8队。分界岭方圆数百里，原始林海，云雾缭绕，有400多种野生动物，据说铁道兵部队为修通森林铁路，发生过被蟒蛇缠死人事件。武大的队员知道险恶，上山前，不忘带蛇药和防身的家伙，而且只在森林边缘砍柴，却没注意到其实边缘也有毒蛇。

那天，张力爬树动砍刀，就"打草惊蛇"了。一条两米长的眼镜王蛇在离他很近的地方，高扬着头，凶神恶煞地盯着他。张力想逃，可半骑在树丫上的他与蛇处在同一高度，稍有动静就会招来攻击。对峙时，眼镜王蛇继续向他靠近，显得更凶煞，随时准备进攻。张力感觉在劫难逃，与其被动挨咬，不如先下手或许还有生存机会。于是，就在蛇头晃动的空当，他飞快出手，一把抓住毒蛇的脖颈。这个惊心的动作，似乎标志着他成功了。然而，就在这一刹那间，力量很大的眼镜蛇王从他的虎口往外挣脱了几厘米，扭头在他虎口上反咬了一口。眼镜王蛇被张力掐死了，他自己也痛得从树上滑落下来。等听到呼喊的战友发现他时，抢救已来不及了……

处理好后事，朱英国反复提醒各专区队员到分界岭砍柴的注意事项，再次要求不能单独行动，不能太深入；上山要带蛇药，勒紧裤口袖口，要小心旱蚂蟥和其他伤人动物……

第六节　火车站摆摊人

转眼又一个春节快到了，朱英国和邓海铭仍在倍思亲中坚守在海南岗位。不同的是，这个春节武大给他们送去了巨大的温暖。虽然时光过去很久，但每当谈到这事，朱英国仍是非常感动。

腊月二十八，朱英国正在田里劳动，邓海铭边喊边向他奔去："梁书记来了，系里的梁达权书记看我们来了！"

回到邓明仕的屋里，朱英国看到梁达权书记风尘仆仆、眼窝深陷，疲倦地从肩上卸下来几十斤猪肉、鸡肉和食用油，朱英国感动地紧紧握着他的手，连连道谢。

梁达权看着眼前的两个战友，消瘦了却精神抖擞，黑了却更加健康。他环视屋子，两块油棕杆编成的单人床板上不见卧具；一盏煤油灯放在旧桌子中央，四周摆满了零乱的书籍；土灶里正在烧着饭，浓烟塞满了一屋……一切都看见了，不用问全明白了！四只手紧紧地握在一起。

一个系的党委书记挑着一担吃的东西，从武汉送到几千里外的海南陵水，送到朱英国他们落户的桃万 8 队，昭示着武大的党领导对知识分子、对水稻科学研究的高瞻远瞩和对朱英国团队的殷殷厚望。也正是因为这样，朱英国更加感到责任重大，红莲型研究必须快马加鞭。

两个月后，蓝天高洁，白云袅袅。朱英国团队背着红莲型种子，再次直奔沔阳排湖。这回，离开陵水时朱英国就感到隐隐不安，由于当年海南的气候反常，稻子晚熟了几天，他们又急着赶湖北的育种期，于是收下 400 多个杂交组合的近 400 斤稻种，包括精心筛选出来的几十个恢复系在内，连晒也顾不上晒，就开始日夜兼程。

一路上，朱英国像父母担心自己的孩子一样，不时地摸一下包裹里的稻种。坐轮船过琼州海峡后，他就感觉稻种有点发热，心里就暗暗地说："稻种啊，你的温度不能再升了，再升，我和战友们等于白干了几年，辛苦是小事，时间耽误不起啊！"

漫长的一天一夜行程后，他们来到熙来攘往的湛江火车站。朱英国又伸手摸了摸稻种，感觉有点烫手，刻不容缓，当即对邓海铭说："立即找地方晒种子。"

在一份武大的资料上，记载着朱英国在湛江火车站晒谷种、恳求站长放行的动人经历。

湛江火车站水泥广场上，蹲着一个奇怪的摆摊人。他卖的既不是日用百货，也不是古董书画，摊在他面前的是一小包一小包金黄的稻谷，一包挨着一包，摆满了小半个广场。此时的湛江已经很热了。摆摊人身穿白衬衫，领口、袖子都已发黑，前后衣襟很脏。他双眉紧锁、眼窝深陷，两片薄薄的嘴唇紧闭，显得疲惫而焦躁。

等车的旅客走过来围观，问他是哪个公社来的？为什么在这儿晒稻种？

这时，邓海铭又焦急又疲乏地从车站跑出来，跑到摆摊人朱英国跟前说，车站说他们没有带病虫害检疫证，不同意放行。

朱英国抓起一把稻种仔细地看着，更加着急，离开陵水时走得太急，稻种没有晒，居然还忘了带病虫害检疫证。想到种子潮湿发热后果非常严重，想到今年要实现三系配套的目标，再拖下去一切都毁了，朱英国急地直跺脚，对邓海铭说："我去缠，找站长缠，横下一条心要缠出一条路来。"

站长对朱英国有些不耐烦了，坚持说，没有病虫害检疫证不准通行："违反规章制度的事我们不会干，你就是说破了嘴也别想我们开绿灯，还是老老实实回陵水去拿检疫证吧！"

"回陵水一趟，再快也要四天！"朱英国反复恳求。

"40天也得回去！"站长毫不退让，斩钉截铁。

"赶不上湖北的育种期，你能不能负责？"朱英国语气也重了。

"我们坚持原则不怕戴帽子，你搞无政府主义一套，我们不怕。"

"无政府主义？我们拼死拼活，就是为了……"因为激动、气愤，朱英国有点口吃了，他一屁股坐在站长对面的椅子上，闭着眼睛，歪着脖子，脑袋向一边耷拉着，两只手无力地垂了下来，又累又饿又急又气，昏了过去。

这一下可把那位铁面无私的站长吓呆了。他这时才知道，这个"摆摊人"是武大的朱英国老师，其他几位都是同一个团队的战友。突然他从内心感觉到，昏迷在自己面前的这位朱老师和自己的思想是相通的，都是为了国家，为了千千万万老百姓的利益，哪像搞无政府主义的人呢？他暗暗责怪自己，不应该过于死板。他慌忙搀扶住朱英国，一边喂开水，一边使劲地摇着他，同时在朱英国的耳边叫着："同志，快醒醒，快醒醒！给你们放行……"

朱英国睁开了双眼，惊奇地看着这个刚才还是气势汹汹这会儿又和蔼可亲的人，听到"破例开绿灯"的话，他高兴地站起来，紧紧握住站长的手道谢，然后奔向广场，高喊邓海铭：快收拾稻种，赶上湖北育种期……

第七节　三系配套终成功

经历过发热的稻种，会不会出现变异？是否能继续它的优势？这些担心让朱英国对新一轮实验更加担心。从催芽插秧，到秧苗返青，他和学生昼夜观察记录，生怕漏掉一个细节。

艰苦奔波、反复实验、反复选育，朱英国和他的战友们终于赢来成功的曙光，他们在不育系和相应的保持系的基础上，找到“意广”“红晓后代”“英美稻”“古选”“龙紫1号”等大批恢复系，从科学角度上说，成功实现了三系配套。

1977年春季，配套成功后的品种在排湖进行试种。湖北省农业厅、省科学技术委员会、省农业科学所组织农业专家，召开试种鉴定会，认定“红莲华矮15”雄性不育系与“意广”等恢复系培育出来的杂交早稻，生长期短，抗病、抗寒性强，穗大粒多，籽实饱满，产量较常规早稻高出两成以上；同时认定，该细胞质型的雄性不育系，是适宜长江流域大面积种植的早稻品种，也是当时全国、全世界唯一的杂交早稻组合。

然而朱英国知道，从科学认定到大面积推广，还有一段相当长的路要走。换句话说，朱英国和他的战友苦战了七年，配套成功只是相当于“红军遵义会议”，选准了方向，找对了路子，但万里长征才刚刚开始。

1977年8月，朱英国（前排左一）与袁隆平（前排左二）在一起探讨杂交水稻科学问题

1978年3月18日，春回大地，万物复苏。全国科学大会在北京隆重举行。在这次大会上，朱英国牵头研究的“红莲型雄性不育系选育与杂交早稻优势利用”获全国科学大会奖。红莲三系受到嘉奖，是对他个人也是对团队的肯定。他这时知道，全国有18个科研团队通过努力同样搞成了杂交水稻三系配套，也就是说，“准备长征”的18个科研团队目前都站在了同一起跑线上。

邓小平在这次科学大会上明确指出，“现代化的关键是科学技术现代化”“知识分子是工人阶级的一部分”，重申“科学技术是生产力”。他的讲话，澄清了科学技术发展的理论是非，打破了长期禁锢人们、特别是知识分子的精神桎梏，引起了代表们阵阵春雷般的掌声。

在大会闭幕式上，时任中国科学院院长郭沫若作了题为“科学的春天”的书面发言。他在用诗一般的语言赞美科学大会的同时，向广大科学工作者表达了期望中华民族创造出“一部巨著”的心愿：“这部伟大的历史巨著……它不是写在有限的纸上，而是写在无限的宇宙之间。”

春天来了，科学的春天来了！

多年靠大学、靠团队、靠个人意志追求梦想的朱英国，感觉到这次科学大会是我国科技发展史上的一个里程碑，是向科学技术现代化进军的总动员令，鼓励着他充满信心地攀登科学高峰。他的心又飞到陵水，飞到南宁，飞到了排湖……

然而仅过了几个月，情况出现意外，他所有的梦想都面临着破碎。

第六章

情况突变 “红莲”遇挫

第一节　听说解散，泪流满面

红莲三系配套成功并受到国家科学大会表彰，这对参与研究的成员、特别是连续七年摸爬滚打的朱英国来说，是一个极大的鼓励。科学的春天即将来临，接下来朱英国有许多新的打算。可他没想到，等待他的却是“寒冷的冬天”，情况的急遽变化完全出乎他的意料。

1978 年 4 月 25 日，朱英国正带着学生在湖北试验田中忙碌时，突然接到通知，到省农业厅会议室开会。参加这次会议的有省协作组的 50 多位队员，以及后来加入协作团队的农业技术人员，多数是在 1974 年 6 月 18 日仙桃县委招待所宣布成立协作组时的老熟人。也许是会前多少知道此次的会议主题，也许是炎热的天气让大家感觉闷燥，整个会场的气氛显得有些凝重，大家都垂着头，室内纤尘不动，安静得似乎能听到大家的心跳声。

会议开始后，主持人对省协作组总体工作给予了积极评价，说了不少肯定的话，表扬了一些同志，然后话题一转，宣布说：“考虑到情况已发生变化，经省政府同意，决定解散省杂交水稻协作组，所有相关人员回到原单位，从即日起省协作组停止运行……”

至于后面说了些什么，最后一餐饭在哪儿吃的，以及在哪儿合影留念的，朱英国全不记得了。

事实上，在宣布解散前一个小时，时任湖北省科学技术委员会处长的胡传松就把朱英国请到小会议室，提前给他交了底。解散的原因主要是省里几个主管部门领导对部分协作成员单位不满意，例如，有的单位领导不重视，长期不过问；有的人有其名无其实，却长期领补助，影响不好；有的不做分配研究项目，折腾了几年不见成果不说，还提了一些无法解决的问题。但他对朱英国带的武大研究小组给予了充分肯定：红莲三系配套成功，获得国家科学大会奖是不容置疑的事实，武大研究小组从没找过什么麻烦，总是默默想办法自己解决问题，坚持不懈、成果显著，省农业厅和科学技术委员会对武大研究小组是满意的。

胡传松对朱英国说：

> 省协作组组长你不再当了，但你的功劳有目共睹。农业厅有个基本意见，如果你本人愿意，可以考虑到农业厅当处长。你对水稻研究有套路，有办法，湖北又是水稻大省，将来还有机会往上挪，我受组织委托，特地先征求你的个人意见。

朱英国顿时明白，省协作组解散了，南繁指挥部副指挥长的职务也随之消失，武大研究小组已是名存实亡。协作组的解散，等于一下子把他的三个职务同时拿掉了。胡传松再怎么肯定，给他提供再不错的出路，他心里还是不好受。他难受的不是失去职务，而是事业受挫，他选定的职业金不换，能挪得动吗？于是他对胡传松说："我水平有限，还是适合做大学老师搞我自己的专业，别的地方就不去了。"

胡传松最后说："你不要这样拒绝，好好选择一下，我们等你最后回话。"

来到会场，他表面很平静，内心却是五味杂陈、翻江倒海。想到团队中大多数人几年来付出的艰辛努力，想到和他们建立的深厚感情，想到自己大学毕业后的梦想，特别是七年来披星戴月、候鸟一般在"三个春天"里反复奔波的风风雨雨、日日夜夜，想着海南的七顿年夜饭的孤独和对亲人的万般思念，想着邓海铭失去爱妻后悲痛欲绝的哭喊，想着罗田山沟归途的大雪、湛江火车站几乎绝望的恳求，那一幕幕、一桩桩、一件件，仿佛全在他的眼前闪现。所有这一切转眼间化成了泡影，变成了无数小虫儿在撕咬他的心。当他听到解散的一刹那间，忍不住泪湿衣衫，哭出声来……

“英豪未豹变，自古多艰辛。”朱英国还是那个朱英国，但他的前路又雾海茫茫。一路艰辛的他，能否继续在艰辛中走下去？

当年协作组的队员，如今不少已成为农业战线卓有成就的专家教授，回忆起昔日协作组解散的经历，他们感觉很坦然。那个时候，他们正是风华正茂的岁月，内心充满对研究成果的渴望，但从分工来看有些莫名其妙，甚至感觉难以理喻，有几分荒唐，当时就预料不可能出成果：野败型是袁隆平团队配套成功的，是其原创品牌，科学数据是其控制的，你能学什么？人家搞了那么多年付出了很大的心血，你能动人家的成果吗？你推广人家发明的产品能获得授权吗？知识界从来都是有原则的。再说日本的包台型，日本的专家搞了几十年，因为品种不适应、农民不接受，在日本就没有被大面积推广，凭什么去推广人家推不下去的东西？不等于白费神瞎折腾吗？说起来就可笑。就说武大的红莲型，那是人家的原创成果，他们花血汗搞出来的，再说，朱英国又是协作组组长，是研究团队的灵魂，他们经历了很多艰辛，有他们自己的套路，别人怎么好插手？从哪儿插手？由于这些原因，一些协作组成员很难扎下身子进入实质。当然他们还可以“重新立项，另起炉灶”，再搞一个不育系，再树起一杆旗；但这说起来容易，实际难度等于九天揽月……所以，协作组中有些人一直在混，没成果嘴还硬，解散在所难免……

另一种说法是，解散这个人员众多、耗资巨大的协作组，是为了将有限的财力集中使用形成拳头，投入包括红莲三系在内的重点项目。

后一种说法听上去似乎更靠谱一些，但朱英国却隐隐感觉到，有人怀疑红莲型研究科学难度太大，全国有 18 个三系配套成功的研究机构，都在同一起跑线上，耗资大、困难多，不可能登上这个高峰，没有成功的希望，干脆一并解散拉倒。

无论是哪种因素，这不仅让朱英国现在成了“光杆”一人，承受着协作组解散后的所有苦涩，还意味着在全国“准备长征”的18个科研团队中，他是第一个不明不白退却的。尽管后来他创造条件迎头赶上，历经千辛万苦，终让红莲型杂交稻研究取得巨大成果，并与袁隆平先生的野败型、日本的包台型被国际水稻育种界公认为三系杂交水稻的三大细胞质雄性不育类型，但他如今回忆起来当时的心情，仍然“有种空荡荡的难过”。

孤身回到武大校园，曾经熟悉的一切仿佛都变得有些陌生，往日亲切的面孔感觉有些生疏，“根”在武大的他好像变成了刚入校的新生，一时不知道往哪儿走，哪儿才是正确的路。

领导一句话就解散了协作组，打扫心灵战场却靠他自己来收拾。他甚至一度想，既然如此，是否该从心里抹掉“红莲”，忘掉与杂交稻相关的所有记忆，回到生物系安安静静做一名普通老师；是否该听从胡传松的建议，去当一名农业厅处长，走仕途发展那条路；是否该停止刻意追求，抽出时间弥补对老父亲、对妻子和孩子们的愧疚；是否该向海南桃万8队的老房东邓明仕，向跟随自己多年的邓海铭，向痴迷于水稻研究的学生杨显林、杨代常、余金洪和曾给了协作组许多帮助的各省各地、各研究机构的老师们道谢告辞，告诉他们：朱英国不再三地奔跑了，不再顶炎热、爬田埂、钻稻林了，感谢他们多年的支持和关怀……

朱英国回忆道：

在这段落魄的日子里，我每夜一躺在床上，就感觉脑子里有两个人在激烈争吵，一个说，英国啊你放下吧，你再刻骨铭心，再钟爱粮食，再想为国家粮食增产做点事，人家现在不缺少你！你是自作多情自寻烦恼，你现在光杆一人，队伍、经费、实验室、试验田统统都没了，你想冲出一条血路来，可你没有武器弹药，甚至连敌人在哪个方向都不知道，你往哪儿打？往哪儿冲啊？

就在这时，一个雪上加霜的消息向他袭来，同甘共苦多年的好兄弟邓海铭，在协作组解散没几天后就被他的家乡湖南邵阳地区委员会通过“正规渠道”给挖走了，调动手续已办好，很快就要离开武大回湖南报到了。

邓海铭与他前后 14 年，同吃一锅饭，同睡一间房，其中有 7 年时间形影不离，一起风雨兼程、日晒夜露，一起三地奔波，一次次“长征”，经历了包括危及生命、失去爱妻在内的挑战和人生最大的悲痛，现在突然就要离开了。

诗人李白忆他与杜甫的感情时，深情吟哦：“醉眠秋共被，携手日同行。”那是两位伟大诗人的诗情绝唱。如今的朱英国和邓海铭，为民求食，出入苦海，诗写大地，谊流江河，一样的感人至深。

心里难舍的朱英国，打听到邓海铭离开武大的日子，想请他喝酒、为他饯行，甚至连餐馆都联系好了，可是又担心喝成一团泪，影响他回湖南的情绪，最后干脆买了一堆礼品和一个日记本，在同事们一起给他送行时顺便交给了他。在送给邓海铭的日记本上，朱英国写下了英国天文学家普罗克特说的一句话：“梦想一旦被付诸行动，就会变得神圣。”

是的，朱英国始终在为神圣而战，只要这条命还存在，神圣就不会退却，高地就不会失守，信仰的旗帜就不会倒下！大不了一切重来。古今中外，科学的路从来就不是平坦的，必须有承受力，必须有顽强的意志，更何况武大的领导、生物系及遗传研究室的老师们，对水稻研究一直很重视、很支持，加上生物系本身就是研究的平台，有国内顶级教授，有高端科学资源，有连接国内外前沿的科学信息……

只是，科学的春天暂时还没有降临，要耐心等待。

返回武大时，生物系的老师们还在沙洋农场边劳动边“学朝阳”，“文化大革命”的影子还没消除，正常的教学秩序还没有完全恢复……

第二节　一段失落的日子

借着月光，他在武大校园中曾流连忘返的老斋舍、鉴湖、鲲鹏广场、梅园和图书馆转了一大圈，之后返回住的四人宿舍。宿舍里空荡荡的，邓海铭走了，另两位青年教师在沙洋劳动还没有回来，床上堆的全是书。朱英国一夜辗转反侧，难以入眠。

次日朱英国去办公室，发现里面还是毕业留校时分的一张桌子、一把椅子、一张单人床，窄得连转身都困难。生物系一楼的实验室，由于“文化大革命”的原因，多年没有搞实验了，设备老化陈旧，像一堆堆废品被丢在那里；二区农场的试验田荒废，那个靠煤火升温的保温室，不知道什么时候已经被拆除，只有养兔、养老鼠等用于科学实验的养殖还在继续运作；湖边八区的几亩地被湖水浸泡，人根本走不进去……

在这些食不甘味、夜不能寐、空虚苦闷的日子里，朱英国的时间出奇得多起来。他回忆道：

> 我这一辈子原本就一件大事，可现在不让做了，自然就想到亲人，这些年欠家人太多，该回家陪老父亲说说话，帮妻子干干活，给孩子们辅导作业。老父亲的腿这时还没有完全好，走路有点闪，儿子朱新锋读初一，大女儿朱文读小二，小女儿朱金洪4岁最调皮，我走到哪儿她跟到哪儿。残疾的弟弟这时30岁出头，昔日虽然教会了他许多，他会自己洗澡，会清理自己的卫生，但不会劳动，不敢让他做饭，生活依旧需要别人的帮助。妹妹朱英娟嫁到了凉亭河，妹夫憨厚老实，日子全靠勤扒苦做，他们的大儿子与新锋岁数相仿，都在乡下初中读书，

都是品质很不错的孩子……和家人在一起，什么烦恼都抛到脑后，感觉少有的舒畅。

……那天，帮弟弟找换洗衣服，翻家里的破旧箱子，突然看到母亲的老纺线车。心里不禁一沉，那“格儿格儿”的响声仿佛又在耳边回荡，母亲死了 17 年，我这时已 39 岁，而母亲纺线的声音还是那样清晰，如岁月流年，从年头到岁末，从傍晚到黎明，无休无止。那时我读小学，母亲的眼睛明亮、好看，我就趴在母亲的纺线车旁边的小桌上做作业，夜里和母亲共用一盏松油灯。夜深了，母亲常催我说：国儿，去把脸上、鼻孔里的黑烟擦一擦、洗一洗，不能再熬了，明早还要上学！我把最后几个字写完，瞌睡就到了眼边，顾不了洗漱就上了床。我盖的老棉被是上一代留下的，被套是灰色的，因盖的日子久，反复弹过的棉花纤维变短了，膨松被压实了，空隙少，不能贮存热量，盖着不暖和，很难转热，不时地伸伸缩缩，母亲看我冻得没睡沉，就坐在床边，把我的双脚抱在怀里，用身子给我取暖。

冬去春来，母亲总是弯着腰爬山，弯着腰做农活，弯着腰在阴暗的厨房做饭，弯着腰纺丝织布，弯着腰给我取暖……渐渐地，她的腰佝偻了，眼快熬瞎了。后来，瞎得什么都看不到，心里却很亮堂。婶婶说，我的母亲咽气前几天，放不下读武大的儿子，想儿子回家，一连几天一个人拄着拐杖，一步一颤地挪到村头，想听到儿子回村的脚步声，想摸摸儿子。咽气前一天，她已无力走到村头，就要英娟扶着她站在门口，“望着”村头喃喃自语，国儿是从这里出村的，也该从这里回来；国儿最疼妈，国儿是妈贴心的儿子，妈就要走了，就要离开这个苦难的人世，妈多想听到国儿归来的脚步声，多想再摸摸国儿的手……妈妈没有实现这个愿望。妈妈把对儿子的希望，化作了她在天堂的梦想，她带着万般的不舍和牵挂，悄无声息地撒手走了，世上最疼我的那个人就这样走了……

如今，母亲的坟边长出了一人多深的蒿草，四周的山冈满是宁静的绿色。我久久地坐在母亲的坟前，心里不停地呼喊：妈妈，你才44岁就走了，上帝对你不公啊，儿子以后要好好孝敬父亲，让父亲替你享福，替你长寿……

在这个难得的空闲日子里，我还去看望了昔日的老师和同学。胡建文老师已调任河铺双凤坳中学校长，仍像往常在滕家堡教书那样，用点点滴滴、一言一行影响着学生。严世明同学从华中师范大学毕业后，选择回胜利高中教书，他像胡老师那样爱学生爱岗位，兢兢业业，培养出了不少优秀学生。余品题同学的经历很坎坷，初中快毕业时被特召到部队，军校毕业提干前半年，突然查出患有血吸虫病，“军官苗子”转眼间什么都不是了，被当作战士退伍回乡。那些日子他欲哭无泪，整天闷在家里，总是说，从天上落到泥潭里，爬不起来了！我不断去安慰他，有一次品题不在家，我帮他父母把农家肥都挑到田里。渐渐地，余品题从泥潭里站了起来，走出了低谷，升任罗田大河岸公社党委书记。

在这些空闲日子里，我到村里串门，乡亲劝我说：你读那么多书，上那么好的大学，好不容易跳出农门又选择育种，累死累活落个里外不讨好，不如干脆跛子拜年——就地一歪，改行从政做官，何必受那个罪。我突然想到胡传松还在等我最后回话，做官的绿灯还亮在那里！夜夜睡不着，好不容易入梦，那些要命的画面又跳入脑子：山间成群结队的饥民，一路哀叹和悲惨的哭声；饥饿中相互撕咬的鸟群和随时准备扑向路人的野狗；门前修水库倒下不再爬起来的民工；上武大因饥饿丢命及普遍患营养不良症、走路晃晃荡荡的同学……如放电影一般在我脑海中闪过，我难过得居然在梦中哭醒，我突然明白，追求粮食丰收的梦想已经入心入骨，已经和我的命生在了一起，不可动摇，不可能更改了。

这是命，是他自己的命，是一个山里农民儿子的命！

没有背景、没有资源，性格偏内向，不善招摇，不会说一句假话，这辈子注定当不了官、发不了财的朱英国，知道自己最需要什么，那就是这辈子无论如何要做成一件事，生死要兑现承诺，亲人再苦，自己再累，豁出这条命又如何！他决心坚守梦想，等待重新上路的机会。

1978 年 5 月 8 日，朱英国在《人民日报》上看到一则消息：深受林彪、江青反革命集团残酷迫害，被关押长达十年之久的陈丕显同志，出任湖北省委第一书记、湖北省革委会主任、湖北省人大常委会主任、武汉军区第一政委。

这个消息让他产生了一种奇异的兴奋，似乎看到了充满希望的机会。

第三节　会场给省委书记递信

朱英国的兴奋逐渐转化成一个大胆的想法：等待机会不如创造机会，干脆给陈丕显书记写信，表达自己继续研究杂交稻的强烈愿望，也许能引起陈书记的重视，也许能突破眼前的困顿。他敢想也敢干，抑制着心里的激动，随即在信中展开他的思想：

……

尊敬的陈丕显书记，我之所以这般急不可待，是因为我始终无法忘记我的童年、我的求学阶段、我和我的亲人及整个大别山区父老乡亲挨饿的经历，我始终无法忘记百姓们饥肠辘辘的痛苦表情，特别是目睹饿死人的残酷场面，这让我这一辈子刻骨铭心。我国是个农业大国，最大的特点是人口众多，而且还在继续增长，吃饭问题始终不能小视，始终是社会安宁、人民幸福的基本条件；民以食为天，有了这个“天”，什么样的问题都不难解决。我从武汉大学毕业留校不久，就着手研究水稻，此后担任省水稻三系协作组组长、省南繁杂交水稻研究指挥部副指挥长。经过我们团队多年的艰苦努力，红莲三系杂交水稻配套成功，并获得国家科学大会奖。但这仅仅是科学理论上的成功，离品种定型和全面推广，还有一段漫长艰苦的路要走，面临着更多的研究难题。目前，因诸多原因协作组已经解散，研究工作停摆，同时面临人员编制缺乏、研究经费不足、实验条件受限等问题，无法解决，请陈书记给予重视……

这封信发出后，不知哪个环节出了岔子，如石沉大海没有任何回音。然而，朱英国却很平静，因为这时他仿佛听到科学的春天的脚步声逐渐走近。

1978 年 5 月 19 日，湖北省科学大会在武昌洪山礼堂隆重举行。此时身为生物系党支部副书记、讲师的朱英国和武大的查全性、张训械、卓仁禧、张远达、何海平等教师，受到大会的通报表彰。

说来也巧，受表彰的人员被安排坐在会场的第三排。朱英国能清楚地看到坐在主席台中央的陈丕显和坐在后排的他的老师——时任武大副校长、著名病毒学家高尚荫教授。

望着近在咫尺的陈丕显书记，朱英国顿时产生了多种假设：难道给他写的信没转到他手里？难道他收到信后没来得及看？难道他看了没有引起重视？他也是农民家庭出身，为人民的事业出生入死大半辈子，难道他对国家粮食安全的重要性没有认识到位？不，不能胡思乱想，陈书记如果看到了，不可能无动于衷。朱英国顿时得出这样一个结论：如果他看到信，肯定会高度重视；既然这个结论是肯定的，何不现场写封信，当面交给他试一试？朱英国为自己闪现出来的这个想法而沾沾自喜，于是他趁着会议间隙，把记忆中的内容又写了一遍，带到会场。

在会场3000多人的视线下，朱英国绕到后台，把没封口的信送到主席台高尚荫教授手里，请他转给陈丕显书记。高教授看到是自己的学生，非但不吃惊，还抬头给了朱英国一个微笑。

朱英国重新回到自己的座位上，亲眼看着高尚荫教授起身，走到主席台中央，把信直接交到陈丕显手里。

当年参加湖北省科学大会的代表也许还记得这个细节：陈丕显边听文件边展开了信，认真看完后，就开始在信上写，至少写了五分钟。

朱英国心里更加激动。他这时的身份是个普通讲师，没有接触过像陈丕显（后任中共中央书记处书记）这样高级别的干部，不了解他们的工作风格。但他从当时有限的影视作品中看到，处理文件或信件时，有些高级干部只翻翻瞟瞟，写上“已阅”就了事，陈书记却在他的信的正面和反面，写了许多话。

朱英国心里踏实了许多，猜想，或许很快就有好消息。

果然，会议刚结束，武大就传出喜讯：陈丕显一次性批给武大20个编制名额（后又追加了4个），督促省财政部门协调解决武大杂交稻研究经费不足的问题，要求相关部门切实用行动支持朱英国的“红莲”研究。如此关怀，让朱英国感觉特别惊喜。真是“子规夜半犹啼血，不信东风唤不回”。他的科学的春天这才真的到了。

对朱英国历来有些偏爱的高尚荫教授，在此后的多个场合说：“这回增加人员编制和研究经费，可以说是英国搞成的，经费由学校统一管理使用，重点支持他；人员名额分配，也要听他的意见！”

朱英国一直保持沉默，不宣扬、不炫耀，直到高教授的这番话传开了，他才说：“我只是突发奇想。如果没有武大这个平台，没有党组织的关心和团队的共同努力，我什么事都不可能搞成；再说，武大是教育部直管大学，省里同意增加编制是一方面，真正落到实处，还要向教育部和国家科学技术委员会申报，具体手续需要省教育厅、省科学技术委员会和人事厅合作办。武大科技处的同志要跑不少路，费不少神。”

增加编制的指标下来后，科技处找到朱英国，征求分配意见。朱英国的意见出人意料，他说：“作两块考虑，一块给遗传研究室的杨远弘、周嫦、汪向明、徐乃瑜、利容千、徐树华等老师，给他们各配一个助手；另一块，应该考虑解决一些教授家里的实际困难，他们的孩子在钟祥当知青，回城没有工作，需要有事做。”

“如果把知青插进来，名额就不够摊，再说你自己折腾了一场，怎么也不能两手空空吧！”科技处提出这个问题后，朱英国如实说：“我只要一个助手。”名额算下来不够分，左右难摆平，朱英国于是又和相关领导出面，在原 20 个名额的基础上，向省里要求追加了 4 个名额，这才满足了朱英国“要一个助手”的愿望。他要的这个名额，是留给协作组解散后仍在海南坚守的余金洪的。

来自洪湖农村的余金洪，16 岁进入协作组，是团队中的小不点。前三年每个月只有生活费，他不仅肯吃苦、爱学习，性格也开朗，再累总是爱说笑，如果没听到他的笑声，那他就是累倒在田埂睡着了。三年中，他学会了杂交水稻授粉、田间管理的所有程序，从没出现过差错，可他的身份还是“半工半农”，随时可卷铺盖走人。朱英国舍不得放他走，把他的事放在心里。即使协作组解散了，朱英国仍把他安排在陵水守摊，等待机会。

陈丕显的批示，让朱英国看到“红莲”的曙光，同时余金洪的机会也来了。邓海铭调走后，应用研究这一块缺少一个和邓海铭一样“比农民还能吃苦的人”。比邓海铭文化高、嘴巴快的人倒是不少，但能不能日复一日年复一年地承受田头实验的艰辛，那就难说了。于是余金洪自然进入了朱英国的视野，他打算让余金洪顶替邓海铭，当他田间实验的助手。

这时，有人给朱英国出主意：“你要了一堆指标，却忘了一件事。你老婆孩子都在农村，按条件很快要进城了，该给老婆预留个名额，安排个工作。”朱英国说：“目前只能顾科研、顾老教授，别的顾不上。”

在解决编制的同时，学校对遗传研究室的人员进行了调整。汪向明教授转向别的课题，遗传研究室的工作实际上由新任副主任朱英国全面负责。

这次突发奇想所产生的效果，从根本上扭转了“红莲”研究的困境，让他这个有着不屈不挠科学精神的人，重新获得研究平台。

第四节　科学的春天来了

随之，朱英国对“红莲”研究的未来，产生了一系列宏观构想和发展蓝图。

第一个是立足长远建队伍，把“散兵游勇”变成正规研究团队，逐渐建立三支队伍：一是充实应用研究队伍，除余金洪、杨代常、朱仁山外，再加入他带的学生宋国清、张再军、黄青阳、蔡得田等。这些学生在求学期间，按朱英国的课题设置，先后到海南、沔阳试验田参与过应用研究，有一定的实际经验。二是建好基础研究队伍，在反复征求意见的基础上，朱英国决定从生物系调入教细胞学的青年教师徐树华，同时从黄冈选来了梅启明等。徐树华教授加入团队后，搞基础研究兢兢业业，奋斗到最后一息。三是考虑建设推广队伍，因“红莲”等品种尚在实验阶段，这支队伍目前只是设想。

第二个是注重效果，确定育种基地。朱英国根据多年三个“春天”奔波的经验，考虑到实际效果，建议撤销南宁和沔阳两个试验基地，把重点放在武汉周边和海南陵水。海南不用说，是天然育种场，一年可以搞两至三季，既可以保持此前的实验频率，又能节省时间、精力和财力，用于主研方向；同时武汉地区位于长江流域中游，环境气候、水质土壤与四川、湖南、安徽、江西、福建、广东、广西和江苏、浙江地区相近。更重要的是，在武汉周边实验，便于利用武大的实验室和科学资源，方便将基础研究与应用研究融为一体，一旦实验成功，向长江流域大面积推广，交通方便，信息流畅。后来的结果证明，朱英国的这些构想是正确的。

第三个是瞄准前沿建好实验室。朱英国设想在武大八区建一个设施完善的实验室，把遗传研究室移过去，整合资源，形成正规的国内一流的研究平台。

所有这些设想，需要争取、需要时间、需要投资、需要建设、需要多方重视和支持，不知道会遇到哪些阻力，能否化解阻力，何时才能实现这些目标。他更担心自己的目标岿然如山，结果却是幻想，就像省协作组突然被撤销一样身不由己、无可奈何。

但无论如何，至少眼前的游击队式实验不能停，不能让杂交稻科研掉链子。他决定边干边争取，毕竟科学的春天真来了，毕竟不是他一个人在战斗。

第五节　重新上路新构想

1978 年 11 月 8 日，朱英国带着余金洪和一批新生重新上路。

这回出发，朱英国有种“劫后余生”的喜悦感，他心里知道，搞成了三系配套的全国 18 个科研单位，均受到国家肯定，而要真正搞成并大面积推广，必须攻克一系列科学难关，真正的长征现在才正式开始。多年后，除了较早的袁隆平的野败型登顶叫响、闻名遐迩外，就是他的红莲型了。

朱英国回忆说：

> 从结果看，湖北省委和武汉大学对红莲型杂交稻研究的重视和投入，远远超过别的省份。对此我感觉庆幸，所以重新上路时决心大，目标很坚定，返回陵水的第一个主要任务就是规划海南武汉大学首个育种基地，实现第一个目标，把散兵游勇变成正规研究团队。

从武昌站出发时间比原计划晚了两天。负责遗传研究室工作的朱英国不能再像以前那样说走就走，他要协调矛盾、解决遗留问题。

省协作组不存在了，但他们在南宁、在排湖的合同还没到期，地里还有大片稻种，要安排收割，收回种子。还有，朱英国与协作组的成员同甘共苦多年，感情割舍不下，团队各奔东西，队员们是否顺利回到原单位？工资待遇到位没有？粮油供给关系有没有出错？临时工怎么安排？一起工作时，队员们跟着朱英国南来北往、风里雨里，不能结束了屁股一拍万事大吉，闭眼什么都不管，那不符合看重义气的朱英国的性格。还有，三地奔波时，全国许多专家给了湖北协作团队很多支持，为红莲三系成功配套付出了劳动，感情是个人的，帮助的是公家的，协作组解散了，于公于私都该有句客气话。友情、恩情都需要通过某种形式把感激传给对方。他一个个打电话，表示抽时间去看望他们。比如，为兑现这个承诺，他后来去四川看望了周开达教授，80 岁的周教授这时已卧病在床，成为植物人，听他的夫人喊，朱英国看你来了，周教授竟然有反应，脸激动得通红……

当时有人对朱英国说，协作组解散了，各干各的事了，有必要顾这些老感情吗？朱英国借达尔文的一句话说："谈到名声、荣誉、快乐、财富这些东西，如果同友情相比，它们都是尘土。"

临上火车前，朱英国给老父亲留下一封信，告诉父亲："复杂情况已过去，我重新上路了。过些日子，我打算把全家搬到武汉。"

那些年，买去湛江的火车票依然困难，余金洪说，起码要提前三天到付家坡预购点排队，临时买票很难，说尽好话还是只能买到站票。大家背一坨，提两坨，挤出一身汗，好不容易挤上车。人多得脚都放不下，大包“材料”塞不进货架，只好摆在座位中间。发车时间早过，列车仍丝毫不动。整个车厢烟雾弥漫、热气腾腾，大家怨声载道。

余金洪这才看到，车窗外的军用列车上满是坦克、高炮和全副武装的士兵。随着中越边境形势进一步紧张，军队正源源不断通过铁路调往边境。加之十一届三中全会改革开放政策出台，走南闯北做生意的老百姓数量猛增，铁路运力不足的问题显得更加突出。

余金洪说：

这次陪朱老师南行，与几年前邓海铭随他去海南，坐的车次、路线及所耗时间是一样的，路途遥远，充满劳顿。所不同的是，这回到海安却遇到台风，在海安小旅馆住了三天。我和朱老师住一间房，睡到半夜被跳蚤咬醒，打开灯脱光衣服，和朱老师相互捉跳蚤，整夜没法睡。后来每次经过海安，就感觉全身痒。

还有一个小插曲。列车到遂溪站停靠后，一个卖茶鸡蛋的小姑娘出现在窗口，踮起脚往车厢里面瞅，突然说怎么不见那个叔叔，显然她指的是邓海铭。我说那个叔叔调走了，以后我替他。姑娘羞涩地说那叔叔总买她的茶鸡蛋。我说你喊我一声大哥，我跟那个叔叔一样，也买你的茶鸡蛋。姑娘很乐意地喊了，她这一喊，就是20多年。2009年秋季的一天，团队经湛江去海南，临时停靠遂溪，又听到那个熟悉的叫卖声，昔日卖茶鸡蛋的小姑娘成了中年妇女。她喊我大哥，随后看到满头白发的朱院士，眼睛就湿润了。

朱英国在日记中写道：

杂交稻研究是一个巨大的系统工程，科学难度很大，就是付出了万般艰辛，能否走出实验室也是个未知数。我一直盼望找到“红莲”的遗传规律，破解它的秘籍，更改它，展示它。协作组撤销后我才明白，追求顶端技术，光有热情有献身精神是不够的，更需要良好的环境、顶级人才、顶级实验室和充足的研究经费。必须要有大的作为，否则经不起风吹雨淋，一句话又撤销了。为此，要从长计议，一步步走，一件件去争取……

这次朱英国去海南，确定了在光坡公社建基地的位置，同时租了30亩地，把团队从桃万8队移到便于研究的文官2队。而这一切，仅仅是他宏伟蓝图的开始，不知道还会遇到多少困难。

第六节　起步难校长鼎力

海南的基地建设进入实质阶段，武大这边的动静也大了。

1982年7月，朱英国被召回武大，参加由时任校长刘道玉主持的一次科研会。在朱英国的心里，刘道玉是杰出的教育家，他为中国教育创新做出了不可磨灭的贡献；他的立德、立功、立言的“三立”精神，以及耿直的秉性、坦荡磊落的性格和真诚、真挚、真切的品质，对全国教育工作者都起到了很好的引导作用。当然令朱英国最受益、最感动的，是他对杂交水稻研究的大力支持。

这次会议规模不大，只有几位部门负责人参加，却是促使红莲型杂交稻研究茁壮成长的一个重要节点。几十年后，当朱英国回忆起这段经历时，仍对刘校长充满感激。那次会上，刘道玉一开口就说，这是个专题会，专门讨论如何支持朱老师的“红莲”研究，然后要朱英国发言。朱英国也没有细想，直截了当地说：“以前一进武大的大门，就能看到一大片生物系农场，现在什么都没有了，全被学校收走，可是学校还给我们生物系的土地太少，东湖边那点地根本摆不开架势，影响我们搞实验。我们想有所为，却受到土地限制。”

散会时，刘道玉拦着朱英国说：

> 我感觉你的话还没有说完，也不具体，开这个会就是为了解决你科研上的困难，为你们科技人员创造良好的研究条件，有什么困难直说，直接找我刘道玉，我帮忙想办法，最好是现场解决。

朱英国这才敞开心扉说：

> 原校门口二区农场有40多亩土地，迁到湖边不到5亩，只能搞小打小闹，而水稻应用研究，需要大面积、大数据。另外，我们的基础研究刚起步，想建一流的基地、一流的实验室、一流的设备，也需要相应的空间和规模，可学校批给我们的实验室建设用地，只有100平方米，还不如一个私家的房子宽，这无论如何摆不下。

第二天，刘道玉组织党办、校办、后勤和科研处的负责人参加协调会，实际解决朱英国提出的问题。武大是一所体制规范的大学，正因为这种规范，办事要一步步按规矩来，哪一步越了界或不到位，就可能被卡住。刘道玉担心哪一步被卡住，会上各部门表态后他仍不放心，又带着大家到现场解决问题。那天下着雨，刘道玉打着伞，带着夏都锟等相关部门的负责人，先到了湖边农场现场，要求朱英国把问题和困难当面提出来。刘道玉看到各方态度积极，又笑着问朱英国：“在校园重建一个基地，你说实话，需要多大的面积你才满意？”

“在原基础上，再加20亩。”朱英国实话实说。

“你是想当珞珈山的地主啊！”刘道玉笑着说，“实验室可以考虑扩大，但在珞珈山增加这么大的面积，的确不是一件容易的事，不能马上答应你，我帮你做工作想办法。”

很快地，实验室在原100平方米基础上，增加到300平方米。一年后，新建的实验室小楼焕然一新，一流的研究设备搬进去了，遗传研究室的教授们也都搬进了宽敞明亮的办公室。

但增加20亩土地，而且是一次性地增加，在寸土如寸金的武大校园中的确不是一件简单的事。刘道玉多次召开协调会，交心通气，甚至亲自到有关部门负责人的办公室去商量，一个个地化解，一件件地落实，经过一年多时间的努力，终于让20亩土地落到实处。几十年后，老校长刘道玉回忆起那些经历仿佛历历在目，他接受笔者采访时说：

> 1977～1979年，我在教育部任高教司司长，后回武大当校长，横向纵向比，武大的科研滑坡很严重，新中国成立前后武大曾是全国五大名校之一，而我当校长时，已跌落至教育部直属23所大学中第22名，排名倒数第二。有一件事让我印象很深，受到很大刺激，1979年年底，全国高校在北京中国农业大学搞了一次高校科技成果展，北京大学、清华大学、浙江大学等大学成果累累，一个大学一个展厅，非常壮观，看的人很多，那些大学的校长和教师都自豪地把佩戴校徽的胸脯挺得高高的。而我们武大没有展厅，在看不到的一个角落摆了一个拳头大小的“光电”科技产品。武大参展的有13个人，都羞得把武大的校徽摘了下来，难受得不吃饭。这事让我很不安，必须把武大的科研搞上去，搞出硬东西来。我发誓卧薪尝胆，十年雪耻；自古华山一条路，必须闯出一条路来。这条路，除了观念、体制改革外，就是下大力气抓科研。所以我尽力支持朱英国，想法推动八区的实验室和试验田建设，解决他们的实验经费、落实人员编制、解决工作户口和住房，只要朱英国提出来，我就想办法解决。当然朱英国也付出了巨大心血，多年来我听到的全都是对他的肯定和称赞，没有负面话。

朱英国回忆说：

除了道玉校长全力支持外，科技处也做了很多工作。具体落实靠科技处，科技处为我顶了很多麻烦，受了不少委屈，办了好几件大事，如果没有他们四处奔波、组织规划、安排施工，“红莲”实验也很难搞。

那些日子，红莲型配套还没有搞成功，武大的老师们都被赶到沙洋五七干校劳动去了。校工人宣传队的一个负责人看朱英国没有去，便迫不及待地跑到排湖，要朱英国立即去沙洋五七干校。朱英国如果去了，“红莲”研究肯定就要停摆。朱英国说：“红莲三系正在爬坡，推后点再去。”这位负责人很生气，说了一句在生物系传了几十年的笑话：“我不管三粗三细，你必须到沙洋去筛沙子。”见朱英国迟迟不动，这位负责人把朱英国告到科技处，本想获得科技处的支持，不料科技处反而为朱英国开脱：“老朱是科研人员，专心研究天经地义。搞水稻研究整天滚在泥水里，比五七干校还累，他可以不去嘛！”

科技处不仅横刀立马给朱英国撑腰，时任处长彭光铭、副处长何建庆还常去八区试验田了解情况，协调、反映、帮助解决具体问题；农忙季节，刘方早科长还下田帮助整田插秧。

在增加20亩土地的过程中，科技处承受的困难最多。当时八区的实际情况是，三面是山丘，一面贴着水（东湖边），此前科技处帮忙从三亩扩大到五亩，与各方磨了不少嘴皮。这回在原基础上扩大20亩，就要动绿树成荫的校园，而动一点土、移一棵树，按规定都要经后勤部门批准。因为武大校园绿树成荫、环境优美在国内外都有名，不能说动就动，更何况是20亩地！要移树削山，顺势填湖？需要多少资金？何时施工？怎么做才不能影响学生上课？每个细节都要与各方面协调。难是难，但科技处的同志没有怨言，硬是一步步做到了位。

在人员编制方面，凡朱英国认为需要调到他团队的，科技处想

1982年8月，朱英国（左一）和学生一起在做水稻杂交实验

尽办法，甚至“打破杠杠”满足。比如，先期的余金洪、后面的朱仁山被调进时，没文凭、没职称，他们都是靠着一股钻研劲自学成才的。朱英国重文凭，但不唯文凭，更看重能力和态度。事实证明，朱英国看得很准。科技处全亮起绿灯，积极向校领导汇报，同时向教育部要科技人员编制，与校人事处、党办、政办协商，向后勤部门要人头工资。“要”是最难的，哪怕是公事，每个环节都要有热情加耐心。

退休前在科技处做了多年副处长的李庆祝回忆说：

我们之所以诚心诚意地、不折不扣地支持朱老师，是因为从心眼里敬佩他。一是他有远见，他选择杂交水稻作为终身研究的项目，而且不断取得成就，解决中国人民吃饭的问题，是多么了不起的事啊！二是他能长期承受艰苦，他与农民比没有两样，一年四季在外面跑、在泥里踏，家里条件相当差他不考虑、不顾及，一门心思搞研究；三是他有顽强的精神，生物院参加研究的人一度很多，从时间上看有三代人，大多干一阵子就走了。朱老师那一茬，参加研究的人也很多，能留下的就朱老师一个人。他的追求感动了我们，不服好务感到过不去，所以心甘情愿帮他解决问题，有时不等他上门反映，便积极主动想法子帮他和他的团队克服困难。

在得到各方大力支持的同时，武大恢复了学位制，朱英国可以带学生，可以增强他的团队了。这也增加了他在杂交稻研究这条路上走下去的决心和信心。

刘道玉的支持持续了好多年，解决了一系列问题，给“红莲”

研究打下了坚实基础。那些日子，他每次与朱英国见面，都询问“红莲”研究和朱英国的家庭生活有什么困难，反复催朱英国说：“你条件够了，该把一家人从罗田搬到武大来，实验全面展开后很累，没人照顾不是事。”

朱英国很感动，“红莲”展开大规模实验后肯定就没时间了，他不得不考虑搬家的事。

第七节　家搬武汉分四摊

1982 年 10 月 2 日，朱英国回到罗田岳家冲，打算把家搬到武汉。

多年来他养成一个习惯，凡家里重大事情总是先征求父亲的意见，然后尽长子的责任。母亲去世时父亲才 46 岁，正是壮年，为了照顾一家和残疾的斌斌，父亲单身了 20 多年，从没有再婚念头，情感似乎随着母亲埋到了土里。

父亲像门前那棵老槐树，巍然挺拔又无动于衷，悄悄流失的岁月在他脸上留下一道道厚重的痕迹，而他那挨过日军炮弹又经历过粉碎性骨折的左腿，渐渐变得更加不灵活。分田到户后，农活七七四十九道手脚，一步不走到位，饭就不能到口。比在生产队更苦的劳作，让父亲仿佛回到了当年的合作社。日出而作、日落而息的艰辛消耗着父亲生命中仅有的余热，父亲靠粗茶淡饭和勤劳朴实的本色，打发着漫长的日子。

朱英国对父亲的感情很深，他回忆道：

> 父亲对我的人生有很大影响，是我这一辈子最尊敬的人。他除了支持我鼓励我，还竭尽全力帮我养育三个孩子、照料残

疾的弟弟，可以说，父亲是我事业有成的靠山。父亲一辈子不喝酒、不抽烟，一辈子勤勤俭俭、精打细算，他把我多年给他的零花钱及他自己卖山货挣的钱，一点点全攒起来，攒了 20 多年，在老房旁边盖起了三间新房。可他毕竟岁数大了，腿脚有伤，想把他接到武汉一起生活。可学校只分给我们 30 平的房子，我们夫妇和三个孩子住下都难，所以打算在附近另找间房子，想让父亲和弟弟住一起，一起吃饭，彼此能照应，我出门也放心。可父亲不同意。他说：斌斌砍柴都迷路，武汉那么大，车多人多，健全人都容易走失，不能拖你的后腿。小梅照料他 20 年了，给他洗涮，给他缝补，供他吃喝，帮他治病，你们做哥嫂的尽了全部责任，也尽了兄弟情，对得住他。再说了，他是我生养的，我能动就要为他负责。你们不要为他分心，也不要为我担心。

我心里很煎熬。父亲最后说，他迟早有一天不能动的，和斌斌一起生活不是长久之计。他想好了，把我家六间坐北向南、冬暖夏凉的房子，让给孩子多的堂弟朱顺忠，让他们夫妇帮忙照料斌斌，加上承包地、开荒地、林园果园，让他家多得一些好处。朱顺忠夫妇很乐意，可是父亲心里还丢不下斌斌，丢不下他生活了一辈子的山村，丢不下地里长的、树上结的、圈里跑的，让我们一家人先搬走，安心搞我的水稻研究，他留在村里，等他的身体不行了，等斌斌适应了朱顺忠家的生活，感情上接纳了，生活习惯了，不怎么担心了，再到武汉和我们一起生活。

不管父亲怎么说，我还是不安，直到朱顺忠夫妇在族人监督下，表示尽全力照料斌斌，承诺活养死葬；还说，即便房子转让给了他们，老父亲百年过世，同样可用于办丧事，我心里的一块石头这才落地。实际上，只是一家人的户口转到了武汉，老父亲留在老家，儿子在胜利读中学，我长年在外跑，等于一家人分成了四摊。

朱英国在说到老父亲时特别动情，不禁老泪纵横，深情地说：

如今老父亲走了多年，我还常梦见他，他总是那样亲切地跟我说话。我每年都回去给他和母亲烧点纸。他为了我、为了我的三个孩子奉献了一辈子，给我们留下很多精神财富，可他却没有看到我成功的那一天！

第七章 红莲型杂交稻

第一节 平均三年建一个基地

早在20世纪初，美国科学家希尔斯就提出雄性不育三型学说。1966年日本科学家新城长友培育成了水稻包台型三系配套，但因存在科学缺陷至今仍停留在实验室阶段，走出实验室是一场艰苦的战役。40多年来，朱英国和他的团队攻克了“红莲”“马协”“两系”三个高地，闯过了三个科学难关。在研究过程中，像淮海战役初期刘伯承比喻的那样，他们采取“吃一个，夹一个，盯一个”的战术，以“红莲”为突破口，硬是凭着顽强的科学精神，拿下三个高地，实现了三个目标。

朱英国说，“红莲”大规模实验阶段正好与全国如火如荼、气势磅礴的改革大潮融为一体，研究大环境是时代赐予的，给有梦想的科学家提供了施展才华的机遇，所以首先要感谢时代，感谢催人奋进的大背景。

红莲型始终是我们团队的长子，承载着我们最大的梦想。如果说红莲型当初配套成功是遵义会议，那么接下来我们经历了几十年的长征，经过百次千次田头实验，经过反反复复的科学研究，解决了红莲型高产、优质、抗性、纯度等一系列科学问题。人们习惯于为成功喝彩，其实，省协作团队解散那阵子我斗胆向时任省委书记陈丕显递信，向刘道玉校长要20亩地、要编制、要经费时，当时心里对红莲型的研究结果并没有多少数，只有满腔的热忱和把自己的命运与红莲型绑在一起的决心和信念。

眼下，当务之急是建三个试验基地。

第一个是改造武大校园湖边农场，即武大八区生物系早期试验田，约五亩，因紧贴东湖边而得名，此前一直在搞水稻实验，但年久失修，条件简陋，雪天雨天人根本没法进。为了“红莲”，武大决定对这个老试验田进行改造升级。

第二个是在校内开垦新建水稻基地。武大现在的外语学院、法学院、经济学院所在地，当时一片野草丛生，山丘沟壑纵横，时有野生动物出没。武大决定将这片 40 亩荒野改造出来，其中 20 亩给朱英国做红莲型试验基地，兑现刘道玉校长此前的承诺。

第三个是完成海南陵水基地建设，并形成相匹配的研究条件。

另外，关于校方此前规划的 100 平方米实验室建设用地，刘道玉同意朱英国的要求，在原 100 平方米基础上扩大到 300 平方米，建成一栋单门独院的三层小楼，其建筑面积近千平方米，地点仍在湖边农场。

基地建设这几年中，朱英国的红莲型实验安排紧凑，每年多次往返武汉与海南之间。

建设最快的是实验室，标准高、质量好。建成后，朱英国就像分蛋糕一样把办公室分给了遗传室的各位教授。此前朱英国给教授们配助手，如今又分宽敞明亮的办公室，大家眉开眼笑，装修时天天到场观看。

难度最大的是校园荒野开垦，要确保不破坏校园生态，不影响学校正常秩序，特别是不能影响学生上课。朱英国回忆说，那些日子刘道玉天天到现场指导，后勤和科研处的人不遗余力地组织施工。因为地形复杂，工程量大，施工很麻烦。比如，要安装设备，调来大型推土机和卡车，先要把大片的灌木林、盘根错节的藤根杂草及湖边一人深的淤泥，一点点清出来，一车车运走，然后运来新土填平。说移山填海有些夸张，但的确要削掉六个山丘，运走数千方石头、淤泥。清走后，从底层开始砌石头、灌水泥。

为了朱英国的杂交稻研究，如此兴师动众、大兴土木在武大历史上绝无仅有。尽管1999年后这片凝聚了各方心血的试验田，在“红莲”生根开花、传宗接代后被校方动员“嫁了出去”，“红莲”的故里摇身一变成了教学楼，但昔日火热的施工场面和历经五年的实验收获，永远留在了武大师生和朱英国的记忆里。

后几年，随着研究成果不断出现，湖北省政府和武大更加重视红莲型研究，关于基地选址（包括临时选址），各方都尊重朱英国的意见，哪儿需要就在哪儿建基地，同样哪儿就是他们的家。

这样一来，朱英国的试验基地就像雨后春笋般建立起来，他说：

海南那边建成了光坡基地；武汉这边：1984～1992年，在汉阳流芳咀四新农场租试验田36亩，实验了8年；1992～1996年，在汉口吴家山东西湖农业科学所租试验田35亩，实验了4年；1996～2003年，在武昌九峰山（后隶属武汉洪山区）建试验基地25亩，实验了7年；2003～2007年，在洪山区花山镇（后划归武汉东湖新技术开发区）建试验基地50亩，在那儿实验了4年；2008年后，在鄂州杜山镇东港村长期租土地130亩，建成了大型综合育种（固定）基地……40多年间，还先后在黄陂县（后改为武汉市辖区）的木兰山、通山县的大幕山、麻城县的木子店、黄梅县的龙感湖、孝昌县的季店、枝江县的问安、罗田县的三里畈、仙桃市的陈场等省内外数十个乡镇，建立了许多临时试验基地。

宏大的目标吸引着各路人才。黄冈和孝感农校的梅启明、方贵庭、燕小安、李泳州等，经多方推荐，要求调往武大搞水稻研究。忙不过来的朱英国委托系里的王延枝、毛绍麟老师替他去考察人选。朱英国回忆道：

那些日子刘道玉校长几乎天天去看施工现场，一天不看我就感觉不放心，他多次对我说，红莲型属于武大，属于湖北，更属于我们的国家，为了国家粮食安全，再难也要上，也要赌一把。你要像战场上的将军去运筹、去指挥、去攻克下一个目标。

在三个基地的建设出现眉目时，团队已呈现“正规军”雏形。

那几年朱英国每回带团队去海南，学校和院系领导都给他们送行，刘道玉嘱咐朱英国说：“你在一线安心搞科研，我当你的后勤，有什么样的想法和困难都提出来，我出面帮你解决。”

朱英国这个时候十分清楚他肩上的担子。如果说20世纪70年代他们一年奔波“三个春天”，是在部分领导重视下的自觉行动，主要靠研究人员个人的信念、理想在支撑，怕苦怕累的人、干不出成果来的人可以放弃、可以解散走人，那么现在承载的、负重的、定位的不再仅仅是他个人的梦想，而是国家粮食安全的方略，是党和人民的重托。

也就是说没有退路了，死活要冲到山顶。

第二节　创新中揭示“红莲”奥秘

关于“红莲”的科学奥秘，笔者曾多次参加朱英国团队的学术讨论会，试图弄懂一点遗传学方面的知识，可当看到他们面前摆着的一摞摞厚如砖头的文献，听他们用英语交流，感觉仿佛在听天书。好在专家教授们很耐心，常用通俗的语言向笔者介绍。

本书“引子”部分描写习总书记到鄂州武大试验基地看望朱英国的场景时，有这样一段话：“（试验田）南边80多亩种植着一万多个品种的杂交稻，参差不齐，五颜六色，各式各样，一万多个品种在一万多个‘小方格’里，千姿万态，争奇斗艳，色彩纷呈。”

习总书记到鄂州试验基地视察是在2013年7月，而朱英国的“红莲优6号”早在2003年就通过了国家品种审定，逐步在国内外推广，并获得了巨大的社会效益和经济效益。即便有了如此成就，鄂州试验基地仍在实验“一万多个品种”。

朱英国团队中负责基础研究的李绍清教授说：

目前的实验要求更高，步骤更严格，反复淘汰，优中选优，一万多个品种，收获时仅有二三十个特别优秀的被留下，留给次年与优秀品种杂交，又形成一万个品种，收获时依然优中选优，留下二三十个品种，与第三年选来的品种杂交，又形成一万多个品种……依此类推，反复筛选，不断选优，没有任何捷径，筛选到最后只剩下一两个品种适合高产、优质、抗性、纯度标准。哪一点不满意，就不被认可，就要重来。所以，红莲型从实验室走向大田，看上去似乎只是隔着一个田埂，不过几步远，却不亚于唐僧西天取经历经九九八十一难，取经路上不知要翻越多少崇山峻岭，遇到多少妖魔鬼怪。20 世纪八九十年代红莲型没有定型，知道方向却不知道路，实验起来更难更苦，科学要求更高。好在朱院士有很高的学术功底，有执着地攻克科学难题的意志。

那么，“红莲”到底有哪些科学难题？什么原因让朱英国为此付出了一辈子？它与其他杂交稻品种相比有哪些特点？

李绍清介绍说，纵观朱院士在红莲型上的研究成果，他用科学睿智搞成了六个科研创新，即细胞质创新、不育系创新、恢复系创新、杂交组合创新、产业化创新、常规育种技术与分子技术相结合创新。

第一个是细胞质创新，这是所有创新中的一盘大菜，是研究方向的重大选择与突破。

20 世纪 20 年代，美国农业科学家研究出了杂交玉米、T 形细胞质不育系，被大面积推广应用。美国人对这种产量很高的杂交玉米情有独钟，农场主们倾家荡产大举投资。20 世纪 70 年代初 9 月的一天，美国中部农场主杜勒正在密西西比河钓鱼，农场员工突然跑过去向他报告：“玉米地出事了！出大事了！”杜勒急忙驱车赶回农场，

1986年10月，朱英国（右一）参加湖南长沙第一次杂交水稻国际会议时与参会的武大校友合影

看到正在结实的一万多亩杂交玉米，都患上了“T小斑病”，全都打蔫了，面临血本无归，急得他血冲脑门，在田头狂喊：“怎么办？”他疯了一般地寻找挽救的办法，可令他绝望的是，科学家在研究这个品种时，只想着杂交玉米能带来大丰收，根本就没有考虑这个单一细胞质品种会出什么意外，更没有想一旦出了问题怎么办。因此，没有根治“T小斑病”的办法。也就是说，杜勒和全美国所有的杂交玉米种植者们，面对从天而降的灾难束手无策，没有任何挽救措施。仅仅几天工夫，一望无际、丰收在望的玉米全部枯萎，有的颗粒无收。杜勒无法接受破产后穷困潦倒的现实，开枪自杀。而那些“把鸡蛋放在一个篮子里”的杂交玉米种植者们，面对单一细胞质造成的毁灭性打击，一个个痛苦不堪、望天长叹。“T小斑病”给美国农业造成了惊心动魄的灾难。

时间再移到2014年7月，中国陕西省海外投资集团把国内的189个常规和杂交水稻品种，拿到喀麦隆去试种，结果全部得了稻瘟病，几乎全军覆没，唯有红莲型长势良好。

深谋远虑的朱英国开始研究红莲型时就想到，我国杂交稻同样面临细胞质单一的问题。国家粮食安全如果仅靠少许品种当家，是很危险的，一旦出现科学无法预料的问题，就会重演美国玉米的灾难，百姓就会挨饿，必须有双保险和多保险。所以从一开始，他就决定选择与野败型和包台型完全不同的细胞质，寻找其多样化。他认为，用红芒野生稻与常规稻杂交，有可能培育新的细胞质雄性不育。20 世纪 70 年代初，他就带张廷壁、邓海铭等下大力做这个工作，经反复筛选，发现“红芒”与江西常规稻“莲塘早”“正反杂交”，出现最初的多样化现象：正交，即用“红芒”做母本，“莲塘早”做父本，结实率为 0.32%；反交，即用“莲塘早”做母本，用“红芒”做父本，结实率为 30% 以上。实验证明，恰恰出现了细胞质差异，这也正是朱英国他们希望看到的差异。

于是，他们选择用红芒型野稻与“莲塘早”组合。这种组合出现的花粉呈“园败型”特征，与野败型和包台型明显不同，后来经过连续回交，逐渐形成了全新的红莲型不育系。其区别在于：一是花粉发育不同，花粉二核期败育，呈现“园败型”。二是恢保关系不同，如“珍汕 97”，对野败型是保持系，对红莲型是恢复系；而野败型不育系的恢复系“泰引 1 号”，对红莲型保持很好，对野败型却相反，恢复很好。三是感病特点不同，野败型容易感染某种特别的稻瘟病，而红莲型不易感染。曾任河北省农业科学院院长的魏建昆，收集了全国各种不育系进行稻瘟病接种，唯有红莲型没感染某种稻瘟病菌。陕西省农业科学院教授张文明在非洲从事了多年种植研究，他说，红莲型到非洲种植也不感染，抗性很好，再次说明红莲型杂交稻的新类型具有特别广适性，这简直是一个奇迹。说到底，这就是细胞质创新。

第二个是不育系创新。从红莲不育系到“红莲华矮 15A”到“粤泰 A”，从“粤泰 A”到“珞红 3A”再到“珞红 4A”，每培养一个不育系，就等于再上一个台阶。早期育出来的红莲型不育系只能代表红莲型细胞质，因品质原因不能用于生产，他们就选择用“华矮 15”杂交，育成了“红莲华矮 15”不育系，之后，又育成了“红莲粤泰”不育系，经过反复提纯、测配，选育出了“红莲优 6 号”。在此基础上经过辐射杂交回交，培育出“珞红 3A”；再经过大量测配，选配出“红莲珞优 8 号”。在“珞红 3A”的基础上利用分子标记辅助选择技术，将抗褐飞虱基因 *Bph14* 和 *Bph15* 导入，选育出具有抗褐飞虱特性的“珞红 4A”。

第三个是恢复系创新。20 世纪 70 年代中期，朱英国团队育出红莲型不育系时，将其送给了全国所有育种单位。袁隆平种植后说：红莲型不育系恢复系广泛，但强恢复系少，大部分组合结实率只有 70% 左右。朱英国经过反复实验，使强恢复系结实率渐渐达到 90% 以上。继续实验发现，“粤泰 A”和“扬稻 6 号”配出来的“红莲优 6 号”，在武汉、海南及长江流域都表现很好，结实率均在90%以上；而另一个恢复系“明恢63”与“粤泰A”配出来的，在武汉可以，在海南就不行了，结实率非常低。通过科学实验，他们找到了原因，摸透了红莲型恢复系的脾气，等于驯化了一匹放荡不羁的野马。

第四个是杂交组合创新。围绕高产、优质、广适、高效的育种目标，针对生产应用中发现的不足，他们通过有针对性的实验解决问题。比如，“红莲优 6 号”在国内大面积种植的同时，根据用户反映和要求提升品质，他们改造不育系选择育出“珞红 3A”，改造出恢复系“8108”配组出“珞优 8 号”，米质达到国标优质米二级，且口感特别好。“珞优 8 号”在湖北省 2007 ～ 2015 年连续八年中为主推品种，也是长江流域连续多年的国家主推品种。他们还在“珞红 3A”的基础上，通过分子标记辅助选择技术，选配出“珞红 4A”，加上抗褐飞虱两对基因和抗稻瘟病基因，选育出了全新品种“珞优 10 号”。

1988 年 4 月，朱英国（左一）与杨振玉在海南田间观察杂交稻生长情况

第五个是产业化创新。虽然红莲型品种优秀，但在产业化上发展慢、起步晚，长期受制于

资金和规模，市场份额不尽如人意，多年在小天地里折腾。早期推广“红莲优6号”与武大天源公司合作，“珞优8号”选择与武汉国英种业合作。与民营企业合作开发，实行政、产、学、研、用相结合的方法，才使得红莲型的推广出现起色。

第六个是常规育种技术与分子技术相结合创新，实现红莲型由必然走向自由。生物技术是当今世界突飞猛进发展的新技术，尤其是进入21世纪后，功能基因组技术、蛋白质组技术、代谢组技术、遗传学技术不断发展。这些新的生物学技术的利用，大大促进了红莲型杂交稻的研究与发展。而将传统的育种技术与现代的生物技术相结合是朱英国团队的研究特色，克隆了红莲型不育基因、红莲型恢复基因，研究了高产与株型改良、米质、抗病抗虫、抗伏倒基因，进行了有利基因的聚合育种，实现了红莲型杂交稻的不育系、恢复系和组合选育由必然向自由的发展，使红莲型杂交稻不仅在籼稻，而且在粳稻和籼粳亚种中得到应用，全面体现了杂交稻的优势。

在创新实践中，破解不育系和保持系的奥秘，是整个研究的重中之重，属于真正意义上的科学高地，朱英国为此付出了最多，其过程又艰苦又漫长。

第三节　攻克不育系，发现不育基因

不育系就是将选择的雄性不育单株与可育的个体杂交，再经连续回交培育而成的具有雄性不育特征且整齐一致的品系；其自身不能繁殖后代，生产上应用的不育系一般是雄蕊败育。

前面说到，20世纪70年代，朱英国带研究组用“红芒”野生稻为母本，常规稻“莲塘早”为父本进行杂交，再用“莲塘早”

多代回交，获得了不育性稳定的株系，命名为红莲型细胞质雄性不育系，“莲塘早”为其保持系，红莲型细胞质雄性不育水稻由此问世。但是这种组合稻秆高、易伏倒、品质低，不能应用推广，于是朱英国开始了新探索：用“红莲”做母本，选择华中农业大学选育的“华矮 15”做父本，育出了后获全国科学大会奖的杂交早稻“红莲华矮 15 不育系”，然而在正准备深入研究时团队突然解散，平台被拆，失去了研究条件，大家都集中精力搞野败型研究去了。

朱英国从学术角度解释说：

1987 年 11 月，研究团队重新上路，我们利用了广东省农业科学院伍应运研究员选育的“红莲粤泰”不育系，并对“粤泰”不育系进行大量提纯，随后又用“粤泰”不育系与“扬稻 6 号”杂交，形成了后来在国内外广泛应用推广的“红莲优 6 号”。在“红莲优 6 号”的基础上，我们感觉“粤泰”不太稳定，其表现在武汉和海南不一样，于是我们采用辐射技术，对“粤泰”保持系进行辐射，选早熟单株与“粤泰”不育系回交，逐渐形成了“珞红 3A”“珞红 3B”。之后，我们用“8018”恢复系配组，形成了后来赢得广泛认可的珞优 8 号。为了进一步提高品质，我们继续改造“珞红 3B”，利用分子标记辅助选择技术，将抗褐飞虱基因 *Bph14* 和 *Bph15* 导入，选育出具有抗褐飞虱特性的“珞红 4A”“珞红 4B”。这样，不仅让红莲系列稳产优质、广适高效，还提高了其抗褐飞虱的能力，使红莲型系列品种以全新面貌展现在世人面前。

在不育系创新过程中，体力劳累是一方面，更重要的是技术难度大，每一步都要攻关，要用科学智慧解难题。团队利用辐射技术、分子标记技术过坎，比如，拿野生稻作材料，用红莲型不育基因作分子标记，筛选出了红莲型新材料，然后用“粤泰 B”回交形成了新的红莲型不育系。就这样，一代接一代研究了几十年，让不育系取得了可喜成果。可我们并不满足，还在创新升级，团队正在实验的“珞红3B”与抗稻瘟病材料杂交新品种，已经摸索好些年了，品种可望今年通过审定。

朱英国习惯把高端的研究经历及历经千辛万苦的经历，轻描淡写一句带过，实际上实验非常辛苦，他总是在一线领着大家干。

朱英国的助手、武大副教授黄文超说：

我到朱院士团队后，听到很多他们在海南、武汉搞实验的故事，比如水中捞秧苗、红烧母猪肉、与蛇虫同眠、摔断两颗门牙等。2007年2月，朱院士带着我们一群博士到海南陵水县英州镇黎族村试验田，找“红莲优6号”材料。动身前我想，奔波了一辈子的朱院士已一大把岁数了，他带的这批学生个个身强力壮，而且知道一些套路，他老人家到时候只要在田头挥下手就行。哪知，到了黎族村试验田，朱院士第一个挽起裤腿下稻田，依然保持着严谨的科学态度。那些日子，他跟大家一起吃住在老百姓家。黎族村当时比较落后，环境条件差，没有自来水，没有热水，只能用井水洗澡，井水很凉我们年轻人都受不住，朱老师当然不敢冲，只能拧干毛巾擦。晚上睡觉时床头不断有老鼠爬来爬去，要不停地拍打，折腾得一夜无法入睡，可是第二天早上五点半，他照样起来下田取样。更加烦人的是，海南天气怪怪的，一会儿下雨，把全身淋透；一会儿太阳出来，把衣服晒干了；不过一小时，又是一场雨，衣服又一次湿透了；太阳出来又晒干。天气多变，我们年轻学生忙着脱了穿、穿了脱，身上总是湿的，整个乱套了。朱老师却泰然自若，衣服打湿了不管，让太阳自然烤干，平平静静、一如既往在田间做事。

大约进行到第二个星期，当地电视台闻讯到英州黎族村采访，看到朱英国一身汗一身泥地在田里干活，那位女记者在田埂傻站了半天，最后脱下高跟鞋下到秧田。朱英国面对镜头，还是那句他讲了几十年的老话：农业科研常常与苦、累、脏联系在一起，搞农业科学研究，没有艰苦奋斗的奉献精神是万万不行的。

在这期间，朱英国心里装着更大的目标，他要把团队研究出来的抗褐飞虱基因 *Bph14* 和 *Bph15*、抗白背飞虱基因 *Wbph7* 和 *Wbph8* 等成果应用于生产。与此同时，他还选育出来了具有抗褐飞虱特性的“珞红 4A”，产生了很好的效果。

近几年来，朱英国根据杂交水稻发展和提升的需要，进一步加强抗性恢复系选择，让不育系和恢复系形成优势群。

第四节　解密恢复系，寻找优势群

恢复系是指与不育系杂交后可使子代恢复雄性可育特征的品系，大田中使用的杂交种应当是雄性可育的，否则就不能够自交结实。

20 世纪 70 年代初，朱英国团队育出红莲型不育系后，全国数十家杂交稻研究机构试种后，都反映“不育系恢复系广泛，强恢复系少”，结实率只有 70% 左右，不足以形成一个可靠的恢复系。

朱英国并未气馁，经过反复实验攻下了这一科学难道，让强恢复系结实率渐渐达到 90% 以上，很好地解决了不育系恢复多、强恢复系不多的问题。

朱英国说：

当时在实验中我们发现一个现象，或者说是一道难题：“粤泰 A”和“扬稻 6 号”配组出来的“红莲优 6 号”，在武汉、海南及长江流域都表现得很好，有优势，我们测交出来很多品种，结实率均在 90% 以上。而另一个恢复系“明恢 63”与“粤泰 A”

配出来的，在武汉栽种可以，在海南就不行了，结实率非常低，或有的年份好，有的年份不行，表现很不稳定。当时，我们感到非常纳闷，“明恢63”是我国杂交水稻组合配组中应用最广、持续应用时间最长、效益最显著的恢复系，又是我国新恢复系选育中贡献最大的优良种质，“明恢63”与野败型组合表现普遍较好，得到一片赞扬声，可是一遇到“红莲”就不顺畅，不知道问题的根源在哪里，当时又没有可供参考的资料，一切靠自己探索。

2003年9月，为最终克隆到红莲型水稻的恢复基因 *Rf6*，朱英国带学生黄文超、胡骏，按照图位克隆标准路线，首先进行了红莲型水稻恢复系“9311”的基因组文库构建工作；利用“9311”基因组文库筛选到了恢复基因 *Rf6* 的候选克隆，利用韩国构建的“密阳23”基因组文库，也筛选到了红莲型水稻恢复基因候选克隆，经一年序列拼接，最终获得了目标区域内红莲型水稻恢复基因的候选基因。2005年年底，朱英国再次带领黄文超和胡骏，开始候选基因的功能互补实验，开展大量的遗传转化工作。2006年年底发现所有的候选基因都不是恢复基因，这表明先前的遗传定位和分析工作不正确，红莲型水稻恢复基因工作需要重新开始，展开难度更大的攻关。

2007年3月，朱英国带黄文超到海南陵水光坡试验田，找到400株“红莲优6号”材料。朱英国安排学生套袋自交，运回武汉花山基地，种了近三亩。

当年5月，“红莲优6号”的自交种子在花山试验田种成“红莲优6F2”代，共23 199个单株。朱英国随后指导黄文超、胡骏等人，逐一对23 199个单株的成熟花粉进行浓度为1%的碘–碘化钾溶液染色，并在光学显微镜下观察记载数据，经过17天的艰苦工作，完整地获得了红莲型水稻恢复基因遗传学上的第一手资料。随后的分析发现，红莲型水稻具有两对恢复基因，分别位于不同的染色体，并将其命名为 *Rf5* 和 *Rf6*。

黄文超说：

朱院士引领我们不断登科学高峰，他指导胡骏博士克隆了红莲型水稻恢复基因 *Rf5*，发现 *Rf5* 与日本的包台型水稻恢复基因 *Rf1a* 是同一个基因，为 *PPR791*。研究发现，*Rf5* 与 GRP162 发生分子互作，GRP162 与不育基因转录本 *atp6-orfH79* 发生互作，并协同其他蛋白因子以复合体的形式加工不育基因转录本 *atp6-orfH79*，从而恢复了红莲型水稻的不育性，相关研究成果于 2012 年发表在国际顶级刊物 *Plant Cell* 上，随后深入鉴定了恢复基因 *Rf5* 的分子复合体其他重要成员，其中关于 RFC4 的最新研究成果于 2015 年年底为 *New Phytologist* 杂志接收，意义重大。

在朱院士精心指导下，2012 年我们研究发现，红莲型水稻为双恢复基因模式，红莲型水稻只有一对恢复基因时，不管是 *Rf5* 或者 *Rf6*，其杂种一代花粉的恢复度为 50%；当 *Rf5* 和 *Rf6* 这两对恢复基因同时存在时，其杂种一代花粉的恢复度为 75%，自然结实率在 90% 以上；在遭遇低温等逆境时，具有两对恢复基因的杂种一代结实率更加稳定。双恢复基因模式的发现，为指导红莲型水稻强恢复系的选育奠定了坚实的理论基础。

随后，朱院士指导我们将 *Rf6* 定位于水稻第 8 号染色体，2015 年，通过图位克隆的方法，最终克隆了恢复基因 *Rf6*，发现该基因是水稻里面的一个新 PPR 恢复基因，其 PPR 结构单元发生了串联复制。我们进一步还发现该基因发生了串联复制后，能与 *OsHXK6* 发生分子互作，并协同其他未知蛋白分子一起，形成分子复合体后对不育基因转录本 *atp6-orfH79* 进行加工，从而恢复了红莲型水稻的不育性，相关研究成果于 2015 年 12 月在美国科学院院报 *PNAS* 上发表。目前我们正着手于红莲型水稻恢复基因 *Rf6* 分子复合体的一系列其他深入研究工作。由此可以说，红莲型水稻恢复基因的研究水平和实力，已经跃升至国际最顶尖的行列，处于国际最前沿。

年复一年，朱英国和他的团队反复攻关

在这期间，朱英国反复实验证明：凡生产中得到广泛推广的品种，如“红莲优6号”“珞优8号”，都具有两对恢复基因；而表现不稳定的，都只有一对恢复基因。他因此得出一个结论：具有两对恢复基因的恢复系，比如“9311”“E32”“R8108”“成恢9348”恢复效果是最佳的，能经得起任何环境的考验，为形成优势群创造了很好的条件，从科学的角度上为国家粮食安全打牢了坚实的基础。

这些成果研究时间长，过程艰苦，朱英国领头吃了不少苦头。早年，团队住在海南陵水文官2队杨选庭的家中，当时武大学位制刚恢复，朱英国身边除了长期坚守的余金洪、杨代常、宋国清、黄青阳、蔡得田等，还带着第一批研究生。

跟着朱英国30多年、负责红莲型应用研究的教授级工程师朱仁山回忆说：

> 我到海南时，团队住在文官2队杨选庭家中，他家没桌子，没凳子，我们吃饭时，饭菜摆在门前空地上，大家蹲着围一圈，第一圈是人，第二圈是鸡和猫，第三圈是狗。朱老师跟学生们一样围着。四人住一个房间，没有床，木块并摆成一排，上面垫点草席，硬邦邦的。住房又低又窄，房顶最高处不到2米，房檐墙只有1米多，成年人进去得低着头，弯腰穿衣脱衣，夜里解手十有八九碰到头。更吓人的是屋里太潮湿，墙脚有洞，

除了蚊子外，时不时有蛇在墙角游过，有时往床上爬，爬到蚊帐顶上，盘成一圈。大家特别提防毒蛇，身边总放着蛇药和刀子。晚上睡觉时，相互把蚊帐边角压平不留空隙，不给蛇钻进来的机会。同样是自己种菜，隔一两个月朱老师就带着大家凌晨3点起床，带上干粮和水，租一台手扶拖拉机去30里外的分界岭砍柴。

就是在这种条件下，朱老师带着团队在文官住了8年。1990年光坡建了基地，算是有了住处，但因离文官试验田远，往返不便，农忙时仍住在杨选庭的家中。

1992年11月，团队在搞红莲型应用研究测配选育，一天下午，方才晴空万里，转眼狂风卷黑云，铺天盖地扑过来。不育系种在文官田野上，不远处是大海，没有隐蔽物，历史上这一带有过几次强台风，把文官毁得不成样子。朱老师要大家去简易房躲躲。刚跑到简易房，台风就刮过来了，脸盆粗的椰林和裸露在大溪岭山腰的棺木、石头，被台风卷到空中横飞直撞，简易房被刮得支离破碎，20分钟后，风头过去了，四处面目全非，却不见朱老师。大家心里发紧，大声呼喊，朱老师居然从满是泥水的沟里爬起来，笑着说诙谐话。台风过后大家把刮弯的秧苗一棵棵扶起来，刮断了刮没了的，及时补救。

1996年春节，朱英国又一次带学生在海南过年。年三十晚上，一个学生因想家直哭。朱英国自己守摊，让其他人放假。学生们离开后下暴雨，返青的红莲型恢复系淹到脖子。朱英国打着伞站在田埂，一动不动望着秧田，雨下了多久，他就站了多久。想到再泡下去，辛辛苦苦培育的恢复系就毁了，他忍不住，把伞一丢，下到齐腰深的水田中摸秧苗，学生们也跟着下水。水稻田里波涛翻滚，一片汪洋，不少秧苗被冲走，只摸回了小部分，重新栽上，花了很大力气培植。

第五节　咬住八个字，反复做文章

红莲型研究几十年间，基础研究、应用研究（包括后来的应用推广），相辅相成，同时推进。每走一步朱英国都结合实际，运用新理念，甚至另起炉灶搞创新，其中杂交稻组合创新是红莲型研究的重要环节。

朱英国说，假如说红莲型研究是攀登珠穆朗玛峰，那么其中的组合研究就是登顶前蜿蜒绵长的斜坡，很磨人，弄不好就前功尽弃。多年来他们始终围绕“高产、优质、广适、高效”八个字反复做文章，从不放弃心里的追求，那就是：除了保证大面积高产稳产外，还要兼顾食味、营养、卫生、储藏等品质；除了抗虫抗病性强外，还要适应我国广大水稻产区的气候环境，也要适应东南亚国家及非洲国家的自然环境。

为实现这些目标，朱英国针对应用中发现的不足，特别是用户反馈的意见，把红莲型杂交稻满足天下种植者的需要作为己任，不懈追求，反复提升品质。比如说“红莲优6号”，2000～2006年在我国水稻产区大面积推广时，开始几年非常顺利，买种子的车排起了长队，有的要通过走后门、找关系才能买到，火得不得了。可是后一年却出了问题,“红莲优6号”在一些地方种植时发生了稻曲病。虽然该品种目前在东南亚几个国家仍然表现非常好，至今销售很旺，但在我国部分地区使用后出了问题，还是让他们心急如焚，朱英国带几位教授当即赶到发生稻曲病的湖南省某县田头，现场观察分析，切实感觉到“红莲”在广适性上存在某些缺陷，特别是遇到天气骤冷时，就显得有些脆弱，容易得病。提升红莲型的品质因此成了他们的当务之急。

经反复研究，他们决定改造不育系，选择此前育出来的“路红3A”加改造出来的恢复系“8108”重新配组，育出“路优8号”，这样一来，不仅广适性大大提高，其米质也达到国标优质米二级，且口感特别好，受到各方好评。

朱英国说：

这么多年了，我们以高产、优质、广适、高效为目标，可以说每一个创新组合，都考虑用户的意愿，考虑市场的意愿，然后不断筛选，优中选优。在“八字”统领下，我们被逼着反复练高产、练优质、练广适、练高效，如此一季又一季，奔田头地角，守日月轮回。为了这八个字，我们付出了很多，有的专家教授因劳累过度，甚至献出了生命。

我有个学生叫宋国清，聪明、老练，人际关系好，拿到博士文凭后到湖北大学生物系当老师，后当该校生命科学学院院长。其间，湖北大学是红莲型研究的协作单位，宋国清看到我继续主持红莲型研究，感觉能学到东西，放弃了舒适的环境，主动请缨，代表湖北大学参与杂交稻实验，却不幸于1997年10月7日带他的学生在湖北搞实验时，患急性胰腺炎英年早逝，噩耗传到海南，我难受得坐在田埂流泪。

1992年5月，朱英国（前排右一）和方智远等一起参加学术会议

宋国清跟着我十多年，在组合选育中踏踏实实、任劳任怨，为人好，个个喜欢他。在海南生活艰苦的日子里，为

改善伙食，他常常跟着我到河沟涝去抓鱼。有一年，忙到腊月二十九，突然想起没有买肉，我对宋国清说，平时大家拖苦了，不吃上肉算过什么年。宋国清跑遍陵水大小集市，都关门停业。次日，年三十大早，宋国清又跑了一趟陵水仍无收获。返回时他不甘心，到路边村庄打听到一农户养了一头母猪，团队都是内地人，怕心理上不接受，可空手回去如何交代？于是，他先说服主人，然后招呼大家一起去看。也许是长期没肉吃馋得不行，也许是过大年不吃肉说不过去，总之，天黑前，大家把母猪肉弄回了驻地。我亲自掌勺，用小辣椒红烧……

跟朱英国一起吃过母猪肉的那些学生，后来有的出国了，有的改行了，偶尔碰到一起说起吃母猪肉的往事，都是美好回忆。当然大家还记得，那些年去海南，朱英国总是从家里带去大包大包的咸鱼、腊肉，学生们忍不住时，他就拿出来让大家解馋。学生们还知道，朱英国的老伴在农场养兔子，做临时工，家里很窄，还常请学生去他家吃饭，没法坐，就把桌椅搬到屋外。

组合选育过程再苦，朱英国总是给团队创造宽松环境，新的组合如果不满意，就让大家一起研究，寻找解决办法，最后由朱英国定夺。比如，早期红莲型在幼穗分化期遇到低温、结实率不理想的问题，中期遇到米质不达标、口感不太好的问题。朱英国的办法是：比较参数，重新选配，优胜劣汰，始终抓住“高产、优质、广适、高效”平衡点不放。

长年与农村、农民打交道是件不容易的事。长年在田头搞实验的朱仁山说：

分田到户前插秧需要水，跟队里说一声就解决了；分田到户后，要面对一家一户，百姓的秧不能耽误，试验田耽误不起。试验田如果在下游，等上游插完就来不及。武汉周边试验田面积大，每年的 5 月 15 日前必须从海南返回武汉，才不误季节，两边都要争分夺秒。可有的老百姓不理解，多次为水发生纠纷。

有一年两个学生在海南光坡选育，看到试验田因缺水迟迟插不上秧非常着急，夜里悄悄把人家稻田中的水放进试验田。次日几个农户找上门，两个学生态度很硬，结果人家找来黑社会，拿钢筋铁棒堵门，双方剑拔弩张时我凭着一张嘴暂时稳住局面，学生趁机报警，敌对情绪虽然暂时控制了，可是试验田的水源问题更加严峻，最后只好把困难推给朱老师。

朱老师在陵水县的椰林、光坡、英州等乡村跑了半辈子，没有他不认识的，与当地人打交道多，感情深，他一出面什么疙瘩都解开了，群众主动把水让出来了。随后朱老师对学生们说：处理与当地百姓的关系要平时多烧香，不能等有了问题才抱佛脚，再过100年搞育种，都离不开农村，离不开农民，如果群众不支持，什么实验都搞不成。

1993年12月，朱英国（前排左一）率团到菲律宾国际水稻研究所考察

随着国家对红莲型研究支持力度的增加，随着“高产、优质、广适、高效”标准逐渐清晰，朱英国对红莲型研究的追求更高，不仅考虑到国内所有水稻产区，还把目光投向全世界水稻产区。1993年，他到菲律宾国际水稻研究所考察回国后，视野更开阔，办法更多，实验的品种与范围越来越大，要求也越来越严。

红莲型实验逐步走向大田，团队先后与浙江、江西、安徽、四川、广西、广东、贵州、湖南、河南等省（自治区）建立了协作关系，广泛试验红莲系列，全面提升品质。

第六节 挂帅又出征，六旬再提纯

自 20 世纪 90 年代初开始，朱英国在思考我国杂交稻的研究与发展前景时，就收集了多个细胞质的 22 个不育系和保持系，进行经济性状、米质、开花习性和配合力分析、比较，确定以红莲型“粤泰”不育系和保持系为阶段研究目标。明确方向后，他从保持系入手，对红莲型粤泰不育系进行提纯研究，其综合成果，对提高红莲型品质起到了至关重要的作用。

提纯对气候、地域有特殊要求。越是三伏天最热的中午，越是提纯的好时机，从科学性考虑有以下三个原因。

一是朱英国经大量研究发现，不育系不纯与保持系有密切关系。保持系遇到天气忽冷忽热，或品种不亲和，或遇大风或鸟儿作怪，其他花粉撒落到它身上时，它就抗拒不了，稀里糊涂与其“媾和”，随之生殖混乱，要么干脆不育，要么多是残疾，无法传宗接代撑起一片天。保持系不保本色，不育系难有作为，他们只好在水稻田里寻找抗拒自然能力强的新组合。这就需要不断提纯保持系，让其保持“贞操”。保持系越好，正常花粉比例越高，培养不育系的纯度也就越高，品种的品质提升概率就越大。

二是武汉属长江中下游地区，气候特点代表长江流域大多数省份。在高温下提纯，有利于判断、检测不育性的稳定性，一旦实验成功，其产品便于在长江流域推广应用，也便于制种。

三是抓住红莲型花粉败育特征。红莲型不育系花粉二核期败育，呈“园败型”，遇碘－碘化钾不显色。换句话说，炎热季节是活跃期，是发现花粉育性的最佳时段，便于观察研究。

于是从20世纪90年代中期开始，特别是2001年后，朱英国更加重视提纯，常带团队在九峰、东西湖、罗田、花山、黄湖等基地展开提纯研究。一般在阴历七月初三伏天，武汉周边气温超40℃，秧苗长到半人高，浓密不透风，可谓上蒸下烤。就在人们避暑时，朱英国带学生上阵。2001年后红莲型研究处在提升攻关阶段，提纯成了当务之急。朱英国又带朱仁山和几个学生及民工，连续几年在九峰提纯，每次都住在孟桥吴村吴德华家中。九峰有60亩试验田，要从2万株群体中，筛选适合条件的保持系。

朱英国说：

一般我都到场，安排学生到田里取样，从每株上取十粒小穗，装在纸盒里，用显微镜镜检花粉，看正常花粉的可育度。原理是：可育性越高，遗传稳定性越好；如可育性花粉达到99%，那是最好不过的，实际上大多只是70%，能达85%以上的，2万株中大概只能筛选出100株。就这100多株，还不一定都对不育系保持不育性。

如何理解这个“不一定”？朱英国说，让100株B与不育系A成对回交，等于说100个B对应100个A。回交的结果是不育系A。下一年的这个季节，采取同样的步骤方法镜检A。

朱英国（中）和团队人员在海南同甘共苦，反复试验，攀登科学高峰

新一轮可能出现若干新现象：第一种是出现最期望出现的花粉不育度为99.99%的

不育株，的确有，但概率很小；第二种是，绝大多数花粉不育度为 50% ～ 70%，这种情况下工作量就特别大；第三种是最不希望看到的，即全部为可育，对不育系不保持。

再下一年，他们仍然顶着三伏天，仍用同样的步骤和方法，用 99.99% 的不育株与对应的 B 继续回交……如此这般反复提纯，直到整个群体的花粉不育度为 99.99%，红莲型不育系提纯工作才算完成，这一过程至少需要五年。

提纯经历在团队印象中都很深。朱仁山回忆说，1998 年 7 月，长江大学 8 个学农业的本科生，在媒体上看到朱英国的事迹，主动要求跟朱英国去九峰实习一个月。第一天中午，前半个小时，这些学生还觉得新鲜，坚持了两个小时就吃不消了，一个个全身汗透，热得直喘粗气。当晚 3 个学生累得吃不下饭，给父母打电话声调都变了，准备走人。朱英国也不急，边帮他们捆行李边说："提纯太热太苦，连猫儿狗儿都热得伸舌头，我六十多也扛不住，也想走人，可想到提纯成功后那颗粒饱满，稻秆、稻穗、稻叶整整齐齐的丰收景色，就挪不动离开的步子；我总在想，我是学农的，吃苦是本分，为天下百姓有饭吃，受点苦心里甜啊！"经朱英国这样一说，准备走的几个学生都改变了主意，留下来奋斗到了最后。

第七节　科研是旗帜，"红莲"是他命

朱英国养成了一个习惯，就是每次从海南陵水、武汉周边返回武大，无论多累，当晚必去研究室，几十年从不间断。

华中科技大学的副教授易平说：

1998 ～ 2004 年，我读朱院士的博士，耳濡目染，他的科学

精神深深感染着我，我跟他学了很多东西。他始终坚持在科研教学第一线，强调在第一线发现问题，强调利用最新分子标记等技术手段辅助育种。他对学生很严，却又很关心，我们几个女生有时没顾上吃饭，特别是逢年过节想家，他让师娘叫我们去他家吃饺子，一起过节过年。毕业任教后，我每年初一或初二去看望他时，他都在实验室，总是那样精神矍铄地坚持在一线。

武汉纺织大学的副教授陈祖玉说：

前几年武汉一下雪，我就想到研究红莲时的一些事。我2001年成为朱英国的一名博士研究生，从事水稻遗传研究，最开始跟朱老师做"9311"恢复基因遗传分析，在F2代中统计表型，典型株系留稻蔸以便进一步取样分析。冬天来了，为了把材料保存好，朱老师带着我到处找人，跑后勤处、绿化科，最后把部分材料存放在湖滨的花圃温室中。后来温度还是不够，便将部分转移到生命科学学院温室。为了加温，差点发生一氧化碳中毒事件。朱老师在科学研究上对我们要求很严，不能有闪失。有一年几个学生年前到海南，去完成朱老师交代的"粤泰B"提纯工作：在单株留种自交的基础上，在陵水试验田插了几分地。一个月后朱老师赶到海南时，发现"粤泰B"秧种插在人来人往的路边，容易与其他品种搞混，朱老师非常生气，发脾气，要求拔起来重插。

后来我做小RNA研究，朱老师很支持，听说我实验中遇到困难，就帮我想办法解决。后来修改论文时，他亲自帮我联系冯新华教授，我到同济大学见到冯教授，问题很快解决了。只可惜，我的论文后来改投了另一个杂志，而不是*Plant Molecular Biology*（《植物分子生物学》）。那些日子，朱老师回到武大就骑车，他骑的那辆车是在1987年生命科学学院成立时买的，骑了快20年。他每天骑着到研究室，到学校其他部门办事，漆掉光了，看不清牌子，也没有脚架，不用锁，只要看到他的车靠在树上，我们就猜朱老师到实验室去了，赶紧加快步子。后来发生了事故，有一年下大雪的晚上，朱老师从实验室骑车回家，半路上摔倒，摔断了两颗门牙，不得不上医院修补。如今想起来他的科学精神，敬佩之感油然而生。

芦仲超在武大小车队开了几十年车，30年前就认识朱英国，跟着他跑了很多地方。芦师傅说：

朱老师几十年吃苦耐劳、兢兢业业，从没变本色。1980年以前学校没有车，朱老师出门挤公交；1990年后有了车，但市郊路况不好，比如，四新农场离武大30多千米，越往田边开坑洼越多，离田头老远就开不动了，朱老师就下车，踏着泥巴，深一脚浅一脚向稻田走去。返回时，他的四肢被蚂蟥咬得血淋淋的。有一年，在田间干了五六天的朱老师刚返回武大，天气突变，他心里放不下"红莲"，又打电话让我送他去四新农场，车子离试验田七八里就被泥糊住，开不动，他什么也不说，下车往田头走。看着他的背影，想着他几十年如一日，我心里就发颤。

2002年前后，朱老师在九峰山、四新、东西湖、汉阳、咸宁、新洲、仙桃等地方都有"红莲"试验田，有的地方环境不好，搞一两年就搬家，搬了许多地方。无论往哪儿搬，劳动程序一点不少，几十亩、几百亩、几千亩，每一块地他都要亲眼看、亲手摸到……40多年了从没停下，年复一年像泥人奔波，"红莲"像是他的命，他的科学精神影响了很多人。

第八节　终于通过成果鉴定

2000年8月底，湖北省科学技术委员会组织专家到九峰山孟桥吴村，对"红莲"进行成果鉴定。专家组成员包括张启发院士、范云六院士，时任武大校长的侯杰昌也到场了。专家们对"红莲"给予了

2007年9月，朱英国院士（前排左五）参加武大红莲型杂交水稻学术研讨会

高度肯定，张启发院士说："看到你们搞出这样好的成果，我非常惊喜。"

历经千锤百炼，越千重山，翻万道岭。经过漫长艰苦的努力，朱英国带团队攻下了"红莲"，消化了"红莲"，掌握了"红莲"的遗传规律，获得了数千个科学参数，被国际公认为三大细胞质雄性不育类，被誉为中国超级稻育种技术的新突破、杂交稻发展的重要基石之一。媒体评论说，朱英国育出了"东方魔稻"，潜力非常大。

利用红莲型细胞质雄性不育系选育出的"红莲优6号""珞优8号""粤优9号"等优质稻种组合通过了国家及湖北省品种审定，并与民营企业合作进行生产和大面积推广。其中"珞优8号"一步跨入超级稻行列，连续多年成为湖北主推品种、农业部长江流域主推品种，并先后在湖南、河南、江西、安徽、浙江、福建、广西等地推广种植。

"红莲优6号"在菲律宾、印度尼西亚、越南、斯里兰卡、孟加拉国、莫桑比克等国家进行了大范围的推广，比当地品种增产20%～50%，显现出生产势头强、穗大粒多、抗性较好、适应性广、亩产高等特点。2013年仅与马来西亚签订的一个订单，就出口"红莲优6号"2000吨。

从红莲型推广的区域来看，这正好与我国政府倡议的"一带一路"的合作发展理念相吻合，对于促进我国与世界经济的联动发展能起到积极的推动作用。

第八章 马协型杂交稻

第一节　承担“基因分布调查”

“马协”是朱英国团队的第二个原创成果。

“马协”是从农家品种中发现的不育胞质，是一个全新的细胞质、一个创新类型，更是一个打破“农家稻种不可能育出不育胞质”禁锢的传奇。其研究成果突破了雄性不育资源只能从野生稻中获得的定式，选育出来的马协型杂交稻获国家技术发明奖二等奖，推广达2000多万亩，为国家的种子多样化提供了重要的战略资源。“马协”也是朱英国团队拿下的第二个科学高地。

“马协”从年龄上来说属于“红莲”的“弟弟”，因为发现并培育“马协”的主人，是朱英国和他团队的原班人马。“红莲”风雨兼程,“马协”一路陪伴，凡“红莲”去过的地方,“马协”全去过。“马协”几十年与“红莲”同喝一杯水，同吃一锅饭，同住一间实验室。“红莲”后来受国家元首检阅，“马协”也是寸步不离，同享荣光。

1983年7月，“红莲”轰轰烈烈实验的消息传到北京，国家科学技术委员会、教育部对朱英国的科学精神和科研才能产生了很大的兴趣，派专家组到武大调研后说道：“朱英国这个人了不起，他可以担当更多的重任。”朱英国当时并没有在意这句表扬，也没有精力去关注此前湖北省科学技术委员会要他上报申请项目。他太忙，光“红莲”研究就占用他太多精力，“红莲”这个高地不拿下来，他没精力搞别的研究。然而他没想到，一个月后，国家自然科学基金委员会正式下文，委托朱英国承担国家自然科学基金项目研究，重点调查我国水稻雄性不育恢复基因地理分布，从科学角度上弄清楚我国目前到底有多少不育胞质，同时任命他为这个重点项目的研究组长，同时将研究经费6万元打到武大账户中。

服从组织安排，是朱英国的特点。他接受这个任务时想到，搞恢复基因地理分布研究调查，说不准还能发现新的不育胞质，搞出新的品种来为“红莲”当预备队，为国家的粮食安全加一道保险，如此有意义的事何乐而不为！

20世纪80年代之前，在邓海铭陪他奔海南那些日子中，每年插下秧苗后，他就把田间管理交给邓海铭，跑遍海南各个育种基地，拜访了包括袁隆平在内的许多专家、教授。如今秧苗插到田里后，他把看田任务交给他带的研究生，带余金洪展开恢复基因地理分布调查。

朱英国知道，平原区域的水稻品种大体是统一的，不大可能有奇特的农家品种，他决定把调查重点投向边远山区。就湖北而言，他调查了恩施、宜昌、襄阳、咸宁等较偏远的21个县，随后去了云南，跑遍了滇南、滇北……一路上，他得到了各地农业研究机构的大力支持，湖北农业科学院的左癸老师，把收集到的300多种农家水稻品种送给了朱英国；云南农业科学院的陈勇，把收集的226种品种也给了朱英国……前前后后从各地收集到的有代表性的农家品种共1933种，加上朱英国通过其他渠道收集的，共达3000多种。

朱英国安排余金洪把这些品种带到海南，分门别类进行种植。同时，他在这些农家品种中选择具有代表性的进行酯酶同工酶研究，发现了云南农家品种的不同特点：高海拔与低海拔地区的品种所含的同工酶不同，温暖区与寒冷区品种的细胞质也有区别……

朱英国将自己的研究发现写成了多篇论文，分别发表在《中国农业科学》《遗传》《细胞生物学》《作物学报》《遗传学报》等报刊上，在业内引起强烈的反响。这个时候，他承担的恢复基因地理分布调查仍在继续进行。

正是在这种气氛环境下，一个良机如天使一般向他们降临。

第二节 农家品种，发现新品系

1984年3月12日上午，海南晴空万里，气温进一步升高。朱英国在种有1000多种农家品种的试验田里仔细观看，随后嘱咐余金洪说："有些现象看上去平常，它们隐藏的部分却未必平常。这些农家品种对我们来说是陌生的，要细心观察长势特征，注意做好记录。"

朱英国刚离开田头，余金洪眼前突然一亮，在"马尾粘"农家品种里，他看到一株花粉败育型雄性不育株。这就是马协型杂交水稻的"始祖"，是所有育种家梦寐以求的样本。余金洪激动地似乎跪到它的跟前，双手捧着细致地观看，确认是雄性不育株后，他转身爬上田埂，孩子一般往村里跑，边跑边喊："朱老师，不育株，我看到不育株了！"

正准备吃饭的朱英国说："你说清楚点，到底看到了什么？"

"我在……农家田，"一口气跑回去的余金洪，激动地说话有些结巴，"找到不育株了，是我们一直在寻找的花粉败育型雄性不育株。"

朱英国立即随余金洪来到田间仔细看，这棵比周围矮20厘米、不育特点明显的不育株，正是他们多年寻找、望穿秋水的宝贝。

余金洪回忆说："朱老师也很高兴，他当即叫我挖出来，分成两半，加肥，做成了6个杂交，随后开始不育系、保持系、恢复系的培植。"

这个时候，因为有"红莲"三系配套成功的经验，也有"红莲"实验的资源和套路，按"红莲"的科学路子走，也许能育出全国唯一的农家品种来。朱英国说，它来自农家品种"马尾粘"，与"协青早”合二为一，两个品种各取一个字，可考虑叫“马协”。这个建议立即得到大家认同，从此这个全国首例农家品种有了正式的名字：马协型杂交水稻，简称“马协”。

然而，有了名字和把这个名字叫响是两回事。“马协”的遗传基因与“红莲”有哪些不同？“马协”与生俱来有哪些特征？能不能把它培养成“参天大树”？它的优秀品质在哪里？培育的前景到底如何？这一切暂时都说不准。无疑，这又是一个科学高地、一个全新的研究对象和一个令人兴奋的强硬对手。

朱英国和他的团队决心在攻下“红莲”的同时，拿下“马协”。让“马协”这个来自农家的品种走出荒野，走向全国，奔向世界。

这个时候，无论怎样幻想都不为过，但实验过程必须脚踏实地，一步一步地走。

“马协”与“红莲”细属于两个完全不同的细胞质，两个品种各有特点，但培育的方法步骤大同小异，同样面临选优质、育抗性、再提纯等一系列过程，同样需要勤劳和汗水，通过漫长的实验、研究，寻找它的科学规律。

第三节 “马协”落户武大

高级工程师余金洪做朱英国的助手后，保持着吃苦耐劳的本色。早些年，他利用“红莲华矮15”和“野败珍汕97”进行择配，付出了很多艰辛的努力。在参与恢保关系实验和恢复基因地理分布调查中，他陪朱英国南来北往，尝尽甘苦。在培育“马协”过程中，他日晒夜露、风吹雨打，跑了很多路，吃了很多苦。

在培育“马协”的过程中，无论多劳累，余金洪都在朱英国引导下一路前行，从不抱怨。然而他在接受采访时，记忆库里全是朱英国为培育“马协”付出的心血和难忘的经历。

2009 年 5 月，朱英国（左四）与到武大访问的非洲水稻专家合影

1985 年 4 月，夏种季节，武大八区试验基地又热闹起来，这片凝聚着武大领导和教职员工心血的试验田在 1983 年年底就基本建成，1984 年春边完善边开始育种。“马协”到武大扎根后很争气，表现出良好的遗传品质，同时也给团队带来新的希望。

那几年，每到整田插秧季节，校领导、生物系的师生和科技处、后勤处的同志纷纷挽起裤腿下到水田中，和朱英国团队一样，一身泥一身汗。其他系的师生也常常到田间参加义务劳动，文学系的学生不仅来体验生活，还带来了唐代诗人的插秧歌：

手把青秧插满田，
低头便见水中天。
身心清净方为道，
退步原来是向前。

凡到田间劳动的人，都严格按朱英国的要求插秧：行距 30 厘米，株距 12～13 厘米，每穴一棵。两个月以后，稻田异彩纷呈，露头扬花一片翠绿，颗粒饱满渐渐金黄，含苞微笑似在招手……为宁静翠绿的校园增加了一道亮丽的风景。各院系的师生、热恋情侣、孩子、老人纷纷前去田头观赏。特别是周末，稻田四周人山人海，好似坠入城中花园，有的甚至把诗句写到田头：“春山澹冶而如笑，夏田苍翠而欲滴。”

大家对杂交水稻如此神往，让守候在田头的朱英国心里有种说不出的愉悦。他这时已被师生戏为“珞珈山的地主”，但他这个“地主”还不满足：校园试验田看上去平展，实际上拐弯处有几分地大机械进不去，无法拐弯，越陷越深。他对余金洪说：“学校把好不容易新开垦的 20 亩地给我们，寸土寸金，角角落落要全利用上，确保‘马协’的种植面积。”

余金洪随后联系调来一台小拖拉机，朱英国亲自下田指挥耙地。如今武大的许多老人还记得，小拖拉机耕地时同样有很多人围观，包括家属、市民，不少学生第一次看到感觉很是好奇。

小拖拉机最先是朱仁山在开，开得很顺，后换成了个新手，油门掌控不好，冒黑烟，拐不过弯来，在旁边指挥的朱英国不时地上去推，哪知道推过几回后，小拖拉机就失控了。朱英国刚贴近，它突然发疯一般向前冲，朱英国躲闪不及，白晃晃的犁铧刀在他小腿肚上划过，伤口深得露出白骨，随后鲜血直涌。后来有人说，那血不是鲜红的，是紫色的，血和泥混到一起，颜色都变了。

余金洪等急忙跑过去，给朱英国缠腿止血，将他抬到校门口诊所，血水洗了三脸盆，整条小腿都包裹起来。第二天朱英国仍拄着一根木棒，一瘸一拐、步履蹒跚地去现场指挥，刘道玉校长只好叫学生搬凳子，让朱英国坐着指挥……

第二年，武大插秧又出事了。那天很热，帮忙的人同样很多，朱英国干完活爬上田埂，准备穿深口胶鞋。哪知道，左脚刚伸进，朱英国一声惊叫，似乎被鞋里的尖器狠扎了一下，想把脚缩回，却因赤脚套牢无法缩回，接着又被扎了一下，疼痛钻心。

鞋底藏着的是什么东西？大家急忙帮他脱鞋，但小腿肿大了，根本脱不下。看朱老师痛得脸色发白，汗珠一波波往下淌，大家判断鞋里有毒物，找来剪子把胶鞋剪开。结果，里面是一条 20 厘米长的蜈蚣，不知咬了他多少口。

见朱英国痛得迈不开步，且四肢和嘴唇发紫，大家七手八脚地把他扶到门口诊所，后转到湖北省人民医院进行救治。

第四节　老师身体有点过敏

朱英国的妻子徐小梅对此印象很深：

英国的身子很敏感，带点刺激性的东西就不能尝，蚂蟥、蚊子咬个疙瘩，好几天不消肿。蜈蚣毒性大，整条腿肿得像根柱子，还感染发烧，在省人民医院输了一天液，刚好转就嚷，他担心秧田出事，最怕新组合搞混，谁也说不住，拄着棍子回家，硬要去八区插秧现场。

我对他说，有老师学生在现场，缺你地球就不转？多年来总像疯子一样在外面跑，这回受伤了就算是一个机会，安心在家休息两天吧！英国说，几百种新组合，出点闪失等于白劳神一场，不亲眼看着，心里不踏实。那些日子，老父亲还在罗田老家照料残疾弟弟斌斌，偶尔到武汉住几天。老父亲勤劳惯了，哪怕在武汉只住两天，也要到珞珈山去拾柴。英国看到在门口堆的柴垛里，有当拐杖的木棒，非要拄着下田不可，我劝不住，就给他的罗田好同学余品题打电话。余品题在电话里说了许多安慰的话，才把他稳下来。

第二天品题从罗田赶到武大。余品题这时已经从通讯员升为镇长。“红莲”和“马协”每搞一季，英国都请他尝大米的味道，然后听他反馈的意见。余品题说，“马协”口感好，温润柔软、香甜，吃到胃里感觉很舒服；“红莲”口感也很好，只是没有“马协”甜。朱英国记到了心里，后几年又实验了好多代。余品题不仅自己品尝，还叫群众品尝。英国仔细记下他们的感觉，回来又实验……

这回，余品题接到我的电话，匆匆赶到武大看朱英国，其中有另一个原因，余品题知道英国对家乡罗田有感情，以前回老家，家里再难，他总是三块五块借给乡亲，年年借，从没人还过，有时把口袋借空了就找余品题借返程路费。特别是1971年至1976年，村里几个小伙因家里穷，无法把媳妇娶进门，英国除了借钱给他们，还动员我把家里养的肥猪给杀了，把肉送过去当聘礼。英国的研究成果出来了，自然想让家乡人受点益。这回，当了镇长的余品题，想利用看望英国的机会，把“红莲”和“马协”引到罗田大河岸镇去种植，建大面积试验基地，朱英国当然乐意接受。

被蜈蚣咬伤的那一年，社会上出现了一些不良思潮。邓小平会见香港知名人士包玉刚、霍英东时指出，教育是一个民族最根本的事业，“四化”建设靠知识、靠人才。党的十二届六中全会首次提出以经济建设为中心；强调培养理想、有道德、有文化、有纪律的社会主义公民，把提高全民族的思想道德素质和科学文化素质放到很高的位置上。

朱英国不仅有很强的科学能力，还用他的言行潜移默化地影响学生，用科学精神鼓励学生，告诉学生在社会多元化、面临各种诱惑的情况下，怎么做人、做事，怎样为我们的民族分担。武大校园的试验田，既是水稻研究基地，也是培养学生理想信念、精神和意志的场所。以至于那几届跟着朱英国的学生中，没有一个走弯路的，个个都有出息。

1999年，朱英国被评为全国师德楷模。

第五节　收入太低外甥跳槽

后因需要，校内试验田所在地建成了一片教学楼，但湖边老农场还在继续运行；海南的光坡、文官、桃万、黎族村等处的试验田发展得如火如荼，最多时达 140 多亩；武汉四周的试验田，如星星般遍布多地。

那时去趟海南得一个星期，那么跑武汉郊外需要多久？感觉又如何呢？

跟着朱英国跑了多年的朱仁山、余金洪、黄佩霞、马晓军等人都说，一个单程就需要 3 个小时，有的地方需要 4 个小时，跑着太累，有时干脆就在实验点过夜。

“我跟舅舅跑了十多年，苦不说，收入太低，最后跳槽了。”朱英国的外甥曾卫民，同样经历过煎熬与选择。

为全面了解朱英国的科学研究经历，笔者曾先后两次到他的家乡罗田采访，去凉亭河见到了他的妹夫及两个外甥、外甥媳妇；了解到朱英国母亲早年病故安葬的经过，还得知一个信息：朱英国的妹妹朱英娟两年前突然离世，朱英国回凉亭河给妹妹送行……在凉亭河采访结束时，朱英国的小外甥丢下一句：“我大哥曾卫民跟舅舅干了很多年，他最了解舅舅，他在汉口上班。”

“是的，我跟舅舅干的时间很长，后跳槽了，现在站在我家的楼顶上，能看到当年干活的农场，想起来就心酸。”靠个人能力住上了宽敞漂亮的楼房的曾卫民，对舅舅的感情很深，几次说“想到舅舅对我的好，就想哭”。

朱英国很喜欢他的三个外甥，尤其是大外甥曾卫民。曾卫民说：

> 在罗田读小学到高中，我跟他儿子朱新锋同读一所学校，舅舅给朱新锋寄 20 元，其中 10 元是给我的；寄 30 元，15 元是给我的；买两件衣服，其中一件也是我的。舅舅把我当成他的儿子一样，对我寄予了很大的希望。对我的爱，真的让我想起来就想哭。

1987 年 7 月，没有实现高考梦想的曾卫民，决定跟着舅舅干。

朱英国这时已经是副教授，曾卫民想跟着舅舅奔个好前途。然而多年后曾卫民才明白，当教授与当县长、局长是完全不同的两回事。舅舅当教授，是一种职称、一种资历象征，而不是想象中的那种“官”。曾卫民到舅舅家第二天大早，就被舅舅从高低床上喊醒，让他起床跟他走。

那时，从武大二区宿舍到武大公交站，坐 12 路到司门口，上天桥到黄鹤楼，转 61 路到钟家村，再转 6 路到钢丝绳站，步行 7 里，到流芳咀农业科学所。一个单程要坐 2 个小时公交，再步行 40 分钟。晚上返回武大，舅舅累得手撑着扶手打瞌睡。舅舅和他的团队人员在武汉四周的各个点上，一干就是 20 多年。每个春夏，无论是刮风下雨，还是烈日炎炎，舅舅和团队总是奔波在这些线路上。舅舅给曾卫民安排的工作是：整田插秧，守稻防鼠。舅舅嘱咐他要听话，要做舅舅的一块砖，哪里需要往哪里搬。后来舅舅“搬了”他近十年，武汉周边、海南陵水的每个点他都去过。童年在苦水中泡大的曾卫民，对苦习以为常，并没有感觉受不了，就是感觉工资收入太低。终于有一天，他听说某啤酒厂一个普通工人的工资比当教授的舅舅高一倍多，而且有月奖金、年奖金。他纠结了几天，终于鼓足勇气向舅舅提出来要去啤酒厂。

舅舅问他为什么，曾卫民沉默了好一阵子，他心里想说：“舅舅，跟着你干，什么样的苦累我都不在乎，我都能扛，就是……”他最终什么也没有说，继续选择沉默。

曾卫民掏出心窝说：

> 我穷怕了！我缺钱，要钱买房子，娶媳妇；我也饿怕了，小时候家里粮食不够吃的，天天不吃晚饭，妈妈只给我们兄弟三个每人一把炒黄豆当晚饭，还没上床睡，肚子就饿得直叫唤。我没有回答舅舅，是因为舅舅知道我为什么想走。我遇到的问题，也是他想帮我解决的问题，但他没有办法解决。他不是官，是一位普通教授，多年来只有苦累的份儿、贡献的份儿！
>
> 舅舅不需要我回答，他同样沉默了好一阵子，说了一句悲

凉得让我至今难忘的话：外面招不到人，招来的人都跑了；连亲朋都不跟我干，搞农业太苦了！你跟我这些年吃了那么多苦，没得到什么好处啊！

第六节 过海关被误当贩子

在流芳咀那几年，是“马协”研究的关键期。每年7月初到8月底，朱英国都要两边跑，吃民工食堂，住农业科学所工作人员的办公室。白天人家要办公，晚上借给他睡，劳累了一天，他晚上还要整理实验数据，研究次日的工作，夜深了，把桌子一拼当床，天气热、蚊虫多，还常停电。

为提高“马协”亲本稳定性，朱英国在武汉搞完一季连忙去海南。曾卫民先后11次跟着舅舅去海南，每次在武昌上车时，想到一路艰辛腿肚子就发软，望着窗外几天几夜不说一句话。他总在想，40多年了，舅舅是怎么挺过来的啊？曾卫民回忆道：

海南比内地暖和，深秋去时带的衣物较少，扛的大包小包全是种子和稻蔸。为了赶季节、避台风，路上日夜兼程、马不停蹄。带的种子好说，只要晒干就能长时间保存；稻蔸却不行，如果温度高，装的袋子不透气，很容易发霉变质影响成活率。

有一次在海口出关，海南这时成了特区，新调来了一批海关安检人员设卡，对进出人员严格安检，看我们一个个黑不溜秋，都板着脸，非要查看我们背的东西，舅舅怎么解释都不行，无可奈何，只好打开其中一个大包，结果全是稻蔸。安检人员一个个面面相觑，非常吃惊，不知道这是什么东西。舅舅带着情绪说，是稻蔸，是长稻谷的稻蔸，名字叫“马协”，用于科学实验的，如果不出意外，一蔸稻种将来就会变成一万蔸稻种，长出的粮食可供成千上万的人填肚子。舅舅随后又让他们看了介绍信，气氛立即变了，周围全是感动敬佩的眼光。那个最严肃的安检人员也许是水稻区长大的，他的眼眶湿润了，感动地抬起右手给舅舅敬礼，自那以后，即使我们不拿武大介绍信他们也不问不查，过海关免检。

1989 年之前，舅舅的团队住在海南光坡五队。我去时，海南处于刚刚开发阶段，条件差，很落后，在光坡镇，我没看到一个像样的厕所，全都是用茅草围的，而且不分男女，上厕所前要喊一声，没回应才敢进。有一次我去黎族村庄联系工作，第一次看到那里的学生还在茅草搭成的教室里上课。即使在这样的条件下，舅舅对科学实验从来不马虎，白天在田间工作一天后，晚上还跟我们一样值班看稻田，每两人一组。那时舅舅都快 60 岁了，可他和我们年轻人一样从不搞特殊化。舅舅至今还在坚持，他的坚持是一本书，一本让我们这一代人阅读不尽的书。

第七节　农忙季节有两怕

曾在花山基地干过几年，后改行以卖汽车零件为生的李金光说：“跟朱老师干有两怕：一怕他亲自下田，他下田，我们就不能偷懒；二怕农活紧张民工跑路，如果是那样，就只好我们自己干了。”

早些年，武汉郊外的那些试验田，多是租用村民的地。出武汉挤公交，折腾两三个小时才能到地头，那些地东一块西一块，相隔近的几百米，相隔远的几千米。

在农村没有实行责任制前，研究人员与农场或生产队打交道，各方都很支持。分田到户后，他们常为水、路、电、租金与农民发生纠纷，若不满足村民提的条件，村民就断路、断水、断电，让他们的品种收不回来。有时秧插到一半，人家突然提出加工钱，不加就走人。团队人员气得直跺脚，可是田等不起，水等不起，秧等不起，人更得罪不起，只好依着人家的提出的要求来。

这样的事在各个实验点常发生，朱仁山、余金洪、章志宏、刘文军等，都做过艰苦的工作，实在摆不平，就请朱英国出面。

1992 年，汉阳流芳咀四新农场到了插秧季节。负责招民工的人是村民高黑子，他把东拼西凑找到的 14 个民工带到现场，谈好干一天工钱 9 元。当时湖北省的平均月工资为 210 元。一生与农民打交道的朱英国对民工有感情，觉得农民挣的都是血汗钱，没有理由拒绝他们，答应干一天给他们 10 元，但时间、任务、标准不能降低，更不能出错。高黑子把胸脯拍得嘭嘭响，表态定对得起人。

随后，朱英国动员团队的专家、教授与民工同甘共苦，都下到田里把技术关，连农业科学所办公室也不住，和团队的人一起搬到民工住的顶层。高温晒了一天的顶层滚烫，不到很晚不转凉，他带着一把大蒲扇和一张凉席，和大家一起抗蚊子、数星星，白天整田插秧，样样不少。当时，这个农业科学所下面办了多个企业，请了不少临时工，都在大食堂吃饭，几百号人挤一起，卫生环境差，生活不好，遇到雨天，食堂脏得无法下脚。

2003 年 7 月，“中国水稻农家品种马尾粘败育株的发现与马协 CMS（马协 A）选育和利用”获国家技术发明奖二等奖，图为朱英国（右三）与评奖专家现场考察时合影

也许就因为太苦，秧苗插到三分之二，高黑子手下的14个民工一夜之间跑得只剩下5个人。事到临头请人来不及了，也请不到人，但秧苗必须按时插下去。朱英国什么也没说，带头下田插秧。团队中的人都已经累得够呛，但看到朱英国带这个头，心里有怨气也不好说，只好忍着下地，坚持把秧插完。

1998年后，武昌九峰山建了试验基地，花钱也难找到插秧工了。能做事的人都出门打工了，留在村里的多是老弱病残；会插秧人的老了，不会的不想学。朱英国只好想了另一个办法：培养技术员，采取承包的形式。

2003年1月，朱英国荣获2002年度国家技术发明奖二等奖

经过艰苦培育，朱英国和他的战友终于让“马协”这个来自农家的品种的研究大功告成，成为继“红莲”之后，又一支保证我国粮食安全的主力军。他们利用这个农家品种的本色，育出了早中晚不同熟期、不同型号的一系列“马协”杂交品种，包括“马协63”“马协64”“马协958”等数十个新组合，其中“马协63”“武金988”“武香880”及“武香210”等，通过了专家鉴定，米质达到农业部部颁一级标准。截至2014年，“马协”在全国推广2000余万亩，于2002年分别获国家技术发明奖二等奖、湖北省科技进步奖一等奖。

就这样，第二个科学高地被成功占领。

第九章

攻克两系法难关

第一节　两系法源自湖北

两系法是朱英国团队攻克的第三个科学高地，也是战役的第三阶段。他们是在两系法发明人石明松研究遇到困难时投入的，参与并主导了两系法早期研究和项目协调工作，取得了不少科研成果。“两系法杂交水稻技术研究与应用”获2013年度国家科学技术进步奖特等奖，与全国众多科研团队的共同努力是分不开的。

2014年1月10日，多家媒体以“武大师徒同获大奖”为题，报道了朱英国院士凭借“两系法杂交水稻技术研究与应用”荣获国家科学技术进步奖特等奖。武大生命科学学院教授杨代常的另一个研究成果，同时荣获2013年度国家技术发明奖二等奖。他们二人是师生关系。

但这篇新闻稿却漏掉了一个亮点，那就是在“两系法杂交水稻技术研究与应用”获奖名单中，还有一位是朱英国团队中的科研人员：朱仁山。他也是朱英国的学生，而且是目前团队中的得力干将之一。

1980年11月，朱英国（左二）和两系法发明人石明松（中），及新助手余金洪（右二）等在海南试验田头

两系法是全国

16个协助单位、20多个省市、数万名科技工作者经过30多年协作攻关完成的项目。它的源起地是湖北，原创人是沔阳县农业技术推广中心主任石明松。在整个研究过程中，石明松和他的一家人呕心沥血、历经艰辛。两系法的成功，同时也凝聚着湖北省原农牧渔业厅（现农业厅）、省科学技术委员会、省农业科学院、武大等部门和研究人员的心血。

两系法的理念与三系法的不同点在于：三系是“一妻二夫”，两系则是“一妻一夫”。“妻子”对光照和温度敏感，在夏季的长日照、高温下，表现为雄性不育，这时，用恢复系和它杂交，生产用于大田里的种子。到了秋季，在短日照、低温下，“妻子”又变成了正常的水稻，自交结实，生产用于下年作为母本的种子。

朱英国和他的团队，既是两系法研究的参与者，又是其大面积应用的推动者。两系法的成功，与他们团队坚持不懈、长期攻关有着密不可分的关系。其研究实验过程同样艰辛而漫长。

回顾两系法的培育过程，朱英国似乎有许多话想说，然而，他只强调两系法最早起源于湖北，强调是石明松原创，强调是在石明松研究遇到困难的背景下，武大全心投入、鼎力相助，帮助石明松扭转被动局面的。其过程是实实在在的。

名利对于誉满寰中、即将步入耄耋之年的朱英国来说，已经没有多少意义了。但为了两系法，他和他的团队付出的巨大心血，却无法被漫长的时光和繁杂的现实所覆盖。

1980年6月12日，朱英国在武大进行“红莲”实验。这天上午，他正准备去湖边试验基地，这时，从沔阳来的石明松在路边拦住他说：“朱老师，能不能耽误您一点时间，我的两系法研究遇到了难题，想请武大的教师帮忙解决。”

朱英国热情地说：“好吧，我们去办公室。”

此前，朱英国在湖北省科技会上认识了石明松。石明松原籍江苏如皋，1959年从荆州农业学校毕业后分配到沔阳县农业技术推广站工作。1973 年，他在沙湖原种场“农垦 58”大田里，从几万株粳稻“农垦 58”品种中，发现了 3 株光敏感核不育水稻，之后育出 48 株有雄性不育、可育两种类型的稻种。

来到朱英国的办公室，石明松拿出随身带来的材料说：“我们一家人折腾了七八年，为了这个东西，搞得倾家荡产了。现在到了关键时候，两系育与不育表达很复杂，技术问题难以攻克，想求教武大的专家教授。”

“我们都是搞杂交水稻研究的，为了同一个目标，不要说求，你的困难就是我们的困难。”朱英国边给他倒茶边说，“我搞三系时，在沔阳排湖原种场住了八年，得到沔阳各方的大力支持。我也支持你，想办法帮你解决问题。”

第二天，朱英国就去了湖北省农牧渔业厅，找到与他私人关系不错、分管科研的时任处长谢学升（后任湖北省农业厅副厅长）说：“石明松为了搞光敏感核不育，万苦不辞，可他现在遇到问题了。”看到谢处长听得很认真，朱英国详细地说：“石明松对我说，他育的两系，4 月份播种的不育，再生的可育；6 月份播种的可育，头期不育，而不育发的芽又可育。这是为什么？他找不到原因。他单打鼓、独划船，现在走不下去了，加上缺经费、少技术。你们应该去考察一下，组织力量把他发现的现象研究出来，帮他解决科学难题。”

“这个现象很有研究价值。”谢处长若有所思，停顿了一下，用商量的口气对朱英国说，“武大有研究实力，你看能不能把这个项目接过来，放在你们的遗传研究室和‘红莲’一起搞。”

朱英国想到红莲型杂交稻这时已经被国家列为重点研究项目，不能分散精力，可又想到武大帮助解决农业科学问题是义不容辞的责任，同时感觉到，两系法是个很有前景的项目，如果研究顺利，极可能成为推动我国水稻增产增收的又一台大戏，自己梦想的不正是全国粮食大丰收吗？于是他对谢学升说：“我提两点建议，一是请省里出面慰问石明松，给他精神和物质鼓励，帮他解决实际困难；

二是省里成立两系协作组，让石明松具体负责，我把搞三系的团队拉起来，帮他攻下技术难关。”朱英国的这两个建议，均被省农业厅采纳。

没几天，谢处长给朱英国打电话说，省里派人去慰问了石明松，送去 3000 元慰问金和科研设备；省里还同意成立了协作组。协作小组成员单位由武大、华中农业大学、华中师范大学、湖北农学院、湖北农业科学院和仙桃方面组成；石明松为协作组副组长，省农业厅总牵头。两系法的研究经费由省农业厅直接下拨。

第二节　调动资源攻关

朱英国接受任务后，利用武大的资源，率领自己的团队展开研究。比如，这时的武大光照室，在刘道玉校长的支持下，进行了升级改造：六间光照室，涵盖了八小时、十小时、十二小时、十四小时、十八小时、二十小时等多层次光照、光热度，很利于摸索两系的发育规律。

朱英国同时指导搞基础研究的杨代常、徐树华、付彬英、梅启明，及搞应用研究的朱仁山、余金洪展开了对两系的攻关。

经过三年努力，他们解决了两系研究中存在的一些科学问题，并在武大试验田中取得了可喜成果。1985 年 10 月，农牧渔业部、中国农业科学院，委托中国农业科学院的邓景阳当鉴定组长，成员由武大的杨弘远、华中农业大学的刘厚利等七位专家教授组成，去仙桃沙湖原种场鉴定石明松的两系法。结果一致认为，两系是继三系成功后的重大发现，在国际上居领先地位，被命名为“湖北光周期敏感核不育水稻”。

但这时，两系法同样面临和三系法一样的问题：从发现到推广应用，中间有个漫长而艰苦的实验过程，存在着诸多不确定的因素。

1985 年 11 月 9 日，朱英国带助手余金洪去海南，途经广州住在省科学技术委员会招待所时，正好遇到同住一个招待所的国家科学技术委员会高科技司的时任处长徐成满。此时的朱英国，因同时攻关“红莲”和“马协”，在国家科学技术委员会中早已声名远扬，与徐成满自然很熟悉。

徐处长问他：“‘红莲’‘马协’最近进展如何？”

朱英国说：“两块同时在进行，比较顺利。现在又在搞光敏感核不育两系研究。我们对不育株进行测交、回交发现，不育株的再生在分蘖上，能自交结实，分期播种的结果表明育性与光照长度有关。由此出现新设想：在长日照、高温下制种，在短日照、低温下繁殖一系两用水稻的技术。”

徐处长饶有兴趣地说：“这是个好东西，我要想法支持你们，争取搞个重点项目。这样，各方面支持的力度就会更大一些。”

徐成满回到北京不久后果然反馈：国家自然科学基金委员会已决定把湖北光周期敏感核不育水稻研究和应用，列为国家自然科学基金重点项目；同时国家自然科学基金委员会下拨 30 万元研究经费，由华中农业大学、武大、湖北省农业科学院和石明松四方面执行。

朱英国并不是两系协作组负责人，可是国家科学技术委员会对他如此信任，显然是坚信他有能力拿下这个项目，能解决两系从实验室走出来存在的科学问题。

1988 年，该项目取得了重要进展，引起国家自然科学基金委员会的重视，将“湖北光周期敏感核不育水稻育性转换机理和利用”列入国家自然科学基金委员会重大项目，下拨经费 162 万元，并委托朱英国主持光敏核不育水稻遗传学研究，经费为 30 万元。

朱英国除自己留下 6 万元作为研究经费外，其余的分别拨给了遗传研究室的汪向明、舒理慧，中国农业科学院的薛光行和中国水稻研究所的闵绍楷等教授，供他们研究使用。

在两系法获国家科学技术进步奖特等奖之前，还有许多鲜为人知的细节。

在朱英国的记忆中，1986年8月，他正在汉阳四新农场研究“红莲”，有一天他突然接到电话，国家发展和改革委员会基础司的时任处长严谷良、国家科学技术委员会的时任处长徐成满和教育部的专家李宝健（时任中山大学教授，从美国归来的遗传学家）三位专家在武大等他，要他立即赶回武大。回到武大时，刘道玉校长正陪三位专家看试验田。这个时候，朱英国的两系不育系已经搞成。三位专家在朱英国的陪同下，去了汉阳四新农场，他们在试验田边看得很惊喜。他们到武大的目的，就是来考察两系，确定是否能将其列入“863”计划。

他们当即给湖南的袁隆平打电话，请他从长沙直接赶到武汉。袁隆平到武汉后，提出“三系、两系、一系”一起搞的建议，还提出“品种间、亚种间和远缘杂种优势利用”的思路。他认为，这样搞，能让杂交水稻品种更加系统化。北京来的三位专家肯定了这个设想，当即表示要把光敏两系列入国家“863”计划。

这时，朱英国决心把两系推向全国。

1988年8月19日，国家“863”项目组织专家组对湖北5个单位新选育的6个光敏核不育系进行了技术鉴定，其中湖北农业科学院选育的W6154S（籼型）和N5047S（粳型）、华中农业大学选育的31111S（粳型）和武大选育的WD1S（粳型）4个不育系符合国家标准，通过了技术鉴定，从而我国育成了第一批光敏核不育系。更有意义的是，W6154S的育成表明农垦58S的光敏核不育基因不但可转育成粳型不育系，还可以转育成籼型不育系。

由于国家对光敏核不育水稻和两系法杂交水稻研究的重视，加上湖北光敏核不育水稻的发现和研究启迪了人们的思维，同时促进了各地对两系本质的进一步探索，从1986年开始，全国许多科研单位都从湖北引入材料进行研究，福建农学院、湖南安江农业学校、湖南衡阳农业科学研究所等相继发现了一些新材料，两系杂交水稻的核不育系材料就越来越丰富了。

光阴似箭。1980～2014年，朱英国团队一直坚持两系法杂交水稻的理论与应用研究。其中他们有十年在集中力量搞两系遗传研究，而且任务重、实验规范、目标明确，湖北坚持下来的有四家：石明松方面、武大、华中农业大学和湖北农业科学院。

朱英国从遗传学角度，帮助两系找到遗传机理，在育性的稳定性、育性的遗传行为、光敏基因的定位、分子标记、生理生化特性、光温作用模式等方面，进行了广泛的研究摸索。他发现光敏感核不育水稻既能育性转换，且具有杂交广谱性，可与其他常规品种杂交，又可利用其可育特性进行轮回选择，培育出优质、高产、多抗的新品种。

在这34年中，朱英国团队选育出新的籼型光敏不育系，与一般籼稻品种杂交，培养出了一系列籼型、粳型的光敏核不育系，其中通过国家鉴定的有8092S、8906S、1103S、9759S、Bph68S等籼型光敏核不育系，广泛应用于组合选配和杂交制种。

朱英国说，两系法的研究中心，一开始就在湖北。随着项目的推动，其他单位也取得了不错的成果。其中，东北的杨振玉和湖南的袁隆平都育成了优良品种，也在生产中推广较多。实际上，早在1993年，湖北省就将两系稻报过奖，获得国家自然科学奖三等奖，当时已经去世的石明松是第一获奖人。

在团队的主要干将朱仁山的记忆中，两系研究经历了许多艰辛，取得了很好的成果。1988年，“WDIS武大一号”两系不育系通过了国家“863”计划专家组的鉴定，时任武大校长齐民友一行，专程到朱英国家里慰问，在询问朱英国有什么要求和困难时，朱英国只说，“谢谢校长的关心，我们一切都好”。朱英国在两系研究中实际上起了核心作用。

第三节　两系发明人去世

在海南采访时，笔者与武大海南基地负责人刘文军聊杂交稻两系法，并提出想见两系发明人石明松的家人。刘文军说，石明松的长子石新华前一周还在海南，约4天前返回了武汉。随后，笔者在武汉南湖一家种业公司见到了石新华。

1981年从仙桃沙湖高中毕业的石新华，就跟着父亲搞光敏感核不育水稻研究。实际上从1973年6月他父亲在沙湖原种场“农垦58”大田里发现光敏感核不育水稻开始，他就陪着父亲了。当时他10岁，上小学四年级，他父亲在田里发现光敏感核不育水稻特别激动，不育水稻上面稀稀疏疏地结了几颗种子，大部分没结实，秆高、叶片大、花药干瘪瘦小，呈乳白色——典型的雄性不育株。这一年，他父亲一共找到了三棵不育株，三株谷穗上共结出三十几粒种子，父亲用一根铁丝将种子吊在屋梁上。

从那时起，石新华每天放学回家，就和弟弟石水华一起帮父亲插秧、授粉、赶麻雀；夏天的晚上，就将竹床搬到稻田里看防老鼠。冬去春来，一家人都围着父亲搞两系。石新华跟着父亲常去海南。父亲给他的任务是观察记录、测交配组、室内考种，或替父亲承担播种、除草、防病等田间管理的事。石新华说：

> 我那时就认识朱英国老师，他常与我父亲讨论科学问题，还一起开会、吃饭，试验田相隔不到一千米。每年在海南过年时，朱老师就和父亲相互请客，年三十到我家里，初一到朱老师那儿，从不分彼此。那时，我也认识袁隆平先生，常在田头遇到。
>
> 朱老师与我父亲聊得最多的，自然是两系法的科学问题，

朱老师与父亲认识最早，给父亲的帮助很多；朱老师团队还承担着与两系相关的多个研究项目。那些年，父亲一遇到问题就习惯请朱老师帮忙解决，无论在海南，还是回湖北。朱老师的帮助，使两系的许多科学问题得以解决。

1985年10月，两系通过了农牧渔业部、中国农业科学院专家鉴定。他们一致认为，这项成果是我国水稻史上继矮化育种、杂交三系成功后的第三次重大发现，在国际上居领先地位，并将其命名为“湖北光敏感核不育水稻”。全国20多家报纸杂志登载了石明松的事迹。1986年12月，石明松荣获湖北省科技进步奖特等奖，同年被授予“国家级有突出贡献的科学技术专家”称号，同时获全国“五一劳动奖章”。

1989年腊月十九，结婚刚刚一年、在海南育种的石新华，突然接到仙桃老家的一封特急电报：父出事火速回家。石新华回忆说：

我四天四夜没眨眼，见什么车搭什么车，回家时才知道，父亲在武昌参加会议期间触电去世。我没有见到父亲最后一面，回家时父亲已经火化，现在想起来心里仍难过。父亲走得太突然，一家人无论如何回不过神来。特别是小弟，父亲活着时最喜欢他。小弟无法从悲痛中醒过来，天天抱着父亲的遗像哭，后来精神失常了，治了多年没治好，还是随着父亲走了。小弟留下了一个孩子，靠母亲带，靠我和大弟帮。母亲患严重高血压，发作时四肢麻木，视网膜充血，眼睛看不到，每年两次住院，一住就是两三个月，日子过得很难。

此后多年，石新华不停地四处奔波打工。在这一过程中，身为农艺师的他没有离开育种行业，虽然并不在朱英国团队中，但他很尊重朱老师，经常去看望朱英国。

石新华最后说：“我喜欢低调实在的朱老师。两系源自湖北，源自仙桃，源自我早已去世的老父亲。朱英国老师支持最早，贡献很大，帮助很大，父亲最困难时是朱英国老师帮忙扭转局势的。”

第四节　学生死里逃生

两系虽然不是朱英国团队的原创品种，但他们介入早，研究成果较多，其研究范围多次被国家科学技术委员会确定为重点项目。30多年来，团队调动全部资源，与“红莲”“马协”同步研究、同步实验推广，为两系付出了很大心血。朱英国的学生朱仁山曾三次死里逃生。

第一次是1987年3月，在海南陵水文官试验田。制两系种子，基本条件是日照时间长，而海南的冬春日照时间较短，需要夜间进行闪光处理，这样才能使其变成雄性不育。简单地说，在孕穗期，要在田头拉电线，晚上11点到凌晨1点，对两系稻田进行闪光处理，即用电灯照。朱仁山和湖北监利县种子公司的副总李诗成常常干这活儿，夜里拉一条400米的电线到田头。没想到有一天电线被老鼠咬破，正做闪光处理时，朱仁山触电倒地，越挣扎电线缠得越紧。听到惨叫声，李诗成赶紧跑去切断了电源，救了他的命。

第二次是1999年5月，在九峰山试验田。正是插秧季节，团队在搞两系实验。朱仁山看朱英国老师没日没夜工作，便叫他回去休息。朱英国是晚6时离开的，一小时后，朱仁山骑摩托车出村购物。也许是由于劳累没控制好摩托车，也许是迎面开来的小轿车速度太快，就在那一瞬间，来不及躲闪的朱仁山，与小轿车相撞，变成了一团红沙子溅向天空。村民们把深度昏迷的朱仁山从田埂底下抬到路上，看他奄奄一息，所有人都认为不是死就是残。小轿车司机吓得半死，瘫坐在地上发呆。朱仁山不知道别人是怎样把他送到九峰山医院的，后来他被转到武汉军区陆军总医院接受治疗。

刚回到武大的朱英国正在吃饭，接到朱仁山受伤的电话后把碗筷一丢，连忙赶到陆军总医院，听说朱仁山的肋骨被碰断四根，皮下组织八处受损，但生命无大碍，才长长舒了一口气。守候到后半夜，看到全身裹着纱布的朱仁山醒过来，他心里那块石头才落下地来，嘱咐朱仁山安心静养，田里的事不要操心。可是朱仁山无法安心，他负责的两系田块就要插秧了。在医院躺到第三天，朱仁山听说朱老师替他到田间把关去了，挣扎着给车队雷师傅打电话，要了一辆面包车，并嘱咐请两个人，把他抬上面包车。车开到田头，全身被纱布裹着的朱仁山，半坐半躺在面包车上，指挥民工插秧。

第三次是朱仁山被毒蛇咬了一口，好在抢救及时未造成大碍。

回想这些经历，朱仁山说：

> 我从小立志做詹天佑那样的工程师，不能因为苦和险就当逃兵，再说，朱老师几十年初心不改，孜孜不倦搞研究，不屈不挠，默默无闻，他的精神一直潜移默化影响着我，他是我灵魂深处的一盏灯，我习惯循着他的光芒走，这期间多家公司承诺以年薪数十万元聘我，我没动心，也不拐弯，我敬佩朱老师，我舍不得走。

2013 年 7 月，朱英国（后排左四）和团队在武汉大学鄂州水稻试验基地合影

朱英国率领团队经过数十年的不懈努力、刻苦攻关，战胜了一个个挫折和难以想象的困难，终于成功拿下三个高地，将三面红旗插到了山顶。红莲型、马协型、两系法数十个系列，于 1993～2000 年，昂首挺胸地走出实验室奔向大田，走向南方 12 个省

的广大农田，气宇轩昂地进入国内外大规模应用阶段。

攻下三个高地后，实验推广—再实验—再推广的过程，同样艰苦而漫长，同样要付出极大的艰辛。1999～2013年，红莲型、马协型、两系法数十个品种通过了国家、省（部）级审定，获得广泛认可，多次获国家科学技术发明奖、国家自然科学奖、教育部科学技术奖。

然而已是白发苍苍的朱英国不满足于成绩和现状，他马不停蹄地率领团队继续向红莲型、马协型和两系法研究的深度、广度进军，精益求精地完善、完美国家的名牌。

2013年8月，朱英国院士（右一）回湖北省罗田县指导杂交稻种植

红莲型成为世界公认的三大细胞质雄性不育系，一方面是因为它的优良品质获得了巨大的社会效益和经济效益，被国内外广泛认可；另一方面更大的意义在于，从遗传学多样性上来说，它为我国水稻生产起到了隔离带和防火墙的作用，消除了我国水稻生产上的安全隐患，从战略高度上有力地促进了我国水稻生产的第二次革命。

第十章
在推广中提升品质

第一节 推广的三个阶段

新世纪以来，我国科技研发投入快速增加，超过一万亿元，占GDP的1.98%，但科技资源配置不合理、利用效率低、大量的科研成果不能转化为应用技术的问题十分突出。科技成果转化率远低于发达国家40%的水平。

全国政协副主席、中国科学院院士王志珍，曾在“两会”期间披露：我国的科技成果转化率大约为25%，真正实现产业化的不足5%，与国外60%的转化率相比差距甚远。

一些专家认为，从科学样品到商品，要穿越两个“死亡谷”：一是从技术到产品，即实验室技术能否经得起批量生产的考验；二是从产品到商品，主要涉及用户需求、市场策略和商业模式等众多挑战。

从20世纪90年代初开始，朱英国就一直在探索如何把红莲型、马协型、两系从科技成果转化成让百姓看得见、摸得着、实实在在受益的品种，让自己的梦想成真。而实际情况证明，他虽然在科学研究上有超凡能力，但在应用推广方面，却有些力不从心。他没有精力研究市场，甚至没有涉足过市场，缺少市场经验，而且市场处在动态中，带有明显的时代特色和体制痕迹，有时很难把握深浅。

朱英国说，杂交水稻推广经历了三个阶段。

第一个阶段，指令性推广，时间为1975～1987年。上至国家领导人下到村组干部，一条龙重视新品种推广，时任中共中央主席华国锋、国务院副总理陈永贵、农业部部长沙风都亲自出面推广袁隆平的品种。在那种背景下，野败型杂交水稻顺风顺水，很快在全国水稻区得到大面积推广。各级领导的高度重视，也给朱英国壮了胆，在红莲协作团队解散的情况下，他斗胆把要求继续研究红莲型的建议书，当面传递给时任湖北省委书记的陈丕显，使红莲型这个后来问鼎世界三大不育系的品种得以起死回生。当时别说是野败型，稍微好一点的品种，就能通过发文件、上广播、登报纸、大小会动员、评比竞赛、“上下一盘棋”的体制在国内推广开来。这个阶段，使杂交水稻获得快速发展，也是种子推广最好的阶段。

第二个阶段，协商性推广，时间为20世纪90年代初到2000年。由研究机构与农业主管部门，如省农业厅、地区农业局或省市种子公司联系、协商，然后采取相应推广办法。主管部门的负责人只是当红娘，介绍推荐某个产品，至于推广到什么程度由农民说了算。当时各地的种子公司是政府管的企业，没有进行改制，人员多、负担重、抗风险能力较弱。如果种子出现了问题，农民聚众找上门要求赔偿，这家种子公司基本就要倒闭，各级领导跟着头痛，农业推荐部门也很被动。

第三个阶段，种子销售完全走向市场，时间是2001年至今。以民营公司为经营主体，以农村合作社或种粮大户为服务对象，各类种子公司应运而生。这样一来，既为农民选择种子提供了方便，也出现了大量良莠混杂、真假难辨的现象。由于市场繁杂，宣传各出奇招，好的研究机构不一定是出色的推广团队，优势的品种推广起来仍有可能遇到排斥和挤压。好酒还怕巷子深！

朱英国研究出的“红莲优6号”，早在1995年区试中就表现出米质优、产量高、抗性好、制种简便四大特性，原本可以赶上“协商性推广”阶段，但他考虑要精益求精，于是1997～1999年连续三年反复在宜昌、襄樊、荆州、孝感、黄冈、荆门等地进行区域实验，2000年3月通过专家团论证后，又分别在荆州、孝感、黄冈、咸宁等市下面的23个县继续实验，可谓呕心吐胆、吞风饮雨、含辛茹苦。直到2002年3月“红莲优6号”通过湖北省审定，被确定为全省主推品种（随后通过了江西、云南等省和国家品种审定），他们才开始大面积推广。

但这个时候，第二个阶段已经过去，第三个阶段已经形成，他们只能完全面对市场、进入市场，靠自己的能力在有些鱼目混珠的市场上去折腾。

朱英国这时在日记里写道：

> 要想让广大农民从心里接受一个新品种，要花费大量的人力、物力和时间，即使付出了很多艰辛，也不一定能推广下去。一则，农民用自己的眼光判断需要时间；另则，社会环节太多太杂，需要做很多工作。而眼前我身边只有七八个研究人员，谁来组织推广团队？怎么让农民放心接受？会遇到哪些意想不到的麻烦？我心里只有一个大概。加之我们这个团队没有特殊背景，没有相应的社会资源，没有现成的推广经验，目前只能促使武大成立一个推广团队，“摸着石头过河”，过一条从没有涉过的河。

2002年9月，“红莲优6号”通过湖北省审定的第5个月，在朱英国的推动下，武大成立了天源种业公司，时年32岁的李从朗出任总经理，担起了推广“红莲优6号”的重任，然而过程并非一帆风顺。

第二节　火一阵“坠入亡谷”

为客观真实地再现当时情景，笔者采访了天源种业公司总经理李从朗。在武大西门斜对面的写字楼里，初次与李从朗见面，笔者留下了深刻的印象：公司墙壁上挂满了国家、省和行业授予的各种荣誉奖牌，而他的办公室却意外的窄小简洁。李从朗很英俊也很精神，说话条理清晰、思路明朗。

我们公司现在经营各种种子，经营情况比较正常。过去主要经营“红莲优6”、“马协”和两系，都是朱院士研究出来的品种。“红莲优6”目前在东南亚国家也很受欢迎，但我们没有做，朱老师团队与深圳一家公司在合作，我们不能搅。我们经营红莲火了几年，特别火，后来走了一段弯路。

天源成立时，省农业厅和武大都很重视，各方面很支持。虽然品种靠市场选择，但大家都有一个念头：湖北是产粮大省，应该有自己的杂交水稻品牌，都希望在红莲优6带动下，整出一个销售额能达到10亿的种子产业。

公司刚成立就召开了“红莲优6”推广会。长江流域的四川、云南、重庆、湖南、江西、安徽、江苏、上海等省（市），加上长江支流的河南、浙江、贵州、广西、福建、广东等省（市、自治区）分管种业的负责人，以及湖北地、县的农业局局长、推广站站长和部分种业公司的代表400多人，聚集到花山基地。代表们亲眼看到农家田和试验田中“红莲优6”长势喜人的场面，见证了稻种收割、脱粒及过磅全过程，30亩平均亩产超过700公斤，产量比他们自己的种子高出25%～30%。代表们个个兴高采烈、激动不已，排队交定金，30万斤种子很快被抢购一空。朱老师团队和我们公司的喜悦之情可想而知。

2003年6月，各地纷纷传来丰收喜讯。河南信阳、安徽六安、湖南常德等地的农业局和种子公司，分别主办大型观摩会，邀请朱老师去现场讲解“红莲优6”，都想大规模地推广“红莲优6”。各方面非常看好，我们的信心更足了。

武大产业部原党委书记沃闻达回忆说，当时出现了各地开车到武大排队抢购“红莲优6号”的热闹场面，到处打电话托关系要求买“红莲优 6 号”。天源种业公司是一家民营股份公司，民营股份占 70%，武大占 15%，朱英国团队占 15%。大家都希望做大做好，争取推广更大的面积，占据更大的市场份额。

2004 年 2 月，天源种业公司决定趁势而上扩大“红莲优 6 号”制种规模，一口气在海南陵水和三亚征了 6000 亩土地，准备生产 250 万斤“红莲优 6 号”种子。这样的规模，在当时海南各省育种基地中是最大、最吸引人眼球的。为顺利实施这个目标，公司招了不少技术员和大批临时工。

找准问题攻关，朱英国院士（左三）在武大实验基地指导学生搞研究

次年春，种子育出来后，天源种业公司采取各种措施，把“红莲优 6 号”批发给了长江流域各大种子公司，有的用卡车直接送到各地的大型农场。与此同时，朱英国带着团队中的教授专家，在长江流域多省奔赴讲课，讲授“红莲优 6 号”的特点，介绍种植方法、步骤和相关要求。秧苗插下后，他们继续各地奔波，密切关注着“红莲优 6 号”大面积种植的表现。

这年秋天，各地依然传来大丰收的喜讯。

三年间，天源种业公司生产的种子，源源不断地提供给湖北、湖南、安徽、江西等 10 多个省市，累计种植面积超过 727 万亩。

然而，同在这一年，喜讯过后传来令人不安的消息：长江流域有三个县的部分乡镇，因局部阴雨连绵、气候变冷，加上少数农户田间管理步骤不到位，一些秧田出现了传染性很强的稻曲病。朱英国得知这个情况后，连忙带着李阳生等教授赶赴湖南惠农县，到田头观摩，看到李婆婆四亩“红莲优 6 号”水稻的稻秆上有黑点，没有完全结实，而结实的部分已倒伏，难以收割。可是，仅一埂之隔的张爷爷家的四亩“红莲优6号”，却毫发无损，一片金黄，丰收在望。朱英国细问才知道，李婆婆的儿子、儿媳在外打工，这些秧全是请人代栽的，连放水也是请人帮助，基本就没有按要求打过药。而张爷爷的身体很好，虽说儿女也在外打工，他却一直在搞田间管理，严格按技术员嘱咐的步骤、方法操作，防病防虫。那么，问题到底出在哪里？

第三节　敢于正视不足

对科学问题从来严谨细致的朱英国，这时陷入深思：没按要求搞田间管理是一方面，但出门打工的情况多年存在，疏忽田间管理的家庭不在少数，为什么前几年大面积丰收并没有出现任何异常？他判断，“红莲优6号”是不是有点怕冷，遇冷就易逗虫生病？随后证明，“红莲优6号”在气候较热的亚洲和非洲一些国家，多年种植，比当地品种普遍增产30%～50%，并且不断扩大种植大面积。“红莲优6号”在国内局部地方出现了问题，说明其在广适性上仍存在不足，必须要面对。

敢于面对问题，是要有勇气和胸怀的。

“红莲优6号”在一些地方出现问题后，有的农民找到当地种子公司要打官司，有的到政府上访。天源种业公司为了平息事端，按合同给受损失的农民总共赔偿了数百万元。同时在负面消息影响下，已制出来的种子第二年只出售了三分之一，其余的全部转为饲料粮。接连打击让天源种业公司的资金链断了，经营跌入困境。

李从朗说，大自然有很多不解之谜，有的谜再过一百年也解决不了，没有想到天气原因会导致这样的挫折，那些日子公司压力很大。朱英国承受的压力更大，申报院士未通过，可以说是雪上加霜，他承受着双重打击。好在朱英国把荣誉看得很淡，当不当选院士无关紧要，紧要的是尽快找到问题的原因和解决办法。通过科学实验，朱英国对“红莲优6号”品种进行了升级，目前它的市场表现仍然不错，应用推广2000多万亩，仍然是一个很好的品种。

李从朗说：

2005年朱老师再次申报院士。中国工程院非常重视，特地派了一个调查组，到武大了解朱老师的情况。调查组单独找我谈话，我说，一个新品种就像一个人一样，有优点也会有缺点，不可能完美无缺，何况“红莲优6”种植面积非常大，跨几个省，方圆数千里，各地的气候、土壤环境都不太一样，田间管理千差万别，出点问题很正常。搞农业本来就有风险，几百万亩同时展开，出点问题很正常，这也是科学研究的必然现象。院士调查组同意我的看法，当着我的面，给予朱老师高度评价。

中国工程院调查组非常负责，分别找了48人座谈，结果让他们很震惊，几乎所有人对朱英国的看法都是肯定的、正面的。这样一来，平时低调的朱英国，反而让人们加深了对他的好感，从而加快了让他当选为院士的步伐。凭着数十年孜孜不倦的追求，凭着红莲不育系细胞质在全世界水稻界的重大影响，凭着红莲型、马协型、两系为国家粮食安全做出的巨大贡献，以及大面积推广后给广大农民带来的福祉，2005年12月13日，66岁的朱英国实至名归，当选为中国工程院院士。

朱英国回忆说：

只要坦坦荡荡，用不着顾及人家怎么看。其实当不当院士对我来说并不重要，重要的是“红莲优6”在推广过程中遇到的问题让我放不下，难道真要坠入死亡之谷？这引起我高度警觉。红莲研究吃苦再多，过程再难，说到底也是我和我们团队几个人，我把命丢进去也算不了什么。可农民朋友不容易啊，他们在田头辛辛苦苦，挣点钱不知要流多少汗，要起多少早贪多少黑，绝不能因为我们的种子问题，让他们的血本付之东流。是的，科学研究允许挫折、允许失败，但不能拿农民做实验，他们经不起失败，哪怕是局部的、少数的也不能。我感觉震惊，心里很不安。但说实话，出现这种情况我不甘心，我的团队多年在追求优质、高产、广适、生态，在“红莲优6”研究上，下了很大工夫，在各地反复进行了区域试验，都表现出米质优、穗大粒多、抗性较好、适应性广等特点。可是事实却证明，它的广适性仍存在问题，我们必须面对，针对这个品种的不足，重新进行了研究。

第四节　提升品质建公司

朱英国随后对“红莲优6号”进行了重新实验，找到问题的根源。在提升“红莲优6号”品质的同时，他带领团队夜以继日，加紧对高抗褐飞虱新不育系“Bph68S”和“珞红4A”“两优234”和“珞优8号”等品种的研究和实验。这些技术含量很高的品种，后来分别通过了省和国家审定。

在“红莲优6号”继续在国内部分水稻产区和亚洲、非洲一些国家走红时，朱英国当机立断，决定把经过多年研究、寄托着他们巨大希望的新品种“珞优8号”推向市场，让它接受全面检验。

考虑到各种因素，团队没有再给天源种业公司增加压力，而是打算重建一个推广公司，找一个实力雄厚的投资方，一个市场经验丰富、懂经营、会管理、有建一流种业公司的雄心壮志的人与朱英国团队完美组合，把以“珞优 8 号”为主的红莲系列新产品送到国内外亿万百姓的田头。

这个人向他们走来。他叫丁俊平，1993 年武大生命科学学院硕士研究生，为深圳俊达成公司老总，他长期关注朱英国的系列成果。2006 年 1 月，他到武汉与朱英国和武大产业部接触，有了眉目后，请深圳达晨创投公司的老总肖冰、创东方公司的老总肖水龙，到武汉具体了解朱英国的意愿，然后拜见了时任湖北省副省长刘友凡。

丁俊平说：“刘省长在省政府办公厅十楼会议室接见了我们，接见时还出了一个笑话。刘省长直接问我：老丁，说说为什么要投资湖北农业？我说国以民为本，民以种为先，我老家是黄冈麻城，湖北是生我养我的故乡，我想为家乡人做点事、谋点福。刘省长当即说：打住，莫唱高调。说得大家哈哈大笑。之后，我又拜见了朱院士和他团队中的专家教授，表达了合作诚意，提出了合作构想。”

2006 年 3 月 25 日，由丁俊平出任总经理的武汉国英种业有限责任公司（以下简称“国英种业公司”）正式成立。公司随后在武汉黄陂武湖征用 100 亩工业用地，建立了总部和种子加工、仓储基地，并与武大联合成立了中国武汉红莲型杂交水稻研发中心。

同年“珞优 8 号”再次精彩亮相，湖北黄冈、孝感、荆州、襄樊等数万亩试验区普遍亩产达 700 公斤以上。长江流域和华南稻区种植数万亩，普遍适应并保持高产稳产。“珞优 8 号”通过了湖北和国家审定，2009 年被农业部认定为超级稻，成为国家长江流域主推品种。

丁俊平介绍，“珞优 8 号”在国内声名大振，在东南亚和非洲同样广受欢迎，在越南年销售量达 1000 吨，市场份额达 20% 以上。2009 年 3 月，越南农业部曾打算授予“珞优 8 号”粮食安全金奖。印度尼西亚、马来西亚的需求量也很大，仅 2013 年与马来西亚一次签约额达 2000 吨。为生产大量高标准种子，保证不断供货，公司通过土地流转等形式，先后在湖北省内外获得数万亩制种土地……

红莲在亚洲叫响了！朱英国（后排左三）和时任东盟秘书处科技处处长 Alex 等见证项目签约仪式

丁俊平充满信心地说，“珞优 8 号”发展好得益于三个因素：一是“珞优 8 号”品质优秀，经得起市场任何考验；二是各级关怀，不仅在资金上得到支持，在许多重要场合不少领导给他们免费做宣传；三是得益于朱英国院士的影响和支持。公司现在不怕大浪淘沙，越淘，“红莲”的优势越明显，越能经受市场考验，前景也就越好。

第五节 “红莲”遍地开花

有人说，好品种是最好的广告。实际上农民对种子的判断一般随大流，即使听说红莲品种好，也懒得独树一帜；一些种粮大户也因为各种原因，种的面积越大，不一定收入越多；农村普遍缺少农业技术员和推广指导人；加上种子销售点受利益驱动……这些因素直接或间接导致“红莲”面临“最后一公里”的困境。好在，各级非常重视朱英国的科研成果，亲自出马，参与推广“珞优 8 号”，使“珞优 8 号”出现了蝴蝶效应。

2006 年 5 月 28 日，朱英国向时任中共中央政治局委员、湖北省委书记俞正声寄出了自己撰写的《关于加快发展红莲型杂交水稻的建议》，希望省里建立红莲杂交水稻研究中心，加强对红莲型杂交稻产业化的支持力度。没几天，在北京参加院士大会的朱英国接到湖北省政府电话，时任副省长刘友凡将于近期会见他。原来，俞书记在朱英国写给他的信上作了重要指示后，转给分管农业的副省长刘友凡，并请刘省长“替我看望朱老师”。

2006 年 6 月，朱英国院士（右一）和时任湖北省副省长刘友凡等在仙桃推广“红莲”

一周后刘友凡召集有关方面，听取了朱英国的情况介绍。最后形成了四个决定：一是由武大牵头，省农业厅、省科技厅、省农业科学院参加，尽快拿出建立湖北武汉红莲型杂交稻研究中心方案；二是省农业厅从 2007 年优质稻专项资金中，划拨 500 万元支持红莲型杂交稻种子生产，并将“珞优 8 号”列为湖北省主推品种；三是省财政厅将优质稻种补贴与种植“珞优 8 号”直接挂钩；四是朱英国任湖北省农业科技创新中心首席专家，组建研发团队。会后决定由武大、省发展和改革委员会、省农业厅、省科技厅、省财政厅等部门负责人为组员，刘友凡任组长，成立红莲型杂交稻产业化发展领导小组，出台具体扶持措施。

2006 年 8 月 6 日，朱英国陪刘友凡到湖北团风“珞优 8 号”制种基地视察。刘友凡召开现场办公会，要求涉农部门全力支持朱英国及其团队，尽早实现“珞优 8 号”产业化，尽快打造出“湖北版的袁隆平”，振兴湖北水稻产业。

这个会议后接连出现了几波大动作：8 月 10 日，时任武汉市副市长张学忙率市发展和改革委、财政局、农业局、规划局、国土局、科技局及黄陂区委的负责人，到黄陂武湖农场，就黄陂区将制种基地发展到一万亩进行专题研究；8 月 25 日，仙桃召开“珞优 8 号”

示范观摩会，吸引了200多位经销商户到场观摩；9月30日，时任湖北省委常委、武汉市委书记苗圩视察公司总部基地，提出了实施“中部种都”的战略构想。

2007年8月31日在刘友凡主持下，“珞优8号”推广现场会在襄阳市举行，朱英国率团队中的朱仁山、李绍清、黄文超、胡骏参会。这次推广现场会让“珞优8号”的影响如日中天。时任襄阳市副市长刘德政说：“珞优8号”在老河口、宜城、南漳、襄阳等地示范推广达5万亩，试种结果表明，平均亩产超过700公斤，部分田块产量超过900公斤。“珞优8号”的推广，有效地解决了襄阳市水稻品种多、乱、杂的问题，对做大做强襄阳市种子产业、推进优质稻生产、增加农民收入、保障粮食安全具有十分重要的意义。

襄阳推广现场会这一天，袁隆平特地发去贺电说：“红莲型杂交稻‘珞优8号’，壮大了超级杂交稻的力量。我相信，‘珞优8号’的推广种植必将为‘种三产四[①]’丰产工程在湖北的实施做出贡献。”

时任农业部部长杜青林在全国农业科技创新大会上说，中国在超级稻育种技术上实现了亩产800公斤的新突破，水稻生产正进入“第三次革命”。

第六节　借东风做大做实

在襄阳推广现场会上，朱英国对国英种业公司推广人员说：“各级领导帮我们做到位了，该出的力出了，该办的事办了，我们不能

① 运用超级杂交稻的技术成果，用三亩地生产出四亩地的粮食。

坐享其成，要借领导重视的东风走出去，把市场搞活，把‘红莲’推广的天撑起来。”

国英种业公司不负众望，积极摸索“区域化布局、标准化生产、技术化服务”的道路和政、产、学、研、企五位一体的合作方法。

襄阳现场会的第二年，在朱英国指导下，“珞优8号”在咸宁、黄冈、孝感等地开展“一乡一品”大规模种植。农业部这时组织的超级稻评审专家，确认“珞优8号”为全国第三批示范推广超级稻品种，将其列入“国家设立超级稻推广项目”的行列。

2008年9月9日，武昌东湖宾馆彩旗飘扬，喜气洋洋。在湖北省科学技术奖励大会上，时任省委书记罗清泉为朱英国颁发了“湖北省科学技术突出贡献奖”证书及100万元奖金，以表彰他和他的团队在杂交水稻研究和应用方面做出的突出贡献。

这个大奖，让朱英国感觉应用推广的担子更重、压力更大了。2009年8月，在孝昌县第一年千亩连片，平均亩产达782公斤的基础上，朱英国又指导在孝感市的云梦、应城、安陆、大悟、孝昌6县市建成30万亩“珞优8号”示范区，成为全省乃至全国面积最大的示范区。到现场观摩的越南、巴基斯坦、几内亚等国家代表激动地连连称道。时任湖北副省长赵斌说，湖北有近2000万亩中稻种植面积，应将红莲型杂交稻培育成全省当家水稻品种。

2010年8月17日，两系新品种“两优234”观摩会在荆门市举行，副省长赵斌出席了观摩会。该品种早熟、优质、高产、褐飞虱抗性能力强，于2010年4月通过了湖北省审定，增产极为显著。那次观摩会上，到荆门示范田现场观摩的谢华安院士、陈温福院士等专家，对“两优234”给予了高度评价，认为“两优234”具有广泛的应用前景。

2011年2月18日，赵斌赴海南调研育种工作，特地去看了国英种业公司在海南的基地，现场听了朱英国的育种情况介绍，提出了“加强种子南繁，建设种业强省”的要求。

2012年8月24日，赵斌到国英种业公司视察调研，实地考察生物育种产业化基地，对公司把“珞优8号”等红莲系列品种，推广到全国12个省市给予了充分肯定。“红莲”在国内越来越受欢迎，累计推广已超过一亿亩；在东南亚各国比当地品种增产20%～50%，出口潜力巨大。

2012年，在全国高产转基因会议和国家水稻产业技术发展报告会暨红莲型杂交水稻现场考察会上，谢华安院士、颜龙安院士、陈温福院士等200多位专家，对以“珞优10号”为代表的红莲型杂交水稻新组合给予高度评价。2013年，在全国第二届植物生物技术和现代农业论坛上，谢华安院士、林鸿宣院士等300多位专家高度赞扬了武大红莲型杂交稻。越是赞扬，朱英国和他的团队对“红莲”的科学研究越深入、越有成果。

2013年7月22日，习近平总书记在鄂州杜山育种基地考察时，高兴地对朱英国说：“您辛苦了！感谢你们做出的贡献，希望各位继续努力，科技兴农，粮食安全靠自己。”

2008年10月，朱英国院士被评为“改革开放30年　影响湖北30人”，时任湖北省委常委、宣传部长李春明为他颁奖

截至目前，朱英国团队研发的品种，累积推广面积达1.3亿亩，“珞优8号”覆盖了长江流域的所有省市；“红莲优6号”在东南亚和非洲遍地结果。公司目前净资产翻番至2000多万元，初期利润率超过20%。由于销售两旺，常年制种面积达8000亩，平均每年制种33万公斤。朱英国研究的“珞优10号”，具有抗

褐飞虱和稻瘟病基因等全新的品质，目前，分别在湖北、广西、四川、安徽等省（自治区）预试，前景非常好。

愿望是美好的，计划也是周密的，但现实总有一些不尽如人意。2014 年 6 月，公司与越南一如既往地签订了 1000 吨“珞优 8 号”的出口协议，但由于南海钻井平台之争，中越关系紧张，订单后来就遇到问题了。非洲局势不稳，很难判断走向，后爆发了死亡率极高的埃博拉病毒，正常的商务活动都停摆，准备做的几个订单也停了。制种周期长、成本大，如出现意外，合同无法落实，使出一老鼻子劲制出种子来，按武汉话说就“掉得大了”。

种子出售有风险，制种过程中同样存在着这样或那样的麻烦和风险，而且有着局外人很难理解的酸甜苦辣……

第七节　解决制种困扰

制种，就是把科学家研究出来的某个组合，即俗称父本、母本的种子，分别浸泡发芽、播种成秧，然后交叉插到大块田里，选择扬花日子拉绳授粉，随后长成种子。

那么，这期间到底有哪些风险和麻烦？

朱英国介绍说：

土地流转难，连片难，征地难，协调难，管理难，请工难，成本高收益低，风险大，许多问题难解决！民营种业一般是近十年成立的，底子薄、抗风险能力弱，如果出一次问题，不仅给农户带来巨大损失，它自己也难以生存下去。制种行业都在偏远农村，自然环境人为破坏较大，气候变化无常，有许多不确定因素。我国杂交水稻技术领先于世界，但目前没有一个领先企业。

多少年来，中央一号文件强调重视三农，强调粮食安全，强调确保丰收。农业部多次强调：种子供种安全，是国家农业安全的重中之重。从这一点上说，世界上没有哪个国家的执政党对粮食生产看得如此之重。但种种迹象表明，中国种业仍很脆弱，包括制种这一块。

朱英国说，他们团队的制种模式，相当于农村合作社，有协议制约，合作社对公司负责、对下承包。合作社下面有一个制种大队，由若干家庭式或夫妇式小单位组成，呈松散式，自负盈亏。每年公司下达任务后，公司帮着合作社解决一些实际问题，如资金运转、出面协调与当地的关系等。朱英国随时出面，帮合作社解决技术问题和运转过程中遇到的麻烦。

为了“红莲”制种，朱英国旗下的国英制种公司在湖北省多个地方制种：2004～2009 年在黄冈黄湖监狱农场，每年制种 1400 亩；2008～2012 年在黄冈龙感湖农场，每年制种 4500 亩，最多一年达 6000 亩；2009～2010 年在沙洋监狱农场制种 1000 亩；2012～2013 年在麻城木子店制种 2800 亩，同年在罗田三里畈、大河岸制种 1400 亩……湖北有三个制种团队，另在四川绵阳有 4000 亩、福建建宁有 5000 亩、江苏盐城有 3000 亩……基地是固定的，而制种数量根据市场决定，是动态的。总之，覆盖长江流域所有省份及推广到东南亚和非洲国家的所有种子，都是他们制出来的。

朱英国说，目前制种面临三个难题。

一难，大块连片遇钉子户。都说城里搬拆遇到钉子户工作难做，农村土地流转遇钉子户，工作同样难做。这些钉子户，有的是想多得点租金；有的是因为平时对村组干部有意见，借机发泄；有的是家族内部扯皮闹冤，转嫁矛盾。每个村都是一部现实生活的万象图，什么稀奇古怪、闻所未闻的事都有。只要你想连成大片，就要涉及这片土地的每个家庭，就要与钉子户打交道，就等于要捅开那里的马蜂窝。

二难，过程中存在治安纠纷。我们看上的地，一般是交通便捷、水源方便、村庄稀疏、比较空旷的大片田野，三五千亩自然连成一大片。然而，即使有这些地，也渐渐被高速公路、铁路、房地产开发和工业用地划走变碎、变小、变得支离破碎，使其可用性越来越小，不尽如人意。没办法，我们只好带着制种人员继续找，最后，我们先后在湖北团风县黄湖监狱农场和沙洋县监狱农场，找到落脚地，虽然比较偏僻，条件艰苦，土地看上去较贫瘠，环顾四周比较荒凉、缺乏生气，但好处是自然成片，交通、水源也比较方便，结果都遇到同样的麻烦。监狱的农场多是犯人开垦出来的，犯人刑满出狱后，他们的亲人不接纳，只好又回到服刑的农场谋生，之后安家落户、结婚生子。他们的后代也处于底层，大多没工作、没收入，育种队去了，这些后代想方设法找麻烦，寻机闹事，拦路设障，敲诈勒索，公安部门只能管一时。

三难，请工难。2014 年我们原准备在黄陂六指搞 1000 亩，因请不到人，最后只搞了 800 亩。十年前在黄冈市团风县黄湖监狱农场制种 2000 亩，每 30 个妇女负责 100 亩，包括拔秧、插秧、运秧、补秧，三天半就可以干完，而且工钱好商量，一天 35 元大家就很高兴。那时请人容易，信息发出去，村村户户都来了。目前 100 亩 30 个人，至少得干五天，而且一天给 200 元也难请到人。越靠近经济发达地区越难，会插秧的人都到了六七十岁，年轻人不会插，更不愿干。

六指这一带是武汉郊区，多数家庭只有一个孩子，上大学后大都到外地谋职去了，不是逢年过节很少回村。农忙时，村里基本看不到年轻人。稍有点文化的中年夫妇都到市中心做生意去了，村里老房子大片大片空着，在村头见到的，都是特别老实巴交的农民，尤其是留守的老人。

六指请工难，我们只好把目光转到边远山区，多花点路费。人多，就租车一起带回基地；人少，就让他们自己搭车，我们解决路费。我担心，如果有一天山区发达了，都城市化了，我们不知道再去哪里找临时工，农业这一块也就更难了！

第十一章

坚持基础研究数十年

第一节 武汉大学的传统优势

2014年7月22日，湖北省副省长郭生练在一次会议上对朱英国及其团队评价道："朱院士科学水平高，非常敬业，团队基础研究实力强大，杂交水稻国家重点实验室建立两年多来，发表论文123篇，其中有97篇是武大老师写的，很不容易。"数十年来，朱院士始终把基础研究放在突出位置。

2002年9月23日，据新华网报道，由武大生命科学学院遗传所朱英国教授领导的课题组完成的"红莲型籼稻配子体雄性不育研究与利用"项目，日前通过了国家自然科学基金委员会鉴定，课题组选育成功的"红莲优6号"三系杂交中籼稻新品种，同时通过了湖北省农作物品种审定委员会审定。专家认为，此举标志着我国红莲型杂交水稻研究取得了重要突破，达到国际先进水平。朱英国在回答记者提问时是这样说的："这个重要突破，首先源于我们的基础研究取得了成果，基础研究是技术进步的先锋，是科学创新的源泉。"

20世纪50年代末，朱英国读武大时就知道，武大生物学系历史悠久，整体素质高、基础厚、创新性强，作为研究型院系赢得海内外不少赞誉，尤其是给朱英国授课的老师高尚荫、余先觉、公立华、杨弘远、汪向明等前辈，学术造诣深，治学严谨，是国内外知名的高水平生物学家。他庆幸自己能直接接受这些大师的教育和影响，刚开始搞杂交水稻研究就得到大师们的支持和肯定，让他坚定地选择了最能为人类福祉谋福利、做贡献的职业。步入杂交水稻研究后他就明白，要想出成果，必须搞好基础研究。

朱英国在日记中写道：

毫无疑问，因为历史积淀，武大基础研究这一块，具有得天独厚的优势。我的老师经常强调，基础研究在科技发展中有着十分重要的地位和作用，是技术创新的先锋和源泉，是向未来投入的科学资本，也是一个国家科技强大的基本标志。我是武大出来的，传承创新责无旁贷。当然，基础研究必须以解决社会发展、国民经济和人民重大需求为目标，也就是说，要围绕国家目标和科学问题，具有明确的应用背景。杂交水稻基础研究关乎着国家粮食安全，关乎着亿万百姓吃饭问题的大目标、大背景。

2009 年 11 月，武汉市科学技术协会领导到实验室看望朱英国院士（中）

因为思路明确，朱英国从 20 世纪 70 年代初担任“红莲”研究小组组长时，心里就揣着一个目标：要通过科学研究，弄清楚红莲型的遗传规律。这是一个科学高峰，要想弄清楚，必须首先要自己清楚是为什么，这就需要具备超前的科学理念和强大的知识后盾。为此，早期当“候鸟”时，他就坚持做三件事：一是自学英语（他在武大学生时期学的是俄语），并凭借顽强毅力，英语水平达到一定程度；二是在海南桃万 8 队实验间隙，走遍南繁所有研究团队，拜访了众多农业专家学者，学到不少东西；三是在仙桃排湖育种七年间，一旦种子收获，就回武大图书室，查文献找资料，请教生物系的老师。

朱英国的老搭档邓海铭说：

老朱心里装着大目标，他是那种遥望天空的人，黑格尔说，一个民族有一些仰望星空的人，他们才有希望。我和老朱在一个房间住了十多年，多少回半夜起来解手，看他在灯下读书，他对知识如饥似渴让我感动。那时，三地奔波特别劳累，路上要花很长时间，他总是捧着书不放，一本接着一本读。他说，武大生物系大师云集，历史上有基础研究的优势，如果不打牢基础，日后很难有所作为，很难传承这个优势；他爱学习爱思考，脑子活，装的多，理念新颖，技术前沿，加上包括袁隆平在内的不少专家教授很早就是他的朋友，相互学习让他的视野更宽广，所以在基础研究方面后来成果累累，这也是必然的。

基础好、起点高，加上不断学习积累，让朱英国在基础研究方面总是有自己独特的见解。从1979年开始，他就在《作物学报》上发表了《水稻不同细胞雄性不育研究》；他还与当时负责基础研究的徐树华、梅启明合作发表了《水稻细胞质雄性不育的比较研究》和《不同类型水稻雄性不育恢保关系》等多篇论文。

然而，这些研究只是由浅入深的积累，并没有解决红莲型遇到的重大难题：红莲型不育系育出来后，全国数十家机构同时试种，原本希望得到好的评价，却不料都反映“恢复系广泛，但强恢复系少”，结实率只有70%左右，不足以形成一个可靠的恢复系。

朱英国说：

我们在实验中发现一个奇怪现象，“粤泰A”和“扬稻6号”配组出来的“红莲优6号”，不仅在长江流域表现好，而且在华南、海南也表现好，结实率均在90%以上。而另一个恢复系“明恢63”与“粤泰A”配出来的，在武汉栽种可以，在海南结实率却非常低。我们感到费解，“明恢63”是我国杂交水稻组合配组中应用最广、新恢复系选育贡献最大的优良种质，为什么与红莲型配组就不稳定，居然出现这样的现象？

如何解决红莲型不育系恢复多、强恢复系少的问题？如何形成良好的恢保关系？这成了困扰朱英国和他的团队几十年的一个重大问题，也是他梦寐以求反复探索渴望解决的科学问题。

第二节 从不育恢复基因分布调查入手

为攻克难关，朱英国抓住机遇、寻找平台。

1983年7月，他争取到了第一个国家自然科学基金研究项目“水稻雄性不育恢复基因地理分布研究”。因这个项目工作细致扎实，研究成果显著，引起国家科学技术委员会、教育部高度重视，朱英国随后又争取到第一个国家攀登计划项目“作物雄性不育与杂种优势基础研究”、第一批“973”计划项目“主要农作物杂种优势机理及应用研究”等项目。

国家自然科学基金委员会随后下文，委托朱英国从科学角度，弄清我国到底有多少雄性不育的恢复基因及其分布情况，并任命朱英国为该项目组组长。

朱英国说：“雄性不育恢复基因地理分布调查研究，为我们筛选新的恢复系，为杂交水稻选优配组，为解决红莲型研究中遇到的问题，起到了非常大的作用。”

四年间，他边指挥红莲型、两系实验，边带着助手跑遍南方7省30多个县，收集到了3000多个农家品种，之后进行分门别类，将这些品种拿到海南种植，进行配组实验。其结果是，不仅发现了与红莲型完全不同的细胞质——马协型农家新品系，还从这些农家品种中选择具有代表性的品种，进行酯酶同工酶研究，继而发现云南的农家品种中，高海拔的与低海拔的所含的酯酶同工酶不同；温暖区的与寒冷区的细胞质有别等。

朱英国将自己的研究和发现，写成多篇论文分别发表在《中国农业科学》《遗传》《细胞生物学》《作物学报》《遗传学报》等报刊上，在业内引起反响。

那几年，朱英国在研究恢复基因分布调查的同时，还研究红莲型、两系，又加上马协型——两个原创、一个协创同步展开了研究，在海南、湖北、广西南宁多个试验基地反复跑，应用研究不能松手，基础研究压力更大，一年四季没有空，十分繁重劳累，许多事只能咬牙往前推。直到1987年他可以带硕士生时（1985年晋升为副教授，1991年晋升为教授），身边来了6个硕士生，后几年又招了6个博士生，他才感觉稍微轻松点，才把更多的精力转向基础研究。

1987年8月，在武大读完本科的杨代常，考取了朱英国的硕士研究生。在朱英国指导下，他参加了光周期敏感核不育水稻研究，连续多年陪朱英国去海南，深入扎实地做实验。1993年，他与朱英国一起撰写并出版了科学专著《光周期敏感核不育水稻研究与利用》，由武汉大学出版社出版。

随着团队技术力量的增加，基础研究发展得有声有色，朱英国独立或与他人合作撰写了《红光与远红光对农垦58S花粉育性的逆转性》《湖北光敏核不育水稻不育性遗传研究》《杂交中籼新组合马协63》等论文，分别发表在《中国农业科学》《细胞生物学》《作物学报》《遗传学报》等期刊上，在业内引起较大反响。

朱英国说：

> 1986～1997年，我们利用不育恢复基因分布调查所获取的研究成果，解决了马协型和两系研究中遇到的不少科学问题，促使这两类品种尽快走出了实验室。“马协63”“马协64”新组合，经几年区域试验、生产试验及大面积示范，表现高产、稳产、优质、多抗，在湖北省及同类型地区大面积推广种植。“马协”的研究与应用，突破了理论界认定的水稻雄性不育资源只能从野生稻中获得的定式，从农家品种中发现了雄性不育细胞

质新类型，培育出马协型水稻不育系“马协A”，有效地防止了单一细胞质来源可能给国家粮食安全带来的潜在风险。马协型不育细胞质的创建与利用研究，荣获2002年国家技术发明奖二等奖。

与此同时，两系研究也很喜人，1986年8月，国家发展和改革委员会时任处长严谷良、国家科学技术委员会时任处长徐成满和教育部专家李宝健，到汉阳四新农场看我们搞的两系试验田，非常惊喜，当即给湖南的袁隆平先生打电话，请他到武汉。三位专家回京后，立即把我们搞的“光敏两系”列入了国家“863”计划。1988年8月，国家“863”项目专家组，再次对湖北选育的光敏核不育系进行鉴定，我们选育的WD1S（粳型）、湖北省农业科学院选育的W6154S、N5047S和华中农业大学选育的3111S等4个不育系均通过技术鉴定，从而宣布我国育成了第一批光敏核不育系。同年，“湖北光周期敏感核不育水稻育性转换机理和利用”被列入国家重大项目。我们随后选育的8092S、8906S、1103S等籼型光敏核不育系均通过了国家鉴定，广泛应用于组合选配和杂交制种。

在这期间，朱英国独立或者与他人合作发表了《红莲型和野败型水稻细胞质雄性不育系线粒体DNA（mtDNA）》《不同光长诱导下HPGMR过氧化物酶活性及同工酶的比较研究》等多篇有价值的论文。

然而，即使马协型和两系成果耀眼，受到广泛称道，但朱英国心里还是忐忑不安：“红莲”是团队的长子，寄托着他一辈子的梦想，而困扰他的“红莲型强恢复”等问题，研究上虽然有些进展，但一直没有突破。不育基因是怎样产生不育的？恢复基因是怎样形成恢复的？恢复基因是什么？是怎样让不正常的恢复正常？为什么会出现75%的可育花粉？而又怎样让正常的出现不正常？这一个个问题不解决，他感觉很不安，必须在基础研究上下更大的工夫，投入更大的精力，千方百计寻找突破点。

第三节　发现 *orfH79*，出现转机

1998 年 8 月，朱英国身边又来了一批博士研究生。新生力量的加入，让他这位长期从事水稻研究的教授、博士生导师，心里不由自主地又有了一种神奇的渴望。

现执教于华中科技大学的副教授易平，回忆在朱教授身边读博士研究生的经历时，仍然充满激情："朱教授帮我实现了一次人生腾飞。"

易平的祖籍在四川，父母早年支边去了新疆。她从新疆师范大学本科毕业后，考到武大攻读硕士研究生学位，又考取了朱英国的博士研究生。初到实验室时，她对研究内容及意义并不了解，甚至一度还想学热门方向——分子标记。当时，雄性不育机理研究在国内相对滞后，属于冷门，难搞出成果。朱英国给她讲水稻种质资源研究及粮食生产安全，讲 13 亿国人吃饭的重要性，她才逐渐意识到雄性不育机理研究是关乎百姓生活的热门。

易平说，确立课题时，朱英国耐心指导，帮她确立了红莲型水稻雄性不育机理的研究课题及研究方案：细胞质雄性不育普遍存在于高等植物中，细胞质雄性不育植株自身不能产生有功能的花粉，这已成为生产上广泛利用杂种优势的重要基础。国内外研究表明，细胞质雄性不育与线粒体基因组的突变有直接关系，线粒体基因组分子内或分子间频繁重组所形成的异常嵌合基因被认为是细胞质雄性不育产生的分子基础。而且，国内几种大面积推广的细胞质雄性不育水稻分子基础研究相对落后。朱英国要求以水稻红莲型粤泰细胞质雄性不育系为材料，综合运用生物化学、分子生物学等技术方法着重研究不育的分子基础。

考虑到易平对分子生物学了解不深，可能制约其日后发展，朱英国特地安排她到中国科学院遗传研究所学习。培训期间，易平通过理论学习和实际操作，提高了自己对分子生物学的认识，掌握了基因组文库构建的基本方法及分子杂交等技术，为后期研究课题的开展奠定了坚实基础。

易平回忆说：

1999 年，在朱教授指导下，我开始构建红莲型细胞性雄性不育系和保持系线粒体基因组的 BAC 文库。刚开始屡屡遇到问题，难以获取高质量的线粒体 DNA。朱老师提醒我，要我改进提取方法，关注新技术、新方法，结合不断出现的问题及时转换思路。后来，通过学习低熔点琼脂糖包埋法，我最终解决了高质量线粒体 DNA 提取的难题。

有个难忘记忆就是在文库构建期间，载体和线粒体大分子 DNA 的连接反应需要在 16℃水浴中过夜。一次在进行连接反应时，我把 EP 管放在恒温 16℃的水浴锅中，盖好水浴锅的盖子就匆匆离开了，计划第二天进行电转化。第二天一早我到实验室后，发现水浴锅电源已被关闭。看到辛苦数日的实验无果而终，心情非常不好。朱教授第一时间了解情况后，劝我说：实验室团队工作要注意信息交流，及时标注仪器个人使用要求，避免此类事件再次发生。不仅如此，朱教授还在会上告诫大家，最后离开实验室的同学在确保水电安全的同时，也要留意是否存在团队其他成员的特殊使用要求。此后，实验室再未发生过类似事件。

线粒体基因组文库构建成功后，易平又在朱英国指导下，以在 DNA 和 RNA 水平均存在差异的 *Atp6* 基因为探针筛选文库，发现了与红莲型细胞性雄性不育相关的嵌合基因，命名为 *orfH79*。这是一个了不起的发现。研究证实，*orfH79* 具有不育胞质线粒体的特异性，同时恢复基因能特异地降低 *orfH79* 转录本的丰度值，且其作用方式具有组织及发育时期的特异性。在揭示 *orfH79* 时空表达特性的过程中，需要提取大量的花药中 RNA。这时，易平主要做的是实验室研究工作，对田间工作完全不熟悉。

易平说：

朱教授依然悉心指导，在水稻幼穗发育的适宜时期取花药压片鉴定花药发育时期，结合植株的外部形态特征判定单核期、二核期和三核期幼穗。基于水稻的生长周期，能够取材的时间有限，加之后期剥取花药的过程非常耗时耗力。朱教授根据实验要求，合理调度团队成员，在特殊的取材或实验阶段实现有效的相互协作。因此每每进行花药总 RNA 的提取时，集体的力量就不容小视。汪莉、孙清萍、万翠香、余涛等师弟师妹们都先后帮忙取材，大夏天每个人都身着实验服在 4℃的冷库中剥取不同发育时期的花药。小小的冷库充满了互助友爱的热情，有效的团队协作大大加快了实验进程，确保了课题的顺利进行。

朱教授对科研大方向把握具有前瞻性，总是鼓励学生自由思考，全面掌握背景资料，对课题细节和方案的设计以学生为主体，动员大家参与讨论，并强调在实验中提升原有的课题设计；此外，严格要求数据的可重复性，告诫学生要诚实，这是作为科研人员的第一原则。朱教授始终坚持在科研教学第一线，坚持在水稻培育基地工作；在遵从传统培育方法的同时，他特别强调利用最新分子标记等技术手段辅助育种，指导和改进传统育种方法。

朱教授认为，只有在第一线才能够发现问题，进而通过实验室加速解决问题的进程，其真伪最终回归育种基地去验证。他还善于组织和领导科研团队，充分调动学生的积极性和主动性。实验室例会强调的是解决问题，在阐述课题进展的同时，注重集思广益，强调做科研要善于发现问题，实验过程中被忽略的问题往往具备发展成为重大发现的潜力。所以每每遇到难题，开例会就成为大家最理想的解决途径。

朱教授经常组织课题讨论，具体把关，帮我们发表了《一种选用于线粒体基因表达分析的 cDNA 差别片的分析》《红莲型水稻不育系统花粉发育不同时期 MADS-ox 基因家族的表达分析》《红莲型雄性不育水稻线粒体 DNA 的 AP-CR 分析》等多篇论文，分别发表在《遗传》《武汉植物学研究》等报刊上。

在学习研究过程中，我有情绪不好的时段，特别是每到过年，我们几个远离家乡的女学生，看到处喜气洋洋，想家想得哭。朱教授就让他的两个女儿把我们请到他家，一起包饺子，一起看电视，浓郁的家庭氛围温暖着我们，屏蔽了严寒的凄冷。

朱教授常说，教育的根本是爱，传递爱是教育的一根主线，老师的爱，在学生心里扎根很深。朱教授的话常在我耳边回荡，如今我当老师了，朱教授的为人师表影响着我。每年春节的初二或初三，我都去武大看望他，在生命科学学院办公室总见到他在辛勤工作。奔八十的导师仍精神矍铄，坚守岗位，我们这些后生怎能不激流勇进、奋勇拼搏……”

第四节　双恢复基因占前沿

朱英国带着易平等学生，集中研究红莲型不育系线粒体的基因组变化，发现其细胞质中的嵌合基因 *orfH79* 导致花粉败育，克隆了不育基因 *orfH79*，并利用它作为分子标记在野生稻中筛选了一批新的不育系资源，为红莲型不育系选育提供了相应的理论根据。然而，恢复系是如何使不育系的育性得到恢复的这一科学问题，仍困扰着朱英国。换句话说，虽然“红莲优 6 号”获得大面积推广，受到各方广泛好评，但科学问题仍没解决好：为什么有 75% 的可染花粉，而配子体不育只能是 50% 的可育花粉？

在这期间，朱英国已经当选为中国工程院院士，然而他对基础研究，特别是对雄性不育恢复基因的探讨，从没有停止过。在这个过程中，朱英国身边有两位较为出色的博士研究生伴随左右：胡骏和黄文超。

胡骏是武大 1997 级的本科生，2001 年进入朱英国实验室，在朱英国的指导下开始研究恢复基因 *Rf5*。他吃苦耐劳，经常在实验室加班加点。

2011 年 6 月，朱英国陪同外籍人士参观红莲型基础研究成果展

2012 年，胡骏克隆了恢复基因 *Rf5*，随后，他利用 *Rf5* 标记筛选了 190 份农家种、132 份野生稻，得到 40 份具有 *Rf5* 的红莲型细胞质恢复基因资源。

他通过大量实验证明，红莲型水稻恢复基因 *Rf5* 不能直接结合不育基因 RNA，而是组装成恢复基因分子复合体去结合并剪切不育基因 RNA，从而完成了育性恢复的使命，并发现了复合体中与恢复基因互作的重要亚基成分 GRP162。

2012 年 3 月 26 日，《湖北日报》等媒体报道了这一喜讯：以朱英国所培养的博士研究生胡骏为第一作者的《红莲型杂交水稻育性恢复基因的分子机理》论文，发表在国际植物学界顶级期刊《植物细胞》上。这意味着，朱英国和他的团队在红莲型杂交水稻育性分子机理研究方面走在了世界最前列。

在获得论文即将发表的喜讯的那一刻，在实验室苦战多年、放弃了无数的与家人团聚的快乐时光的胡骏，激动地直想喊出来，多少劳累、误解、委屈在这一刻都变成了欣喜的泪花。“这是朱老师亲自指导我写的文章，首次在国际植物学领域最重要的期刊上发表。我立即打电话告诉正在外地开会的朱老师。这一结果来之不易，是一个团队的结果，是睿智的朱老师帮助的结果”。这篇论文，揭示了红莲型杂交稻的育性恢复机理，并提出了恢复基因分子复合体模型，推进了育性恢复机理的认知。

2015 年，*Rf6* 的研究也取得了重大突破。

黄文超是四川人，2000 年毕业于四川农业大学，后师从于我国著名玉米育种家、中国工程院院士荣廷昭攻读硕士研究生学位，2003 年来到武大，师从朱英国院士攻读博士研究生学位，在朱英国院士的指导下主要从事恢复基因 *Rf6* 的研究工作。2003～2007 年，黄文超用了 4 年时间研究 *Rf6*，结果发现 *Rf6* 与预期的并不相符。黄文超的老家在四川农村，家里收入全靠地里出产的粮食，他每年都靠父母把隔着几条山冈的稻子挑回来，变成学费供他读书。本应 2006 年博士毕业的他承受着巨大的压力。这时，是朱英国的鼓励和支持帮助了他，朱英国告诉黄文超，在科学挫折面前，要百折不挠、勇攀高峰。朱英国以身作则，有种不把科学问题解决好绝不罢休的顽强信念。2007 年 4 月，年近七旬、已当选院士三年的朱英国带着学生黄文超再次到海南文官试验田，继续寻求解决“红莲优 6 号”恢复系是如何使不育系的育性得到恢复的分子机理这一科学问题的方法。

找到“红莲优 6 号”的材料后，朱英国安排黄文超对每个单株进行套袋，防止其他花粉搅和，之后他们返回武汉花山基地，种植了三亩“红莲优 6 号”第二代。随后，黄文超和胡骏一起，带着学生在武汉花山三亩试验田里苦干了 28 天，选取了 21 000 多株材料的水稻花，镜鉴并统计了 19 355 株。在朱英国的指导下，黄文超经过遗传分析发现，红莲型水稻强恢复系 9311 存在两对恢复基因，在只有一对恢复基因时，花粉恢复度为 50%；有两对恢复基因时，恢复度则为 75%。而强恢复度的杂交种，其结实率更稳定，更能抵御高温、低温等非生物胁迫。朱英国指导黄文超利用经典图位克隆技术，把 *Rf6* 定位在第 8 号染色体上。在科研第一线，朱英国之后又指导黄文超构建了红莲型杂交稻恢复系 9311 基因组文库，然后利用与 *Rf6* 共连锁标记筛选出阳性克隆 24C15，测序获得了 *Rf6* 候选基因 PPR894 全序列，再利用籼稻遗传转化实验最终功能互补验证了 PPR894 就是红莲型杂交水稻恢复基因 *Rf6*。*Rf6* 与已经克隆的所有恢复基因不一样，其 PPR 基元发生重复，从而具备恢复能力。朱英国带领团队，又利用酵母双杂交技术，筛选出与恢复基因 *Rf6* 互作的蛋白己糖激酶 6。研究证实，己糖激酶 6 参与恢复基因 *Rf6* 分子复合体，对不育基因转录本进行剪辑，进而恢复不育性。

2015 年 11 月 21 日，《湖北日报》报道称，武大朱英国团队植物恢复基因研究获新突破。报道说，朱英国课题组在植物恢复基因的克隆与分子机理方面取得新突破，朱英国带领黄文超等人用了近 13 年的时间，最终克隆了红莲型杂交水稻恢复基因 *Rf6*，并鉴定了其重要的分子互作蛋白。相关成果在线发表于国际学术刊物《美国科学院院报》。他们的研究成果再次赢得了国内外同行称赞，为国家争了光。

13 年磨一剑！直到 *Rf6* 搞出来人们才知道，当了多年院士的朱英国为攻克这两个恢复基因，年过古稀还带学生到海南田头，顶着烈日和大雨，和学生们一样，一株一株地选材料，吃住在黎族老百姓家里，吃大锅饭，洗冷水澡；才知道离开武汉没几天，他的学生黄文超的妻子就生产了。怕分散黄文超的精力，妻子一家没有报喜，直到 50 天后黄文超返回武汉，才看到早已出生的儿子，才明白妻子一家多么支持他搞研究。

现在，红莲型杂交稻的3个基因已经克隆出来了，朱英国说：

利用各种分子标记结合RNA表达分析，我们成功克隆了与红莲型细胞质雄性不育相关的嵌合基因*orfH79*和育性恢复基因*Rf5*、*Rf6*。这三个基因的成功克隆，是理论上的重大突破，这就搞清楚了“不育”与“恢复”之间的关系，解决了困扰我多年的一串串问号，为指导红莲新不育系、强恢复系选育和强优势新组合选配，提供了坚实的理论基础，在国内属首例。恢复基因*Rf5*、*Rf6*的两篇论文，揭示了红莲型杂交稻的育性恢复机理，并提出了恢复基因分子复合体模型，推进了育性恢复机理的认知，对红莲系列品种“优6号”“珞优8号”“珞优10号”的提升产生了深远影响，使红莲型杂交的不育系和恢复系由必然走向自由。

第五节　水稻高产分子机理研究

在团队中负责基础研究，并刚在国际著名自然植物学期刊*Nature Plants*上发表《小分子RNA396提高水稻产量调控穗型机理》重大成果的李绍清教授说：

朱老师主持的基础研究平台，40多年来，先后培养硕士、博士、博士后120多名，可以说，基础研究不仅成就了红莲型、马协型和两系，选育了一系列新品种，还培养了一批科技人才。

“红莲优6号”是红莲型杂交稻大面积推广的组合，与其亲本比表现为穗大粒多，研究“红莲优6号”大穗形成原因对揭示水稻高产分子机理研究具有重要意义。2000年建立了“红莲优6号”幼穗发育的cDNA文库，从中筛选出miRNA396，并进一步筛选 miRNA396 互作蛋白 GRF6，GRF6 调控幼穗二次枝梗分化，能增加二次枝梗数，形成大穗。

研究中我们切实感觉到，水稻高产分子机理研究方向一直是植物功能基因组研究的热点。水稻作为模式作物，已经克隆了多个调控穗型、穗粒数相关的高产基因，其中包括 miRNA156 的靶基因 *OsSPL13*、*OsSPL14* 和 *OsSPL16*。除此之外，还没有其他 miRNAs 被发现直接调控水稻等作物产量。这项研究发现了一个新的调控水稻花序发育和产量的表观遗传调控通路：*OsmiR396b/OsGRF6*。*OsmiR396b* 调控 *OsGRF6* 表达，而 *OsGRF6* 调控下游花序发育关键基因 *OsTAWAWA1* 和 *OsMADS34*，以及生长素合成和信号应答基因 *OsYUCCA1*、*OsARF2*、*OsARF7*、*OsARF11* 的表达，从而调节水稻二次枝梗数和每穗粒数，最终控制水稻产量。这一研究解析了 *miRNA* 表达与生长素合成和信号传导，以及水稻枝梗发育之间的内在联系。这为今后进一步深入解析水稻花序发育和产量表观遗传调控网络，以及通过基因工程提高水稻产量奠定了基础。

年近五旬的李绍清，在基础研究方面走过一段很长的路程。20 世纪 80 年代，他从湖南农学院衡阳分院农师专业毕业，到湖南洞口县从事了四年农业推广，25 岁考上山西大学攻读硕士学位，学植物学专业，毕业后到长沙农业现代研究所从事了五年水稻育种，2000 年考上武大，攻读朱英国的博士。转眼间过去了 16 年，他如今在朱英国团队中专事红莲雄性不育和野生稻种质创新研究。

李绍清说，博士毕业后，能留在团队有三个原因：一是热爱这个科学方向；二是做雄性不育他有心得，既有应用研究经验，还有农学、植物学背景；三是当时需要人。博士毕业前后，他与朱英国合作，围绕水稻雄性不育展开了一系列研究，先后发表了《线粒体不育基因 *orfH79* 在红莲型水稻雄配不育中的作用机制》《*ORFH*97 参与线粒体复合物质的组成而影响子孢子败育》《红莲型水稻孢子发育过程中的异常细胞程序性死亡》等多篇有影响力的论文。朱英国评价他：为人忠厚，爱学习思考，有较高的科学水平，做研究兢兢业业，还有善于协调的能力。

朱英国当初留下他，就直言不讳地提醒他，搞基础研究要耐得住寂寞，不能跟风，也不能浮躁。2003年那时博士生很吃香，有一个单位承诺给李绍清高薪，给安排房子，并给他妻子安排工作，他没有动心，甚至不屑一顾。他说，一日为师，终身为父，朱老师把我培养出来，应该感恩、回报。他说：

> 基础研究是为应用服务的，要把自己的兴趣与国家的经济发展需求结合起来，解决生产生活中的实际问题，那就不纯粹是个兴趣了。所以，必须要搞出成果来，因为研究经费是国家的钱，是纳税人的钱，不能白白在我们手里浪费掉。实际上，想搞出成果很不容易，有的博士辛苦了好几年，什么问题都没解决，推后好几年毕不了业。基础研究不能谈苦，怕苦什么都搞不成，必须盯住目标，埋头研究，搞出东西来。

朱英国和他的团队人员在一起

刚到团队时条件很差，一个研究团队就一台电脑，发个电子邮件要排队，查文献找资料是靠手工，而大量科学问题摆在那里需要解决，比如，控制雄性不育基因的是什么？雄性不育为什么只有雄花不育，而其他组织器官都是正常的？雄性不育的基因是怎样起源的？雄性不育的基因在稻属里是怎样分布的？它有什么规律？不育基因和恢复基因的进化关系如何？这些问题都需要探索、研究，寻找答案。

李绍清回忆道：

2003年前，遗传研究室办公楼在东湖边八区，试验田就在附近，朱老师要求大家既进得了实验室，也下得了田，在实验室当好学者，下田当好农民。2002年，恢复基因克隆到了关键时刻，为了准确定位，我们构建了一个近3000株的F2分离群体，栽种在八区，开花时正是三伏天，武汉的夏季动不动就蹿到40℃，明晃晃的太阳照得人睁不开眼，为获取研究数据，朱老师顶着烈日带领我们观察育性，他的衣服汗得湿答答的，脖子上的毛巾能拧出水来，衣服湿了又干，干了又湿，留下白花花的一片，却硬是坚持把2600多株F2群体，一株一株看完，还做了记录。

当时他已63岁，他的科学精神让我们这些学生印象很深。朱老师对自己要求严，对研究要求更严，是不能出闪失的。2004年11月，几个学生到海南陵水，完成他交代的“粤泰B”的提纯工作。学生在单株留种自交基础上，在试验田旁边插了几分地。一个月后，朱老师赶到海南，发现已经返青的“粤泰B”插在马路边，很容易因外界因素与其他品种搞混，导致资源外流，他很生气，要求这几个学生立即采取措施，把秧苗扯起来，找地方重插。他对科学实验的认真态度，来自他对国家利益的高度负责，他经常说，我们是国家队，搞的是国家项目，只有把研究工作做好，做成国际一流，才不会愧对国家。

朱老师生活朴素，从他家所在的二区到东湖边八区，要步行20多分钟。多数情况下，他都骑着那辆骑了不知有多少年的永久牌自行车。那辆车修修补补、补补修修，据说1993年武大生命科学学院成立时就开始骑，骑了十多年，刹车都失灵了，据说发生过一起事故，撞掉了他的两颗门牙。直到我博士毕业，他还舍不得丢，每天骑着到八区或学校其他部门办事，漆都掉光，看不到牌子，除铃不响，其他都响，不用锁，也没脚架，放在哪里小偷都不惦记，却给学生带来方便，只要看到他的车靠在树下，就知道他到了实验室。无论周末、寒暑假，甚至春节，他都雷打不动坚持上班。

我负责基础研究这一块，要搞自己的研究，还要协调学生的一些事，朱老师多年养成一个习惯，只要人在武汉，每周至少一次组织学术交流讨论会，每个博士都要发言，谈自己研究的进展，说出自己遇到的问题和对问题的思考，然后大家一起出主意。对于我个人的研究课题，朱老师寄托的希望更大，给的帮助更具体，他常跟我一起讨论问题，给了我很多指导。

我刚刚将《小分子 RNA396 提高水稻产量调控穗型机理》发表在国际著名自然植物学期刊 *Nature Plants* 上，这篇文章其实早在五年前就可以拿出去发表，推迟的原因一方面是自己感觉分量还不够重，浪费了可惜；另一方面，朱老师也说，做科学就要做到最前沿，要能代表中国科学家的水平，于是在朱老师指导下我又磨了几年，这样发出来就比较满意。

第六节　杂种优势分子机理研究

1985 年，杨代常考上武大前，就跟着朱英国在仙桃排湖搞杂交水稻研究。1987 年，他读朱英国的硕士，1994 年读朱英国的博士，连续多年陪朱英国南来北往，深入田头，扎扎实实做研究，并与朱英国合著了《光周期敏感核不育水稻研究与利用》。

之后，杨代常去菲律宾国际水稻研究所和美国加利福尼亚州学习和工作。2005 年，朱英国把他引荐回国，如获至宝，想办法支持他。几十年来，他们师徒心心相印。杨代常回到团队后立即展开工作，一方面，他给正在艰苦攻克育性恢复的黄文超、胡骏等博士出主意，建议他们建三个文库，即噬菌体展示文库、细菌展示文库、细菌人工染色体文库，走“蛋白复合体研究机理”的道路；另一方面，他陪朱英国上门看望安抚研究人员，稳住基础研究队伍。同时，他打算在朱英国支持下，在杂种优势分子机理研究基础上，开辟一个新的天地。

杨代常说，杂交水稻的应用推广早已深入人心，但杂交水稻杂种优势的分子机理研究一直处于起步阶段，自达尔文描述杂种优势现象的近一个半世纪以来，无数的科学家尝试揭开杂种优势的神秘面纱，但大多都停留在对杂种优势的遗传基础进行解析的层面上。

朱英国清楚地意识到，杂种优势分子机理被学术界公认为世界性难题，只有对杂种优势的分子机理进行深入研究，才能更好地服务于杂交水稻育种实践。这不但需要大量的科研经费投入，还需要一批具有冒险精神和牺牲精神的科研人才参与。杨代常的课题组负责杂种优势分子机理研究，无疑是最适合的。

课题组构建之初，朱英国与杨代常反复探讨设计实验项目。理论上，杂种优势是指杂交 F1 代的生长优势和繁殖能力优于双亲的现象，这种现象在大自然中非常普遍。较早将杂种优势应用于生产实践的是玉米，相对于杂交玉米亲本而言，杂交 F1 代的生物量和产量都得到明显提高。但到底是什么原因造成了杂种优势现象？部分研究表明，遗传学层面的加性效应、上位互作效应、显性效应和超显性效应都能不同程度地贡献于杂种优势，但如何将杂种优势从遗传学层面深入分子生物学层面，是课题组面临的难题。

朱英国从多年育种实践经验出发，认为骨干亲本对水稻杂种优势的产生有着至关重要的作用，亲本的一般配合力是选择优良杂交亲本的重要依据，并且已经广泛应用于杂交育种的实践当中。那么，什么是一般配合力呢？一般配合力是指一个亲本或自交系在所有测试的杂交组合中的平均表现，即表现良好的亲本更容易获得具有杂种优势的杂交后代。一般配合力作为复杂数量性状可以通过遗传定位的方法对控制一般配合力的基因进行定位，这样就可以从基因层面解释亲本如何对杂交后代杂种优势起贡献作用。

杨代常提出，除了从一般配合力的角度研究亲本对杂交后代的贡献作用之外，还可以从基因组学和转录组学的层面对亲本和杂交后代进行系统研究，以期发现它们在组学水平上变化的规律性，从而从分子生物学角度阐释杂种优势产生的原因。

至此，杂种优势研究的切入点基本确定。他们师徒又一次携手前行，开始了艰苦的研究——国家重大基础研究“973”项目，即“主要农作物骨干亲本遗传构成与应用研究”的“水稻骨干亲本一般配合力与创制研究”。

帮助解决科研经费和研究人员问题后，杨代常课题组便开始了对水稻骨干亲本一般配合力 QTL 的定位工作。

在朱英国的大力支持下，杨代常课题组于 2005～2007 年通过双列杂交试验设计对多个骨干亲本进行了一般配合力效应测定，选择了 6 个一般配合力差异较大的骨干亲本以进行后续的 QTL 定位工作。

2008～2010 年，课题组构建了一般配合力分离群体，并将分离群体与五个测交亲本进行杂交得到三万单株的测交群体，由于群体数量庞大，田间材料考种和收种工作量繁重，杨代常和他的课题组非常劳累，朱英国多次到田头鼓励团队，让大家对水稻杂种优势的分子机理研究充满信心。

经过几年的艰苦努力，杨代常课题组研究发现，杂交 F1 代中差异表达基因数量与杂交优势水平直接相关，而差异表达基因数量与等位基因特异性表达高度相关，揭示了杂种优势主要归因于 F1 代中等位基因的互补效应；此外，一般配合力的遗传定位工作也取得了较好的进展，在鉴定了 13 个重要农艺性状一般配合力的 QTL 位点基础之上，还对两个主效 QTL 位点（GCA1 和 GCA2）进行了精细定位，发现 GCA1 和 GCA2 分别是控制重要农艺性状的 OsPRR37 和 Ghd7 基因，从而揭示了控制一般配合力的基因是一些控制重要农艺性状的优良基因，这一系列研究结果为育种专家长期利用一般配合力成功地进行亲本选育和杂交组合配组提供了理论依据。

杂交优势研究取得部分研究成果时，朱英国提醒课题组人员说：

> 杂种优势研究任重道远，我们用了十年的时间取得的成果，是杂种优势研究的冰山一角，相信你们会更努力，取得更加优秀的研究成果。这些研究成果如若能发表高水平的文章固然是好，但更重要的是，我们的杂交优势理论研究成果最终还要回归到杂交育种实践当中，要有利于当前的杂交育种工作和生产实践，才能更好地解决粮食安全问题，最终切实地服务于社会群众。

对杂交优势的深入研究，让杨代常视野更加宽阔，他主持研究的“植物生物反应器”和“植物生物技术”项目，在国内外引起广泛关注，是朱英国团队，甚至我国科学界一个很值得期待的科学亮点。

第十二章

高瞻远瞩育人才

第一节　早期看人，偏重苦干

在发现和培养人才方面，朱英国倾注了很大心血。从20世纪70年代初杂交稻实验开始，40多年来他先后培养硕士生、博士生120多名，副教授、教授23名。这些人才如今有的在团队中担当基础研究、应用研究、市场推广主力军，有的成了炙手可热的专家、教授、院长，还有的是教学领域或科研机构的中坚力量。

朱英国在日记中写道：

我们吃苦再多，育出来的品种再好，获奖层次再高，都不是目的，最终目的是推广应用，让芸芸众生分享科技果实，品尝丰收快乐。然而，因为水稻育种的特殊属性，推广一个新品种一般要花七八年，甚至一二十年，极其漫长艰苦，很多科技工作者为此耗费终生心血，一代代人接棒努力，我们的事业才有希望。第二次世界大战时，德国的柏林同时被苏、美两军攻占，苏联人忙着抢机器设备，美国人却不要一个螺丝帽，而是四处寻找德国的科学家，将他们带回美国给以很好的待遇，设法调动德国科学家的积极性。因为始终有超前的人才观，美国的科技整体水平才总是保持在世界前列。美国的人才观有战略思考，总是从长计议。

中国近代屈辱史时刻警示我们，落后就要挨打。落后的根本是科技落后，是缺少人才。对人才的培养，成了我几十年来最揪心、最棘手、最分散精力的一件大事。如果身边没有一支高素质的人才队伍，没有一个强大的具有凝聚力的人才气场，那么一切科学目标都不可能实现。水稻研究，往往不是行业选人，而是人选择行业。在应用研究这一块，受过高等教育的人才不少，但对农业有特殊感情愿意到田头长期坚持的不多，早些年，我们几乎没有挑选的余地，也顾不上他们是什么学历，只要能吃苦耐劳，能摸爬滚打，年复一年周而复始跟着跑，就算是不错的人才了。

第二节　视才如金，一路紧盯

1975 年，在排湖搞三系配套的 20 岁的杨代常和 16 岁的余金洪被朱英国看上，他俩虽然只有初中文化，但机灵听话，很能吃苦，是搞农业技术的好苗子。朱英国把他俩同时放在了心里，边带着他们南北奔波，边等待机会为他们二人争取机会发展。

1978 年 5 月朱英国参加湖北省科学大会时，通过时任武大副校长高尚荫教授，向时任湖北省委书记陈丕显转交信件，争取到了 20 个编制名额。他连自己的妻子没工作都不管，就把指标给了余金洪，让余金洪从临时工变成武大正式职工，之后又为他创造学习深造的机会，让余金洪一步步由职工变为助工，由助工变为工程师，然后变为高级工程师。

杨代常的发展成长路线更能说明朱英国的战略眼光。如今卓有成就的杨代常教授回忆说，朱院士在他的成长过程中起了关键作用。

1972 年秋，杨代常初中没上完就到仙桃农业科学所学习农业技术。当时正好武大在排湖举行三系育种培训班，朱英国边讲课边带学员到田里实践。那个班，仙桃去了 10 多人，杨代常当时已入了党，仙桃指定他带队。因为他肯学肯吃苦，表现很不错，三系培训班结束离开的前一天晚上，朱英国找他谈话说：“你爱农业爱科研，很聪明也很能吃苦，你对将来有什么打算？”

杨代常回忆当时的情景说：

朱老师待人亲和没有一点架子，我们既把他当教师又当朋友。我就如实说，我很想跟着你研究水稻，但我文化基础较差，连初中都没读完，恐怕后劲不足。朱老师就鼓励我，只要有决心有信心学，没有克服不了的困难。不几天，朱老师给我送来一大包书，是他从武大专门为我找的，有的是线装的，有的还是油印的，有的上面他还做了眉批。我英语水平差，只认得几个字母，朱英师鼓励我学英语。1979 年，在朱老师和湖北省农业厅的支持下，杂交水稻在沔阳县陈场镇推广得很好，种植面积最大，增产效果非常不错。这一年出了一件事，因为全国夏天高温超常，杂交水稻普遍减产，有的地方减产到不如一般常规水稻，而陈场镇的杂交水稻却出人意料喜获丰收，大幅度增产。省农业厅组织全省的干部去参观取经，当时我感到很震惊，陈场的杂交稻从头到尾都是朱老师指导的。

我是一根筋认死理的人，因为我心里知道朱老师一直在为我的前途操心，他对许多人说过，杨代常是棵好苗子，一定要给他一个好平台。果然在我面临犹豫不决时天降良机，大概在 1985 年 2 月，武大刘道玉校长实行插班生制度，我突然接到朱老师给我写的信，信中说了个好消息，武大准备招插班生，离 5 月份考试还剩三个月，叫我抓紧复习做好考试准备；还提醒我说，这是招收的首届插班生，报考年龄限在 30 岁内，你正好 30 岁，切不要错过这个机会。当时我高兴万分，连忙找到县农业局局长，提出想学习的想法，局长非常支持，但他想派我到湖北农学院学习经营管理。我告诉局长我想成为武大插班生，局长不敢置信，我坚定地说，如果我没考上插班生，就在陈场镇老老实实干一生，保证什么地方都不去。局长看我很诚恳，话又说到底了，同意并批准给我两个月假期复习，支持我报考武大。

这时，我爱人在农村，小孩才两岁，无论从哪个角度讲都是人生的最后一搏。我的年龄像老三届，可文化程度只有初中底子，一口气想考入武大，在常人看来似乎是不可能的。但我有信心，朱老师往日给了我许多帮助和鼓励，实际上认识他以后，我就在不停地学习，有这些底子，我就不怕了，结果我竟然梦一般地以较高的分数被武大录取了。在朱老师的鼓励下，我终于如愿以偿考上了武大插班生，圆了梦寐以求的大学梦。

1993年12月，朱英国（左）和弟子杨代常参观国际水稻研究所野生稻圃时合影

迈进心驰神往的珞珈校园后，杨代常不负厚望，异常刻苦，努力钻研。他比班上的同学大10岁，除了刻苦认真学习，没有多少选择，更没有退路，可以说他是豁出去了，成绩一直不错。就这样，本科毕业后，他又跟着朱英国读硕士，成了朱英国门下的第一个硕士研究。1994年，他又跟着朱英国读博士，之后在朱英国推荐下，杨代常赴国际水稻研究所、新加坡国立大学攻读博士后。1999年，杨代常成为美国加利福尼亚州一家生物技术公司的首席科学家和实验室主任，在美国学习工作了六年多。2005年，朱英国给杨代常打电话，想要他回来加入自己的团队。当时杨代常在美国有房子、有车子、有股票，薪水高，工作轻松自如，周末和晚上都不上班，生活较为舒适；他自然也知道回国的条件和待遇是什么样子。“但是，我心里一直装着祖国，装着亲人，装着朱老师等老师们对我的恩情。我没怎么犹豫，就放弃了美国优厚的条件回到了武大。”

刚回国那阵子，一切要从头做起。杨代常没有助手，朱英国就给他派来了四个学生，其中两个是已经参与研究课题的学生；没有科研经费，朱英国就积极向学校、学院争取研究启动经费用，解了起步阶段的燃眉之急；更重要的是，朱英国对杨代常的研究能力和他选择研究的项目高度肯定，认定有战略前景，积极争取到各方面的支持。

2006 年 8 月，杨代常回到武大的第二年，朱英国到北京出差返回武汉坐飞机时遇到时任湖北省委常委、宣传部长张昌尔。对一直很关心朱英国的张昌尔部长，听说杨代常研究的血清白蛋白项目具有世界领先水平，且有广泛的市场前景，随即高度重视，很快给杨代常批了研究经费。可朱英国还不满足，他觉得杨代常的科研项目需要获得国家的重点支持。可这时，呈报国家“863”计划已晚了三个月，项目分解定型了。朱英国不放弃，他亲自前往科学技术部，向司长、处长们反复争取。在他的努力下，科学技术部“破例”把杨代常的研究项目被重新加入国家“863”计划，并追加了 100 万元研究经费。

对自己的爱徒，朱英国赞誉有加：

> 他是我动员回国效力的，他想用学到的知识报效祖国。他回国时没有丝毫犹豫，卖掉房产、放弃股权和丰厚的待遇，毅然回国从事水稻胚乳细胞生物反应器的研究。为了祖国，他放弃了那么多，搞研究一时条件不到位，我必须想办法支持他。

在美国工作期间，杨代常先后获得美国专利 2 项、美国国际专利 2 项；回国后又获得国家专利 3 项，申请专利 8 项；获得美国专利 1 项、日本专利 1 项、欧盟专利 1 项，申请国际专利 5 项。他回国后承担的国家“973”“863”转基因重大专项和国家自然科学基金等多个项目，入选东湖高新区 3551 第四批人才计划、湖北省第二批“百人计划”、中共中央组织部第七批“千人计划”。

2006 年，杨代常创立武汉禾元生物科技有限公司并担任公司董事长，公司重点研制植物源重组人血清白蛋白。人血清白蛋白是人体内一种重要的蛋白质，被广泛用于治疗失血、创伤及烧伤等外科手术前后因血浆容量不足引起的休克，以及肾病综合征等引起的低蛋白血症；能大量补充战场、外科手术及意外事故中的大量失血，在临床上被称为救命药。目前提取的人血清白蛋白纯度达到6个9（99.9999%），已经达到医用级的标准。

长期以来，由于技术等方面的原因，在我国人血清白蛋白一直只能从血液中提取。全国每年临床对人血清白蛋白的需求量在215吨左右，市场短缺三分之一，在市场上的一半是依靠进口。历时八年，武汉禾元生物科技有限公司最终实现在水稻胚乳细胞中大规模生产重组人血清白蛋白的技术体系及其工艺流程。一亩水稻的提取量，按照人均献血200毫升计算，相当于275人同时献血。

如今，植物源重组人血清白蛋白产品已正式投入规模化生产，产品远销国内外。为了加速科技成果转化，他获得风险资金8875万元。2014年的规模化工厂的产量可以达到1吨，已完成临床前研究，并建立了完整的质量保障体系，为进入临床研究奠定了良好的基础。这项技术已荣获2013年度国家科学技术奖二等奖。

回国后一路顺风顺水，水稻基因组和生物反应器技术研究成果得到广泛认可，杨代常激动地对笔者说：

> 朱老师一直以来对我无私地帮助。1989年我从武大毕业时，我妻子在仙桃，湖北省种子公司想调我，说给我分房子，还说调我妻子到武汉。我内心却想留在武大，武大平台毕竟大一些，加上朱老师真心实意留我。不像有些单位只是表态承诺，没有实际动作。朱老师为了解决我的困难，尽一切努力，给我创造工作条件，他自己的三个子女都没有安排好，却一步步地帮我解决了许多实际问题。为了把我爱人从县城调到武汉团聚，他跑了许多路，跟人家说了很多好话，也想了许多办法。这么多年，我遇事习惯性地征求朱老师的意见，在国外一直与他保持很好的联系；他劝我回国，我没有犹豫。我一路走过来，很感谢朱老师，他关爱人才的精神一般人很难做到。可以说，与朱老师的相识、相

知，让我选择了全新的人生坐标，我能走到这一步，与他的关怀和培养有直接关系。不仅是对我，对团队中遇到这样那样困难的人，他总是尽心尽力地帮助解决，总要花很多精力，这让我们都很感动。我们只有多搞出一些成果来，回报朱老师。

第三节　艰苦环境，师徒同舟

仅仅被朱英国看上还不够，还要经历漫长艰苦的考验，而且这种考验更多的是，他带着你干、做给你看、你照着学。

无论现团队中的朱仁山、章志宏、李阳生、李绍清、余金洪、黄文超、胡骏等教授、高级工程师和博士，还是在他身边读过硕士、博士和博士后的刘学群、张再军、谭艳平、余涛、易平、何予卿、张秋胜、彭晓钰、刘盖、李忠、陈祖玉、王坤、王梅芳、张鸿等学生，毕业奔赴各个岗位后，回想起在朱老师身边的日子，都有“痛并快乐着”的感觉，相比之下，似乎“痛”的感觉更重一些，主要是实践过程中的“痛”。

在湖北省农业科学院做研究员的张再君，曾在朱英国手下读博士后，对朱英国的感情很深。提到读书的那些日子，他说：

朱老师带学生在田头搞实验时，他总是带头下田，从不会像某些老师那样，坐在办公室里摇鹅毛扇，也不会穿着皮鞋站在田埂指挥，他甚至比学生还迫不及待，见到水田，大老远就开始脱鞋，不等大家回过神来，就“呼啦呼啦”地走到田间。他几十年来在田里泡，能抗热、抗渴，还能抗饿。凡在他手下读过研究生的学生都去过海南，许多学生感觉扛不住，海南的午后很热，田头像蒸笼，可是实验不搞完，他不走，哪个敢走？朱老师要求学生，不仅要学好功课，还要把老一代农业科学人的精神学到手。

王坤博士是一个高大英俊的小伙子，博士毕业好几年了，但言谈举止仍不失大孩子的情趣。他在朱英国身边读了6年书，心里充满感恩：

我没赶海南“三条蚂蟥做腰带，三个蚊子一盘菜”的艰苦，却体验了湖北许多试验田“上蒸下烤”的劳累。朱教师脚踏实地、言传身教、坚忍不拔、宽宏大度、低调善良的品质和意志，以及他平时的一言一行、一点一滴对我有很大的影响，想起来仍然历历在目。有一次陪他去北方一个城市开科研会，会开完了，主办方安排与会人员爬山，好多过了六旬的人都不敢上了，朱院士没有一点犹豫，他竟然把我们一拨年轻人丢到了山下。他下山时还说要帮我们拿东西，我们都敬佩地眼睛发直，哪敢让院士帮我们学生拿东西啊！

余金洪说：

被朱老师看上并留下来，只是万里长征第一步。我目睹了朱老师无论当助教、讲师、副教授、教授，以及后来当了院士、顶级科学家的全过程。他总是保持吃苦耐劳、与学生同甘共苦的本色。1991年，朱老师已升为教授了，那年深秋，我们又一次陪他去海南，一路上非常艰辛，因为连续下暴雨，许多路段被洪水冲断了，七拐八拐地折腾了7天才到徐闻县海安（镇），准备过琼州海峡时又遇到台风，6级大风船就走不了，别说台风。我们只好住在海安一个不知名的小旅馆里，当时那里依然落后，条件差。睡到半夜，感觉有东西咬，我看到朱老师也没睡着，打开灯一看，他正坐着在身上找跳蚤。我想给他换个房，至少换个没有跳蚤，被套、床单干净的房间。朱老师说：都转钟了，花了钱，只能睡三四个小时，何必浪费，把衣服裹起来睡。

咸宁一个工人砍柴被眼镜蛇咬死后，朱老师生怕再有闪失，总是亲自带着我们去分界岭打柴，亲自检查我们的裤腿打紧没有、刀子和防蛇药带上了没有。他还要求大家不要分散，以便遇到困难相互照应。

余金洪虽然与朱老师感情很深，但余金洪仍不认为自己是人才，困难时他总是暗暗想："朱老师能坚持，我更能坚持！只要能坚持下来，照着朱老师的样子去做，十有八九会有出息。"后来，余金洪果然有了大出息。

朱仁山到团队做临时工时，虽怀揣理想，但是，要想把理想变成现实，就得承受一天天、一年年、无边无际的劳作，这的确是一件容易让人崩溃的事。朱仁山回忆说：

> 1998年6月的一天，朱老师带我们去九峰山基地育种，他和大家一样一身泥巴、一身汗水。这时一位农业技术员遇到难题，来找朱老师求教。他经过朱老师身边，却没认出朱老师，问旁边的学生，哪位是朱老师？学生扭头望着朱老师笑了笑，继续干活。朱老师说：我就是啊！那位农业技术员连鞋都顾不上脱，连忙下到田里对朱老师说："您全身上下是泥，不敢认啊！"
>
> 其实，朱老师早就有他的人才计划。1978年遗传学专业恢复了硕士研究生招生，1982年批准招收博士研究生，1987年遗传学成为招收植物学博士授权学科。朱老师对人才的培养目标就更高了。他常说，人才和科学水平是一个国家综合实力的标志，往往到了关键时候，主导着一个国家的生死存亡……
>
> 朱老师平时没有多少业余爱好，早年在海南，空闲时和大家玩一种叫"拱猪"的扑克游戏；平时喜欢跑步、看书或与农业科学人员聊天，不会跳舞唱歌，不会弹拉吹奏，不喝酒不抽烟；朋友圈里，多是农民、农业科学人员和专家型领导。他崇拜民族英雄，喜欢看《英雄儿女》《上甘岭》那样的老电影，喜欢听《吉鸿昌》《平型关战役》那样的故事。至今他仍记得爱国

将领吉鸿昌临刑前留下的“恨不抗日死，宁作今日休，国破山河碎，我何惜此头”的诗句。

朱老师常说，以史为鉴，曹操是三国时代人才思想的集大成者，是善于用人的杰出大师。他不拘一格、求贤若渴、虚怀纳言、集思广益。他知道司马懿有才干，想他出来做官，可司马懿称病不出，曹操想了许多办法去请。曹操前期五位谋士荀彧、荀攸、贾诩、程昱、郭嘉，都是主动投奔曹操的，其中四个人来自曹操对手的阵营，他们都知道曹操唯才是举，惜才爱才。曹操的胸怀甚至超过了如今我们的一些官员。官渡之战胜利后，曹操在缴获的图书中捡出书信一束，皆为自己的部下与敌军袁绍暗通之书。左右出主意说：逐一核准姓名，收而杀之，曹操却令人把书信一把火点了，对私通敌人的部下不予追究，反而给了他们重新开始的机会，使其更加忠心，不再二意。曹操吸引人才的一个很重要因素是自身的吸引力。在三国乱世，人才舍他人而选曹操并不无道理，是因为曹操有很强的个人魅力。

也许是受这些思想的影响，朱老师同样很有思想地对待身边的人才，给他们宽容和理解。很多人得到了他的帮助，但太多的诱惑使有人在十字路口无法平静如水，选择走向另一个方向。但朱老师认为他们的重新选择不一定是错误方向。即使一些人离开了农业行道，仍与朱老师保持着良好的关系。

第四节　渴望提升，帮助深造

能够在朱英国身边坚持的人，后来都获得了提升机会。

1988～1996年，朱英国安排朱仁山到湖北大学读专科，后又支持他到华中农业大学读本科；帮他完成了从临时工、合同工向正式工的转变。随后朱英国又帮他完成了向助理工程师、工程师，最后到教授级高级工程师的一步步的蜕变、跨越。

听上去这种涅槃般的蜕变似乎很容易，实际上却包含着他们师生几十年的艰苦努力和逐渐的累积，包括历经生命风险的代价。朱仁山特别争气，2002 年获武大科技成果转化奖。2013 年也是朱仁山的丰收年，1 月 10 日，由朱英国领衔研究的“两系法杂交水稻技术研究与应用”荣获国家科技进步奖特等奖，朱仁山榜上有名；2 月 26 日，在湖北省科技奖励大会上，由朱英国负责统筹、朱仁山负责应用推广、李绍清负责基础研究的“红莲型新不育系珞红 3A 与超级稻珞优 8 号的选育和利用”项目，获得湖北省科技进步奖特等奖。这也是当年湖北省唯一的一个特等奖。

2015 年 9 月，76 岁的朱英国（中）带领团队察看红莲型杂交稻成熟情况，开拓新的研究领域

然而，朱仁山却说：

> 这两个获奖项目，都是朱院士带领科研团队，团结拼搏、艰苦奋斗的结晶。30 多年来，朱院士带领我们攻克了红莲型不育系纯度技术难关，选育出具有自主知识产权的红莲型新不育系“珞红 3A”与恢复系 8108，配组出超级稻新组合“珞优 8 号”。

余金洪同样硕果累累。朱英国和他们一起研发的“中国水稻农家品种马尾粘败育株的发现与马协 CMS 研究和利用”于 2002 年获全国高校科学技术奖一等奖，随后又荣获国家技术发明奖二等奖。余金洪同时被评为高级工程师。

余金洪说：

现在不少课题主持人，坐在家里开单子，让手下去做事，朱老师从不这样，他比我大20岁，还一直亲自下田。他的人格魅力深深感染着我们。社会上一直认为大学教师是教书的，搞育种就是种田，应该是老农干的，在象牙塔里很异类。我们就是在这种异类中苦干了几十年。即使在改革开放30年后的今天，研究团队中的成员还是有大半来自基层，每个人都有自己的想法和追求，朱老师始终尽最大努力让成员们能在宽松的氛围里工作，形成了逼人上进的气氛。

在朱英国的感召下，李阳生博士从湖南转投武大生命科学学院，作为主要参加人获2004年度湖北省科技进步奖一等奖；李绍清教授博士毕业后留校苦干多年，同获2004年湖北省科技进步奖。

余金洪说：

朱老师有着独一无二的气场，他对别人的影响力，以及他对自己人生的掌控力，并在此中体现出来的让人无法抵挡的魅力，包括工作、办公室、职场、家庭、人际关系圈及某一个具体的人、某一件具体的事，都成了他的精神名片。他的感召力，更多地表现在帮助团队解决学习、工作、生活上的一系列实际问题中。我当年转为正式职工后，妻子彭晓玲却留在洪湖，而且没正式工作。朱老师跑了很多路，想了不少办法，破例把我爱人调进武大并安排了工作，当然不光帮我，团队凡有困难，他都是想方设法帮忙解决，让我们没有理由不好好干。

朱英国说：

感召力、凝聚力，不能停留在嘴上，必须下工夫去做。帮余金洪的爱人办调动，我骑自行车跑了武大多个部门，然后坐公交跑省人事厅，找这个找那个。为了说服人事厅的一位领导签字，头天等了他6个小时没有等到人，第二天大早去他的办公室门前蹲着，等到快中午，终于堵住了他。那时，我还是一个讲师，但因担任过省三系协作小组组长，在省直部门多少有点影响，我说余金洪是人才，至少是潜力较大的人才，他们相信我说的话，同意将他的爱人调进武大。可是落实工作单位又遇到难题，最后，武大的一个企业同意调进，但是按当时规定需要缴纳 18 000 元才能进去。我找到校领导协调，东拼西凑，凑足这笔钱，对方才同意办接收手续。那一个月，我基本上都在折腾这桩事，总算搞成了。

第五节　进退选择，出好点子

2009 年 1 月 16 日，浙江大学在《人民日报》(海外版）上刊登了一则招聘生命科学研究院（筹）院长的启事。经过严格遴选，浙江大学正式发文：成立浙江大学生命科学研究院，任命冯新华为院长。冯新华放弃了美国的工作和优厚的待遇，踏着老一辈华人科学家的足迹，回国为祖国的科学发展效力。

冯新华，湖北罗田胜利人，朱英国的老乡。1979 年，年仅 15 岁的冯新华以优异成绩考入武汉大学生命科学学院。1983 年毕业后，他进入中国科学院遗传研究所攻读硕士学位；1986 年到美国马里兰大学植物学系深造；1992 年以优异的成绩获得植物分子生物学博士学位，同时留在美国学习工作；1993 年后，他的兴趣转移到基础医学研究领域，获美国癌症协会研究奖。

1997 年，冯新华晋升为美国加州大学助理研究教授。1999 年年底，他选择了有“南方哈佛医学院”美称的贝勒医学院从事研究，其学术研究领域为分子及细胞生物学，主要包括细胞的生长与调控，分子信号传导，人类疾病的分子机制、预防及治疗的理论基础，还有新药的研发、干细胞克隆基因治疗等。2001年荣获美国基金会赞助的研究成果奖（即美国十大杰出青年生物医学学者奖）；获2002年度戴蒙学者奖（即美国五大杰出癌症研究奖）提名和贝勒医学院年度最佳研究奖。作为该校教授，其研究成果获得美国联邦政府、美国癌症协会的高额资助。

在冯新华的履历一栏里，清楚地写着朱英国是他的导师之一。

冯新华在接受笔者采访说，他15岁考上武大，当时并没有被分配到他心仪的数学系，而是被调剂到生物专业。

> 那时是改革开放初期，国内的生物学研究才开始蹒跚起步，我国在生物方面的研究较少，研究条件也相当落后，即使在武大这样的重点大学，也没有一间像样的生物学实验室。读生物属于冷门，没有几个人主动报考，我都不知道生物究竟是干什么的。

正式上课后他才知道朱英国的老家在胜利镇，跟他是老乡。虽然学生物不是他的初衷，但进入后就非常投入。

> 朱老师对我很关怀，向我介绍了生物系的许多情况，我遇到大小事都习惯跟他说。朱老师给我推荐了不少书，有一些是他自己读过的书。我把所有的课余时间都花在了图书馆里，学习成绩一直很好。本科毕业时，朱教师是我的本科论文导师，我受他的影响很大。他给了我许多指导，促使我作出了正确的选择。
>
> 我当时准备读硕士，但究竟是在武大读还是在哪里读，心里一时拿不准。朱老师也许是想到武大当时生物系这一块，与全国相比排名并不靠前，也许是考虑到我的成绩适合更好的大学，于是他明确动员我报考中国科学院遗传研究所。我听了他的话，随后被录取了，开始向植物遗传研究方向进一步努力。这个选择和这个平台，对我来说很是重要，我很快在专业领域崭露头角。读硕士期间，我就在国内权威学术杂志《中国科学》

和《科学通报》上发表了两篇论文。

从到武大上学开始，我至今与朱老师保持着联系。在美国学习工作19年间，我每次回国都去看望他。朱老师是我人生转折时对我影响很大的导师之一。在我的人生路上，他既是我的良师，又是益友。和后来我遇到的几位导师一样，他对科学的严谨态度、创新意识、奉献精神，对我影响至深，可以说影响了我一辈子。

目前冯新华担任浙江大学生命科学研究院院长、教授、博士生导师、首席研究员，主要研究方向是信号传导、蛋白质修饰和转录调控等分子细胞机制的研究、癌症干细胞与癌症治疗的探索、干细胞自我更新与分化的分子机制和生物学功能组织分化、器官发育与动物模型的研究。他是第三批国家“千人计划”人才，获得国家自然科学基金委员会生命科学部重大项目支持。此外，他所在的研究院还获得国家“973”计划项目4项、国家自然科学基金委员会资助的面上项目3项、浙江省自然科学基金重点项目1项、杰出青年项目5项。

“我目前正在全世界招聘人才。”冯新华对笔者说，他带领的研究院，将开展与国家发展密切相关的基础性、前瞻性、战略性的科技创新活动，凝练新的学科增长点，形成开放的国际化创新平台，使之成为浙江大学建设一流学科、培养一流人才的重要基地，所以招聘人才的标准很高。

冯新华介绍说：

继20世纪遗传密码、基因转录和蛋白质翻译等基本规律的研究获得突破之后，如何控制细胞的基因表达、增殖、分化和发育等细胞信号转导过程，将成为21世纪生物学研究领域的最大挑战。生命活动离不开信号。细胞外信号通过与细胞表面的受体相互作用转变为细胞内信号并在细胞内传递，这个过程在细胞增殖、生长、分化、衰老、死亡等基本生命活动中起着重要作用，如果信号转导异常将会导致肿瘤、心脑血管疾病、糖尿病、发育异常、神经系统疾病及免疫性疾病的发生、发展。而信号的传递大多是通过磷酸化等蛋白质翻译后修饰来实现的，蛋白质的磷酸化是由蛋白激酶催化而成。

在美国，当你成为教授之后，你基本上只能在你的那一块研究领域继续研究。而生物学研究是一个很广阔的领域，需要大的平台。浙江大学给我提供了很好的平台，这是我选择来浙江大学的原因之一。我国许多科学家都是在学术生涯最鼎盛的时期，毅然选择回国的，朱英国老师一直支持我回国发展。我们的目标是，建成在国际上有竞争力的科研机构。

第六节　生活困难，解难分忧

在湖北省农业科学院做研究员的张再君是朱英国的博士后，他对朱英国的感恩远超出师生情。

1986年秋，张再君从华中农业大学毕业，被分到湖北荆州农学院当教师。当时他比较年轻，跟着朱英国去海南搞水稻实验，也许是因为他不怕苦，搞实验一步步很认真，被朱英国看上了，他看上了就“盯”着不放。当时，朱英国是科研组长、多个国家重点项目的负责人，但团队人员大多是从各个单位选出来的。被老师喜欢是件值得高兴的事，但朱英国对于越是喜欢的人，越是要求严格，越是辛苦。只要有点空，朱英国就跟张再君聊天交流，有时聊杂交水稻，有时聊家务事。有一次朱英国问张再君想不想考研究生，张再君说当然想。朱英国当即给他设计研究方向、发展路子。张再君心里着迷，但面临的情况却很困难。

湖北省农学院当时特别缺老师，一般不放老师走，张再君只能边教学边复习，等待机会。1989 年他终于考上中国科学院华南植物园研究生，录取通知书下来了，湖北省农学院还是不放人，朱英国想了不少办法，终于让他走进了中国科学院华南植物园。

张再君回忆说：

在朱老师身边我做博士后，特别是读博士后那些日子里，除了出差，我天天跟朱老师在一起，有两年甚至坐在一个办公室，一起研究讨论学术问题，建立了很深的感情。当时，我爱人还在荆州农学院教书，身体不是太好。朱老师知道后，经常把该我干的事担下来，安排我回荆州。有一次，朱老师听说我爱人从荆州到了武大，他去我们临时住处看望，一次就给了 800 元；还有一次，我爱人带着 13 岁的孩子到武汉探亲，朱老师去看望时又给了 1000 元。朱老师安慰我爱人说："小张过去教书工资高一些，读博士收入少多了，而且经常跑海南、跑武汉各个试验田，跑来跑去很辛苦，没有时间照料家人，委屈了你和孩子。"我爱人非常感动，嘱咐我说，再苦再难，也要跟着朱老师。当然，朱老师关怀的人很多，1987 年为把杨代常的爱人调到武汉团聚，他在省人事厅苦等了 3 个小时。在我的记忆中，无论哪个科研人员有实际困难，有后顾之忧，朱老师总是热心快肠想办法帮助。

第七节　一路倾情，人才辈出

在笔者采访期间，朱英国的两个助手黄文超和胡骏正在参加外语补习，准备出国。

胡骏于 1978 年出生于安徽铜陵的一个工人家庭，1997 年以优异的成绩考入武大生命科学学院。本科毕业后获保送读研资格，他毫不犹豫选择了朱英国教授做他的导师。他说，一方面，因为武大植物遗传学研究成绩骄人；另一方面，因为朱教授研究的杂交水稻更具特色，能切实为我国粮食安全做贡献。进入朱英国的实验室后，胡骏在朱英国的指导下，开始对红莲型杂交水稻的基因进行逐个检测。

胡骏回忆说：

研究生的生活是枯燥、艰辛的，受限于材料种植与繁殖，时间周期长，远不如一些热门专业来得快，有些日子感觉有点沉闷。朱老师安慰我说，既然选择了就要爱上它。还给我掏心说，他最关心、最希望解决的科学问题之一，就是细胞质雄性不育与育性恢复基因的克隆及功能分析，并给我指明了研究方向，要求我多看文献，多学新知识。为解决这一科学问题，朱老师经常跟我一起加班加点、讨论分析。

在团队中我算是比较年轻的，但进来已有十多年，我亲眼看到，几乎每年的年三十或初一，在办公楼道都会遇到朱老师。即使2005年后当了院士，他依然以身作则，把基础研究和应用研究很好地结合在一起，用行动和科学精神一点一滴地影响我们。我2001年进入他的实验室，所有的实验，都在他指导下逐一进行。每发表一篇论文，他就跟我谈心，希望我继续以百折不挠的精神，完成基础研究任务，引导我在学术上不断进取，对我提出更高的要求，希望我不骄不躁，继续艰苦奋斗，多发论文，攀登科学高峰。朱老师对我的关爱，实际是对整个杂交稻研究领域后起之秀的期待。科学研究没有止境，未来将面临更多挑战。我打算在朱老师的指导下向更高的科学目标进军。说到底朱院士高瞻远瞩育人才，我们其实也是他的作品。

朱英国数十年来教书育人、言传身教，为我国杂交稻人才的发现和培养做出了重要贡献。除了培养出一批重量级人才外，2007 年，他作为学术带头人的遗传学科被评为国家级重点学科，从而使武大生物学成为国家一级重点学科。为保持这个学科的高端研究水平，他先后为武大生命科学学院引荐了何光存、李阳生、陈学锋等多名高水平人才。

更多的人才在梦想中成长。朱英国（第二排中）和他的科研团队在武大生命科学学院前合影

何光存教授分别在日本、英国留过学，在植物基因工程与植物基因组学研究领域有着很深的造诣，被引荐到武大时，朱英国特地到天河机场去接他。何光存教授到武大后，兢兢业业搞科研，在植物基因工程、水稻功能基因组学、植物与植食性昆虫互作分子机理等方面取得很多成果，赢得上下一致的好评，后担任生命科学学院院长、武大国家杂交水稻重点实验室主任，是湖北省有突出贡献的优秀中青年专家，是享受国务院特殊津贴的优秀教授。

陈学锋教授也是国家“千人计划”人才，2000 年考到朱英国名下攻读博士学位，2004 年获博士学位后去美国，也是被朱英国从美国引荐回国的。陈学锋回到武大生命科学学院后，朱英国帮他协调实验室，给他安排了一个博士、三个硕士做助手，后又给他协调了研究启动经费，帮他解决爱人调动等一些实际问题，使陈学锋教授能安心在武大发挥聪明才智……

这样一来，武大杂交稻的科研队伍实力更强大、结构更合理，更能体现朱英国始终倡导的基础研究与应用研究、科研与生产紧密结合的理念。

目前，朱英国的团队组成分成三部分：以何光存、杨代常、胡骏为代表的基础研究队伍，以朱仁山、余金洪为代表的应用研究队伍，及以国英种业公司为代表的市场推广队伍。

第十三章

一生几个“放不下”

第一节　一次难忘的出访

朱英国说：

40多年的科学实践中，我遇到很多事，有高兴的、悲痛的、愤怒的，有些是说不出来的，窝在心里难受。早期放不下病床上的母亲、弱智的弟弟，后放不下年迈的父亲和三个读书的孩子。还有些放不下，藏在心底多年。

1989年金秋，朱英国作为访问学者随团去日本九州进行长达半个月的学术交流。当时红莲型、马协型和两系研究进入关键时期，他怕耽误事儿，本想推后或放弃，可又想到去日本可能见到包台型发明人新城长友，就从海南赶回武汉加入了出访团队。

接待朱英国一行的是九州大学农学院教授岩田伸夫，他通过中国留日学生王子轩博士的翻译、解释，热情传递两国农业科学家的友好之情。可是由于某些原因，朱英国没有见到新城长友。

九州风和日丽，料理可口，交通便捷，豪斯登堡面积比东京迪士尼乐园大两倍，乘坐运河游艇能看到不少惊喜，夜间绚丽非凡，色彩缤纷。岩田伸夫还陪同他们去试验田看材料，到实验室参观，之后又特地带朱英国去看了包台型材料。朱英国对此很感动，后来邀请岩田伸夫到武大回访，进行系列学术活动，并在武大生物系给学生讲课。

然而，在九州访问期间，有个叫田野的官员，在陪同中露出了狂妄之情，反复吹嘘说，日本科学研究很厉害，没哪个国家能赶超，包括中国的杂交水稻。

朱英国从科学角度分析说："日本是个爱学习的民族，但就杂交水稻研究条件而言，日本国土狭窄，土地和品种资源有限，产区气候单一，可供选择的较少；而我国地域辽阔，品种众多，互补能力强，方便取长补短育出好品种来。”

朱英国说的是实话，中国杂交稻研究虽起步比日本晚一些，但出成果快、影响大，这与国土辽阔和资源众多密不可分。田野听了不舒服，偏执地说：“贵国国土再大，资源再多，可是研究条件太落后。你们最初竟然用火炉加温，太原始。就凭你们这样的条件，搞成再多的三系配套又能怎样？恐怕再搞一百年，也难走出实验室。”

朱英国果断地说：“就是搞一百年也要搞出来。贵国科学家能办到的事，我们也能办到。”

没等翻译开口，田野就用中文流利地说道：“中华民族是一个勤劳的民族，又是多灾多难的民族，从鸦片战争开始，贵国就一次次被世界列强打得没抬过头。这当然只能怪你们当时的政府窝囊，不仅耽误了科学发展的时光，还造成大量科学家流失。一个国家没有一流的人才，想搞出一流的成果是不可能的。所以我说的一百年，得几代人努力。”

朱英国理智地说：“中国唐朝在政治、经济、文化、外交等方面都有辉煌成就，是当时东方最强大的国家，经济实力占全世界的40%。在世界史上能代表东西方文化底蕴和优势的，当时只有两个国家：唐王朝和古罗马。想必田野先生一定记得，公元645年日本派使者到中国，一步一叩向唐王朝学习，回国后才进行大化改新的历史吧！”

“是啊是啊，科学不分国界，你们是贵客、贵客！”田野感觉说不过这位中国教授，连忙调节气氛。

在日本逗留的15天中，朱英国感受到了岩田伸夫等日本科学家的友好。后来他在武大接待了日本农业科学家友好代表团，一起看试验田，一起交流研究成果，表现出中国科学家莫大的胸怀。

但他不会忘记幼时坐在父亲挑的箩筐里为躲避日军轰炸，颠沛流离、四处躲藏；不会忘记日军的轰炸机贴着扬旗山投弹，炸碎他的瓜秧；更不会忘记六伯一人拿着猎枪跟日军周旋，保全全村老少性命那一幕幕往事……

朱英国（中）和汪向明教授陪同日本科学家冈彦一教授在武大参观试验田

他把雨果说过的一句话写在自己的日记本上：“永远不要忘记周年纪念日，开展纪念日活动，如同点燃一支火炬。我们需要思考的是，如何让历史的火炬，照亮我们的未来？”

朱英国所理解的周年，就是日本发动甲午战争的周年、日军大举侵华的周年、日本飞机在扬旗山投弹的周年、他的老父亲挨日军炮弹的周年！

他深有感触地在日记中写道：“古人云，君子之本，本立而道生。‘本’就是自己强大，国家强大了，人家就不敢欺负，也就不会受那些窝囊气了。”

第二节　痛失三位战友

在攻克三个高地的鏖战中，专家教授就十多人，能坚守下来的就五六个人，却有两位英年早逝，还有一位工友早逝。朱英国把对战友的思念深藏在心底。

1993年11月上旬的一天，正准备去海南的朱英国，突然接到徐树华教授的儿子徐伟的电话："朱叔叔，我爸的心脏病犯了，在省人民医院，医生说要动大手术。"朱英国对徐伟说："我立即赶到。"徐树华调入团队搞基础研究后，常与朱英国通宵达旦地讨论研究红莲型、马协型和两系的科学问题，能很好地沟通，彼此结下很深的友谊。

刚准备放电话，朱英国突然想到徐树华的妻子也患有严重的心脏病，弄不好会雪上加霜，急忙嘱咐徐伟说："劝你妈妈回家，不要急，我来帮忙想办法。"

朱英国赶到省人民医院时，发现情况比想象的要严重得多。医生向他介绍说，徐树华的心脏区域先天狭窄，动力严重不足，有堵塞现象，需要搭两个桥，风险很大。

徐树华担心下不了手术台，拉着朱英国的手半天说不出话来。朱英国安慰他说："老徐你放心，手术一定会成功，我们还能一起工作。"

徐树华含着泪对朱英国说："我对不起你。我刚53岁，正出成果的时候却得了这种病。而且老伴也……万一我……"

"不要这么想，也不要这么说，要相信医学，我在你旁边一步也不离。"朱英国反复安慰他。

次日上午8点手术开始了。主刀医生是从法国留学归来的教授，是心脏病手术权威专家，却不料遇到技术盲点。手术进行到下午3点，患者心脏左侧流血不止无法控制，血压下降、心跳减速，如果还找不到止血办法，不仅手术无法继续，患者也会随时死在手术台上。

如何止血成了当务之急。

徐伟和他的妹妹徐新感觉情况异常，急得直哭。他们兄妹更加担心的是，他们的妈妈此时正守在家里的电话机旁，手术开始后每十分钟打一个电话追问。朱英国顶天立地地安慰徐新说："我们别无选择，只能相信科学。你回家照料你妈妈，选好话安慰，不要让她着急，不能让她出闪失。"随后他主动跟院方联系，准备血源，以便急用。

主刀医生这时从手术室出来对朱英国说："我们知道，你和病人都是武大教授，共同承担着国家'863'重点项目，于公于私都少不了他。我正想办法，我想起在法国留学时，一本书里有篇学术文章，谈到手术中止血的措施。这本书在我办公室，我立即去拿。"

这个时候，徐树华处在全麻状态。主刀医生拿着救命书跑回手术室，边看边继续手术，从书中找到止血办法，用患者心脏上的某处包膜"贴"到出血点上，血就止住了。手术从上午8点半一直做到次日凌晨3点，朱英国一直守到凌晨3点，手术终于成功了。

徐树华出院后又开始兢兢业业地工作。朱英国担心他的身体，不让他熬夜，每次动身去海南前，都反复提醒他注意身体。哪知道，2003年10月20日，在海南的朱英国突然接到徐树华"下班摔倒，再没醒来"的噩耗。朱英国坐在田边，望着北方在心里呼喊："树华兄弟，你默默无闻跟我干了20多年，吃了那么多苦，从没提一点过分的要求，就这样走了，我只能在南国为你送行啊！"

徐树华的儿子徐伟和他的妻子如今在武汉电信集团工作，他们的女儿在华中师范大学读研究生。徐伟的妹妹徐新如今在美国定居。谈到爸爸与朱英国院士的感情，徐伟对笔者说：

> 我爸走了后，朱老师从海南返回武汉，特地去了石门峰公墓看我爸，泪涟涟地跟我爸说了很多知心话。他和我爸的感情很深，是在追求共同的梦想中建立的。我盼望朱老师身体健康，祝愿他和他的团队取得更大的成就。

同样在海南田头，1997年10月7日，朱英国接到一个悲痛的消息：他的学生——多年来随他到海南插秧、看苗、授粉，一起捕鱼，一起吃母猪肉，一起日晒夜露，后任湖北大学教授、生物系主任的宋国清在武汉病故。

朱英国回忆道：

> 他充满才华，又聪明又肯吃苦，人品好性格好，他那么年轻就走了，走得非常突然，我在海南听到这个噩耗很难过。我

在想，是不是因为跟着我们团队吃苦太多，积劳成疾。无论什么原因，他不该这么快就走，他走时才 46 岁！

还有一位职工早逝，让朱英国很悲痛。

1994 年 6 月，洪勤光从海南返回武大后不久，患病治疗无效去世。咽气前，朱英国赶到洪勤光身边，洪勤光拉着朱英国的手久久不放，说："我不是专家教授，可你很尊敬我，每次到海南基地，我们吃同一锅饭、一桌菜，你总是轻言细语地跟我们聊天，聊家里事，聊孩子的事。你家那么困难，还年年买东西到家来看望……"最后两人抱头痛哭。洪勤光走后，朱英国亲自把他抬上殡仪车，一直送到殡仪馆，后又给他守灵。

洪勤光的爱人哭着对朱英国说："洪勤光是一个普通职工，没有一点权势，可是在海南也好，回武汉也好，你想尽办法关怀他，亲兄弟也不过如此……"

石门峰公墓与九峰山陵园都静静地坐落在九峰花山镇一带，位于朱英国的花山基地附近。前几年他去基地时，常常要经过九峰山陵园和石门峰公墓。每次经过时，朱英国就忍不住停下脚步，在那里沉默一阵子，心里在呼喊：亲爱的战友，在我们的共同努力下，三个高地都拿下来了，但科学研究无止境，我们有更大的目标，我们还在奔波、还在努力，想为我国粮食安全做出更大的贡献，为我们共同的梦想拼到底啊！

第三节　儿女靠自学成才

对儿女的疏忽这也是朱英国心里感到愧疚的一桩事。

那些年，他一门心思忙于攻三个高地，没精力顾及三个孩子。

随着年纪的增长，朱英国看到身边许多老师甚至包括团队中的一些教授专家，纷纷把自己的孩子送到国外读书，或在欧美定居，想到自己的三个儿女都靠自己奋斗成才，他的心里就有种隐隐的愧疚，觉得对不起三个儿女。

这似乎是一个传奇。朱英国自己是全国师德楷模、顶级科学家，是名牌大学的教授、博士生导师，培养出来了那么多博士、硕士，那么多被公派到欧美留学，那么多当了教授、院长，可谓桃李满天下。而对于他的一个儿子和两个女儿，他却没有帮上什么忙，全靠孩子们自己奋斗，在各自的岗位上打拼。

实际上朱英国像天下所有的父亲一样，盼望着儿女能过好人生的第一关：考上大学。然而他这个当父亲的进入研究境界后，痴迷得无法自拔，根本没有时间和精力顾及孩子。

大儿子朱新锋生于1966年，是他的三个子女中吃苦最多的一个，整个童年在罗田乡下度过。朱新锋出生那一年，正逢国家政治经济纷乱，“文化大革命”轰轰烈烈。在这种环境下，朱新锋小学毕业后，走进了离家30多里、父亲曾在此有过辉煌读书经历的母校——泗洲山初中（这时已改名为胜利中学，分初、高中）。朱新锋继承了父亲的淳朴忠厚、善良本分，是班上的体育委员，经常参与大型体育比赛，语文成绩很优秀，喜欢阅读，特别喜欢中外名著，爱思考爱写作，懂很多道理，文笔流畅清晰，写出了不少好作文，贴在班里学习栏里展览。

那些日子，朱新锋每个月都会接到爸爸从海南或武汉周边给他寄的生活费，当然其中的一半要分给表哥曾卫民。

他很刻苦，给自己制定了目标，并把这个目标写在爸爸给他寄钱的汇款单留言的反面。正面是爸爸的留言，是鼓励嘱咐他的话；反面是他写的决心、打算。“汇款单留言”成了他们父子的一种心灵默契。爸爸从没有给他施加什么压力，更没有规定他必须考上什么大学。也许恰恰是因为爸爸的淡定，他反而能快乐轻松地读书。

朱新锋后来去了深圳创业。想到儿子一步步走过来的那些经历，想着他坚强的意志，朱英国一方面为儿子自豪，但有时也暗暗想，如果当时帮帮他，儿子也许会留在武汉，不至于一人跑到外地从零干起，吃那么多苦。好在朱新锋争气，把苦都变成了奋斗的财富，不仅站稳了脚跟，还有了自己不错的事业，这让朱英国十分欣慰。

大女儿朱文于1970年出生，童年比哥哥受的苦少多了。刚上小学三年级就跟着爸爸到武大附属小学上学。据朱英国团队中的余金洪说，朱文的学习成绩特别好，品学兼优，又聪明又懂事，是个很有出息的孩子。恰恰在那个时段，朱老师的红莲协作组被撤销，一夜之间把他的梦想全捣碎了，他有些灰心，情绪不好也是自然的。他打算把精力转移到对孩子的教育上。朱文这时到了武汉，睡在爸爸的脚头，多少听了一些爸爸给她讲的故事，还跟着爸爸去过武大图书馆，看过校园风景。

这个时候，无论是对朱英国还是对他的三个孩子来说，都是一个三岔路口。如果不出现后来的变化，朱英国把全家搬到武汉后，也许会平平静静地在武大这所名校当普通教授，少吃很多苦。重要的是，他的三个孩子在他的精心培养下，情况肯定会不一样。

如果说性格决定命运的话，那么，朱英国在求学挨饿、目睹饿死人的时候，就注定他这一辈子非同寻常，就注定了做他的夫人、做他的儿女非但得不到什么好处，还要跟着他受苦。

朱文跟着爸爸读了大概三个月书，一家人的户口便转到了武汉，妈妈和妹妹来了，不久哥哥、表哥和爷爷都来了，住进了武大校园二区那个低矮、窄小、潮湿，如今拆得不见踪影的小房子。小房子装不下他们兄妹的梦想，但是装下了他们和爸妈在一起的快乐。

朱文没想到，家搬到武汉后，爸爸又去了海南，且同样是年年过年不在家，同样是寒暑假作业没有爸爸辅导。等到次年五月，爸爸从海南返回武大，结果仍然是早晨上学前爸爸出门了，晚上做完作业睡觉时不见爸爸归来。在“红莲”抽穗的日子，爸爸甚至把床铺都搬到田头。汉口、汉阳到处是试验田，到处是他的家。

他们是爸爸的儿女，但爸爸这时更爱“红莲”“马协”和两系。三兄妹有时感觉很委屈，在爸爸的心里，他们三兄妹难道不如稻种重要？

朱文读初二下学期的一天，老师说要开家长会，她先去了湖边农场养殖房，对正在养兔和白鼠的妈妈说：“爸爸没时间，还是请妈妈参加家长会。”

妈妈说：“老师讲的那些事我也解决不了，让你爸参加一次吧！”

朱文想了想确实如此，爸爸从没时间辅导她们，也没有参加过家长会，这一次定要让爸爸参加家长会。于是她直接去了八区试验田。

爸爸承诺参加，结果路过学校，跟朱文老师打了个照面就走了……

朱文边工作边自学，获本科文凭。在随后的武汉大学出版社人员招聘考试中，她从预选的35名人员中脱颖而出，第一轮就进入了前六名，复试成绩遥遥领先，被出版社顺利录取。然而朱文却说：“读书这事爸爸总是鼓励我们，我们考得好，他不一定表扬，考差了，他绝不会怪。我们知道他的内心，如果考上大学发展肯定要顺一些，年轻时过了这个坎，不至于以后老悬着，为文凭怄气。正因为我们理解爸爸，在后来的日子里，我们不能不刻苦，这也让爸爸感觉很欣慰。”

小女儿朱金洪是家里的老幺，1974年出生。中国父母一般都特别疼爱自己最小的孩子，朱英国也没逃过这个定律，加上朱金洪从小性格开朗，心灵和眼睛一样明净，爱说爱笑，反应快，说话甜，即便耍点小脾气，风儿吹过，立即明媚灿烂、鲜花绽放。

她从家到附属小学有一段路，与爸爸去八区试验田同路，爸爸顺便用自行车带过她几回。但她没有像其他小朋友那样，与爸爸分手时还高举着小手，要爸爸下午去接她。朱金洪那时就知道了，爸爸上午在八区，下午也许就去了汉阳，或去了海南或其他什么地方。

爸爸能送她一段路，已经远远超过爸爸对哥哥姐姐的待遇了。

她跟哥哥姐姐一样聪明伶俐，品学兼优，年年是三好学生，没有什么难题需要爸爸给她辅导的，而且开家长会让妈妈参加就应付过去了，她像花儿一样灿烂，无忧无虑。上初二后，她就盼着爸爸辅导她。姐姐对她说："爸爸没时间，你就自己下工夫吧！"言外之意，爸爸不可能停下工作辅导她。朱金洪渐渐发现，爸爸春节前后在海南，6月初到10月底在湖北，但是，11月初去海南之前一些日子，总有十天八天待在武大八区他的办公室，和徐树华叔叔一起搞基础研究，她终于发现并抓住了这个空当。可是爸爸仍没有空。

朱金洪后来考入武大华软公司。当时武大华软公司是国家多媒体软件基地，由武大副校大、教授李卫华主持。李卫华是一位历经磨难的传奇人物，他是国家多媒体软件工程技术研究中心主任、华软公司负责人，在美国留过学，有教学经验也有科研成果。朱金洪在那里干得很不错。不料2003年6月3日，李卫华等人到河南出差返回时，在京珠高速公路发生交通事故，李卫华等7人不幸遇难。李卫华走了后，这家公司就面临重重困境，朱金洪几经周折又去了武大高新技术产业发展部，重新打拼。无论在哪个岗位，她和哥哥姐姐一样勤学苦练、脚踏实地，靠自己打拼。

朱英国说：

由于老家在农村，早年是半边户；三个孩子读书关键时候，正是红莲型、马协型、两系实验的关键时候，我在海南一待就是半年，回武汉更没空，八区试验田、流芳咀试验田都等着我。1992～1996年，又在汉口吴家山农业科学所搞了几十亩，种了几千个品种，基础研究和应用研究同步进行，早出晚归，忙时住在农场，孩子们根本看不到我。我基本上没有过问过孩子的成绩，没有看过他们的成绩单，也没有参加过家长会，更没有时间辅导他们的功课。不过，三个孩子都很勤奋，靠他们自己努力，都拿到了本科文凭。我的三个孩子，肯定比一些老教授的孩子吃的苦要多一些，没有走任何捷径，全靠他们自己一步步的奋斗，如今他们都有自己的事业，都很争气，这也是好事。

随着年龄的增长，随着儿女们一个个安居乐业，朱英国心里的遗憾渐渐少了。人间的万事万物都有多重性，人老了感觉也有些不同了，特别惜儿疼女，总盼望儿孙绕膝，全家团圆想看就能看到，如果去了国外，相隔遥远，来去不便，三病两疼就只好忍着，不能动时只能请人。如今别人一提到孩子，朱英国就不由自主地想到自己的三个儿女，就有一种幸福感，两个女儿两个女婿、三个孙儿孙女都在身边。在深圳工作的儿子儿媳年年回武汉过年，平时想回武汉，乘飞机、高铁几个小时就到了跟前。

朱英国每次去医院例行检查，孩子们都争抢着要陪同，哪顿吃少了一点，这个问长，那个问短；“爸爸”“外公”“爷爷”，那一声声亲切甜美的呼喊，让他格外快乐陶醉、幸福无比。别说没有什么病，就是哪里有点不舒服，也被孝敬的孩子喊没了。心情快乐的他，身体一直不错，有更多的精力考虑国家粮食安全大课题。

第四节　老伴古稀买保险

三个儿女都理解爸爸，可他的老伴徐小梅一度有些抱怨。

她与朱英国结婚几十年，从没有提过什么要求，夫妇也从没有红过脸，几十年来她总是默默为这个家奉献着。

在罗田乡下那些年，抚育三个孩子，顾着挣工分、养牛养猪养鸡，还顾着照料英国残疾的弟弟和年迈的父亲，不管多难多苦她总忍着。最典型的细节是，她常背着小女儿下地干活，多次从山冈上滚下来，母女俩摔得头破血流。家搬到武汉后，老父亲虽然心里丢不下他的二儿子朱英斌，但每年至少有大半时间到武汉跟朱英国一家一起生活。徐小梅边照料老人，边照料孩子们读书，每天忙做饭洗衣、送大的接小的，还顾着在八区那份养兔的临时工。老父亲随着年龄的增长，没有力气再往罗田老家跑，徐小梅照料老人的压力就更大了，伺上服下、端茶送水，有时老父亲生病了，她把饭送到床头喂到口里，既当儿媳又做女儿，尽心尽力地替朱英国孝顺父亲，直到老父亲90岁高龄时去世。

妻子坚守后方，让朱英国无牵无挂地攻下了三个高地，实现了他心里的目标，一个个品种通过了省和国家的审定并被广泛推广，同时获得一系列大奖。可徐小梅从没有想过军功章里有她的多少，总是默默无闻地为这个家奉献。渐渐地，三个孩子一个个成家立业了，朱英国忙的时候，家里就剩她一人，满世界的人都有事做，就她是闲人。勤劳惯了的徐小梅明白过来，不是没有事做，而是这一辈子从没做过固定的事。她老了，当奶奶了，哪里还要她做临时工？更让她心里不顺的是，人家老了有退休金，自己老了去哪儿领？

“你对我的工作从不当回事。我不想做你的总管，我想有自己的工资，当一回自己的家。”妻子徐小梅终于说出了心里压抑了多年的想法。

朱英国心里有些触动，他在追梦过程中不仅愧对孩子们，也愧对妻子。在妻子的工作问题上，至少有四次机会被他错过。

第一次机会是20世纪80年代初，一家人的户口转到武汉前的一个月，他在省里争取了20个招工指标，后又追加4个，都是他亲自分配的。当时不是没有人提醒他预留一个指标。如果有点私心，留下一个名额，别人也不会说什么。可那时他一根筋，老想着遗传研究室的老教授们需要助手，想着红莲协作组解散后好不容易重新起步，把精力全放在队伍组建上，对于妻子进城后的工作，他连想都没想。

第二次机会是八区试验田建设时，刘道玉校长每次见面都问他，有什么问题，可以帮他解决。朱英国只想“红莲”，只谈“红莲”。如果朱英国这时提出解决妻子的工作，刘校长绝对会满口答应。当时妻子不到 40 岁，朱英国却把她安排到八区动物房养兔养鼠，又脏又苦，收入很低。

第三个机会是 1988 年 WDIS 武大一号两系不育系通过了国家“863”计划专家组的鉴定。武大时任校长齐民友带校办、党办和科技处一行，专程到朱英国家慰问。齐校长反复说：“朱老师，你为武大争了光，我今天带来了一群有实权、能办事的人，就是想给你做点实事，你提出来现场解决。”可朱英国只谈“红莲”、谈“马协”、谈两系，一字不提家里的困难。

第四个机会是 2008 年 9 月 9 日教师节时时任中共湖北省委书记罗清泉、省委常委张昌尔、李明波及省教育厅厅长路钢一行专程登门看望朱英国。一到朱英国的家，罗清泉就说：“教师节到了，我们来慰问朱院士，祝您身体健康，节日愉快！感谢您在学术上取得的成就和对社会做出的重大贡献，同时来帮你解决困难。”朱英国心里想的全是杂交水稻，介绍的也全是杂交水稻，他说：“湖北有七个万亩片，属于矮秆优质抗倒伏杂交稻品种，我想邀请省委、省政府领导，方便时去视察‘珞优 8 号’万亩高产示范田。”罗书记很高兴，随后问朱老师有什么困难。朱英国仍是那句：“感谢关怀，我一切都好。”

“一生常耻为身谋”。朱英国这时才明白，妻子一直对她没有正式工作有想法，且这个想法落到任何人身上都不会忍这么久。朱英国感觉很愧疚，可是帮妻子重新找工作不现实。2011 年武汉出台政策，凡有武汉市户口且年龄在 70 岁以上的，均可获得养老保险。于是在这一年的 6 月，

2008 年 9 月，时任湖北省委书记罗清泉在教师节当天给朱英国献花

朱英国给妻子徐小梅交了3万元养老保险金。办好这个手续时，徐小梅已过了71岁。堂堂一个工程院院士，在老伴年过古稀时才靠政策解决了放不下的问题，这在院士中恐怕绝无仅有。如今，他的老伴每个月能领到1300元生活费，虽说这点钱不多，但对他的妻子来说却是一个安慰。

第五节　留下遗憾，收获喜悦

朱英国对他的三个孩子及夫人的“罕见”疏忽，令很多人不理解。笔者在采访湖北省农业厅徐能海副厅长时，似乎找到了其中的答案，徐厅长说：“这丝毫不奇怪，朱院士对事业那样痴迷、那样投入，他连生命都愿豁出去，哪有精力顾别的。三句话可以概括朱院士的生活：吃的只要能吃饱，坐的车只要能开动，睡的只要能躺下。40多年来，他的心里只装着育种一件事，别的根本不会考虑。”

朱英国的女儿朱金洪说：

> 搞科研，爸爸追求创新、追求超前、追求高端，但他吃的穿的用的，还停留在上世纪，穿的没一样超过300元。哥哥花几千元买了一套高级西服，爸爸穿了一回就舍不得穿，至今挂在衣柜里用薄膜盖着；姐姐看他的老手机磨得快看不清字，花2000元买了一部中档的，结果爸爸说功能太多，视力不好，不好用。我结婚时，爸爸怕别人知道，悄悄联系了一家小馆子，办了四桌，除两家亲人，只请了十来位他的朋友，搞得我的很多同事、朋友有想法。爸爸说，结婚过日子不能浪费，更不要借机收份子钱，可我们平时把份子钱都送出去了。前些年，爸爸出国，我想让他带一台打印机，可爸爸说，国家给的外汇是有数的，哪能瞎用一

分钱。那好吧！你办公室的打印机总可以用一下吧！爸爸又说，办公室的打印机是学校配给他办公用的，私人不能用。

从记事起，爸爸就没有星期天、节假日概念。2007年前，他年年去海南，一出门就是半年，近些年也是年年去，待的时间相对短一些。回到武大，不是去试验田就是到办公室，没有哪一天静坐在家里。当院士前，他出门习惯骑自行车，有一年冬天遍地是雪，温度零下，他夜里骑车回家摔倒了，摔得很惨，全身伤痕累累不说，还把两颗门牙摔掉了，满口是血回到家里，其中一颗还没有完全摔脱落，在牙床里晃，爸爸想着会自然长牢固。第二天到医院一问，医生说年龄大了，肌肉萎缩不可能长牢固，爸爸才不得不花钱换了两颗牙。

2016年2月，朱英国和他的家人在武汉大学合影留念

我们三兄妹理解爸爸，敬佩他对国家粮食安全的高度负责感，敬佩他对事业孜孜不倦的奋斗精神。爸爸没给我们多少物质财富，却给了我们巨大的精神财富。爸爸崇尚的教育理念不是冲刺，而是一辈子学习、一辈子努力、一辈子钻研。我们三兄妹尽管没有出国、没有留学，没有像爸爸那样上名牌大学、干惊人的事业，但不懈的努力让我们的前途同样美好。

第十四章

十年院士 成果累累

第一节 66岁当46岁

2005年12月13日，在从海南返回武汉的路上，朱英国接到一串报喜电话：祝贺他当选为中国工程院院士。回到武大，更多的祝贺之声包围了他。

随后他收到中国工程院的一封信，信里说："中国工程院院士，是中国工程科技界的最高学术称号，为终身荣誉。这个称号是国家和人民对您多年来辛勤工作所取得成就的充分肯定，同时也意味着新的责任和使命……要开拓创新，自强不息，在身体允许的情况下尽量从事一线工作，谦虚谨慎，平等待人，不以权威自居，保持优良的学风，唯真求实，力戒浮躁，淡泊名利，广泛团结自己周围的科技工作者，共同为国家的繁荣富强而奋斗……"

朱英国在这天的日记中写道：

> 我很小就上山放牛打柴，少年加入儿童团，经历了贫穷和饥饿；14岁考进30里外的初中，17岁保送到90里外的高中，20岁考进武汉大学植物遗传学专业，25岁毕业留校坚守在教学科研第一线，20世纪70年代初就开始从事水稻科研。几十年来，候鸟之旅是我和团队的工作状态，春夏跑湖北沔阳，秋到广西南宁，冬到海南岛，早晨一身露水，中午一身汗水，晚上一身盐水，碰到实验紧要的时候，干脆把床搬到田边，夜不成眠，手持长杆和田鼠进行持久战……党和政府给了我这么高的荣誉，这是团队的荣誉，是包括已离世的几位战友共同努力获得的荣誉。这个荣誉标志着党和人民赋予我更重的任务，寄予更大的希望。我不能停下来，要继续搞好杂交稻研究，严格按

中国工程院要求，站在更高角度上为国家的粮食安全担当。

我今年66岁了，要把66岁当46岁过，继续下工夫解决红莲型、马协型和两系的科学问题，继续发扬杂交稻科技人的精神，那就是：两万五千里长征精神、铁人王进喜的拼搏精神、两弹一星的奉献精神、不畏艰险的乐观精神、坚持不懈的奋斗精神、不断进取的创新精神、通力合作的团结精神、实事求是的科学精神、敬业忠心的爱国精神、心系天下的博爱精神……珍视和维护中国工程院的崇高声誉，建设好研究团队，为实现科教兴国、人才强国、民族振兴的伟大事业积极努力。

当选院士十年来，朱英国对自己要求更严，科学追求更高，所做的事影响更大。

第二节　议荆楚，参国事

当选院士的第四个月，朱英国被湖北省人民政府聘为参事。他把这个职务看得十分神圣，竭尽全力为湖北、为全国农村经济发展献计献策，在一次次广泛调研基础上，写出了多篇质量很高的建议书。

2006年6月5日，他就红莲型杂交稻在我国的应用前景，向湖北省委递交了《关于加快红莲型杂交稻发展》的建议，时任中共中央政治局委员、湖北省委书记俞正声再次作出批示，要求省里领导重视朱英国的建议。根据俞正声的批示，同年6月20日下午，时任副省长刘友凡主持了由武大、省发展和改革委员会、农业厅、科技厅、财政厅、农学院等部门参加的会议，专题研究加强红莲杂交稻发展的有关问题。

会议认为，红莲型杂交稻具有米质优、产量高、抗性强、制种产量高等显著特点，已有“红莲优6号”“粤优9号”“珞优8号”等品种通过了国家和省级审定，“红莲优6号”获湖北省科技进步奖一等奖；“珞优8号”仅2006年就制种4300多亩，在全国9个省120个县示范种植面积达20万亩。红莲型杂交稻的推广应用对于做大做强湖北种子产业、推进优质稻生产、增加农民收入、保障粮食安全具有十分重大的意义。

会议认为，红莲型杂交稻的产业化已具备条件：一是有领军人物，朱英国可以扛起主导湖北农业科研的大旗；二是有成果，除已通过审定的多个品种外，朱英国还加大了新的基因资源，利用转基因、分子设计等现代化遗传改良技术，培育了新型的红莲型不育系和恢复系；三是有机遇，中部崛起战略明确要求将湖北建成国家优质粮基地；四是有依托，武大、华中农业大学、湖北省农业科学院等科研院校可以提供强有力的技术支持；五是有良好的环境，湖北省委、湖北省政府高度重视，省直有关部门和单位大力支持。

会议就扶植红莲型杂交稻的产业发展议定了几项具体措施。比如，同意朱英国提出的建立“一个中心、三个基地”的设想，即湖北红莲杂交水稻研究中心、基础研究基地、种质创新基地和原种繁殖与种子产业化基地；由省农业科学院提供一层楼和50～100亩土地供其长期免费使用，朱英国任省农业创新中心首席专家，同时，由省农业厅安排专项资金，支持红莲种子生产等。

2008年，朱英国和袁隆平等11位院士，联名给时任国务院总理温家宝写信，建议开展农作物“强优势水稻杂交种的创制与应用”课题，得到了温家宝总理的高度重视，温总理批示国家重点支持。在国务院支持下，2009年该项目正式立项，取得了良好进展。朱英国作为这个项目的重要科学家指导全过程，为推动我国杂交稻事业发展做出了贡献。

2012年8月，朱英国作为省参事调研课题组组长，带周培疆、谢平、徐汉涛等同志就湖北农业强省建设课题进行调研。当时天气十分炎热，坐在家里都会出一身汗，73岁的朱英国头顶草帽、手握拐杖，不知疲倦地带着课题组去荆州、荆门、仙桃等地，走乡串村，与基层农民交流，获得了大量第一手材料，执笔写出了近万字的调研报告——《关于湖北农业强省建设的对策和建议》。建议中说：

湖北农业产值与农产品加工产值之比实现历史性突破，由1：0.8提升到1：16，粮食实现九连丰，农民增收实现九连快，进入全国第一方阵。但要让湖北由农业大省变成农业强省，必须强农业、强农村、强农民，解决农业经营主体欠规模等“五欠”问题……

不久，就“三农”存在的一些问题，朱英国再次深入荆门的农谷、彭墩村、京山等地调研，由点到面对湖北全面建成小康社会，以及农业强省、科技强省、产业强省、流动强省提出建议。在这份报告中，他站在全国层面上，对水稻种植和种业现状进行了分析。

2013年，朱英国再次出马，在对长江流域九省市和东北的辽宁、吉林、黑龙江，以及西北地区的宁夏、新疆、陕西、甘肃进行调研的基础上，站在国家粮食安全的高度，给国务院写出了建议书——《关于我国粮食增产面临的科技制约因素及进一步发挥科技促进粮食生产作用的几点建议》。

2012年4月，朱英国（前排右三）参加“973”计划项目汇报会

在该建议书中，他用大量事实分析了我国粮食增产面临的问题，如科技投入力度不够、科技成果转化率低、科技管理体系不

完善等，并提出建立多元投入机制、提升科技创新能力等对策。这些建议均受到最高决策层的重视。

第三节 跑了130多个县

朱英国当选为中国工程院院士后，国家和湖北省委托他做的事一件接着一件。

2006年2月，科技部把“珞优8号”列入农业科技成果转化资金项目，随后，“珞优8号”又被农业部选入跨越计划项目；2007～2015年，“珞优8号”连续8年被湖北省确定为主推品种；从2008年开始，“珞优8号”被国家批准为主推品种……无论省里和国家多么重视，朱英国始终保持着清醒的头脑，把基础研究、应用研究和产品推广绑在一起，“三块”、三个团队紧密结合，同时展开，滚动发展，哪里出现薄弱环节，他的精力就投向哪里。相比之下，朱英国当选为中国工程院院士后那几年，产品推广方面要弱一些，他决定亲自抓。

怎么才能更好地推广？朱英国有他的考虑，此前他的做法是品种推到哪里，他就把种植方法讲到哪里；哪里出问题往哪里跑。他现在明白，单靠自己和团队的几个人再怎么努力，都难以让“红莲”“马协”和两系遍地飘香，必须培养大量的农业技术员，发挥他们的作用。

从2007年起，朱英国率领推广团队，先后在湖北黄梅、老河口、松滋等地搞了万亩示范片；在监利、广水、仙桃、随州、宜城等地搞了千亩示范片；在随州、宜城、钟祥、沙洋、松滋、孝感、老河口、南漳、咸宁、广水、仙桃、武汉等地搞了百亩示范片。

2008年，他把万亩示范片扩大到了孝昌、老河口、南漳、咸宁、仙桃、沙洋、宜城、曾都等县市，同时在孝昌、老河口、松滋、咸宁等县市建立了10个万亩示范片，在孝昌、老河口、松滋、曾都、随州、赤壁、鄂州、安陆建立了超高产百亩示范片。2009年，在孝感建成了30万亩示范工程。

所有这些示范片平均亩产达700公斤以上，其中由湖北省农业科学院、湖北省农业科技创新中心建立的“珞优8号”示范点，亩产达823公斤，创造了湖北最高单产纪录。与此同时，“珞优8号”在河南、江西、安徽、湖南等9省120个县市，示范面积约10万亩。

朱英国每到一个示范片、示范点，都召集农业技术员到现场培训，对照长势做示范、讲套路、说原理，但他毕竟是70多岁的老人，常滑倒弄一身泥水。他就找了一副拐杖，拄着拐杖在田头讲课。他一头白发，慈眉善目，到乡下一露面，农民就觉得他特别可靠，都放心地跟着他走，他讲的农民信，也爱听。

长江流域水稻产区范围大，涉及十多个省市，有些地方的方言很难懂。比如，湖南怀化的麻阳县位于湖南西部、湘西南部，处在贵州、四川、湖南三省交会处。该县兰里镇种植了“珞优8号”示范田，随后在锦和、郭公坪、岩门三个乡镇推广，产量高、效果好，农民很喜欢。但当地方言很难沟通，朱英国到那里的时候，一路走一路学方言。

2007年，“珞优8号”被引入江西抚州，在临川区腾桥镇皇溪等村种了一万多亩，效果非常好。2008年抚州市决定把“珞优8号”当主推品种，在全市11个县（区）全面推广，朱英国因此先后三次去抚州讲大课。

湖北咸宁的方言也难懂，朱英国每次去时就带一个咸宁学生做翻译，不仅讲课，还当场解决技术问题。比如，“红莲”发芽有一个过程，正常情况下，浸泡一天两夜就开始露白，种子这时处在发热状态，如果不注意就会烧种子。咸宁桂花镇就出现了这个问题，开始认为是种子有问题，朱英国赶过去发现原因后，手把手地教农业技术员泡种子、给他们讲时机，解决了桂花镇人民的疑虑。

2010年8月，朱英国院士（右一）和时任湖北省副省长赵斌、副厅长徐能海等领导在田头合影

仅三年间，朱英国先后到全国130多个县讲课，培养农业技术员5000多人，同时在湖北枝江、黄冈等地成立了多个院士工作站。大面积培训农业技术员，既促进了“红莲”“马协”和两系的广泛推广，又为粮食生产储备了大量技术骨干，是一个一举多得的基础工程。

第四节　创办“协同创新中心”

当选为中国工程院院士前后，朱英国总在考虑一些问题。

我国是世界第一人口大国，用世界上9%的耕地，生产了世界上1/4的粮食，养活了世界上1/5的人。目前，我国面临耕地减少、人口增长、粮食需求加大的严峻形势。根据《国家粮食安全中长期规划纲要（2008—2020年）》，2020年我国粮食综合生产能力要达到10 800亿斤以上的目标，粮食缺口将达9000万吨。我国50%以上的人口以水稻为主粮，因此我国水稻种植面积约4.5亿亩，稻谷年产量2亿吨，占全国口粮总产的60%以上。

长江流域是杂交水稻生长的摇篮，分布着449个粮食生产重点县。长江流域杂交水稻的种植面积和产量均占全国杂交水稻的80%以上，杂交水稻对长江经济带的发展意义重大。

粮食生产的核心是种子，现代农业必须要有强大的种业。目前，国际前十大种业跨国公司占全球市场份额的70%，而我国前十大种业公司只占全球的0.8%，差距很大。我国的大豆产业受控于人，玉米种业已受到国外公司的威胁。

我国杂交水稻技术处于国际领先水平，具备提升我国种业竞争的能力。国际大公司已在东南亚、印度建立水稻种业，如果我国水稻种业也受控于人，后果将不堪设想。

在生产方面，我国自然灾害频发，病虫害严重，劳动力缺乏，栽培方式落后，农田生态破坏严重，生产成本上涨，种质资源缺乏，杂种优势机理不清，高产、优质、广适、高效的品种少，单位面积产量停滞不前。相关研究则以小作坊式的课题组运行，各自为政，低水平重复；种子企业小而多，自主创新能力不强；科研单位与种子企业结合不紧密；基础研究与品种选育、种子生产等严重脱节，急需科研机制创新。

任何一家科研单位都无法单独解决上述种种问题，因此必须协同创新，组建长江流域杂交水稻协同创新中心、构建杂交水稻现代研发体系，是实现杂交水稻再次飞跃的必不可少的有效途径……

在朱英国的积极推动下，武大对此高度重视。

2012年11月，由武大牵头，联合南京农业大学、四川农业大学、北京大北农科技集团股份有限公司、袁隆平农业高科技股份有限公司等单位，共同组建成立了长江流域杂交水稻协同创新中心。

该中心追求的目标是：国家急需，世界一流。在水稻生殖与育性、杂种优势形成机理、抗病虫与抗逆机理等前沿领域，引领杂交水稻发展，使之成为科技创新基地、精英汇聚高地、人才培育摇篮、国际合作平台。为促进我国杂交稻产业发展，保障国家和世界粮食安全、食品安全和生态安全做出新贡献。

2014 年 1 月，朱英国被武汉大学聘为长江流域杂交水稻协同创新中心主任，图为武汉大学校长李晓红（现为教育部副部长）和朱英国亲切握手

2013 年 12 月 2 日，武大启动了协同创新中心人才招聘工作。计划招聘资深研究员、高级研究员和研究员等 30 人。武大校长李晓红在随后举行的聘任朱英国为武大协同创新中心主任的仪式上说：无论对学校还是对国家，建立创新中心都具有重要意义。学校将大力支持并协助朱英国完成申报“2011 计划”等目标。

2014 年 4 月 13 日，协同创新中心工作促进会议在海南陵水召开。中国工程院院士袁隆平、朱英国、荣廷昭、颜龙安、陈剑平，中国科学院院士谢华安，以及武大、南京农业大学、四川农业大学、湖南杂交水稻研究中心、中国水稻研究所、中国农业科学院作物所、杂交水稻国家重点实验室、袁隆平农业高科技股份有限公司、大北农科技集团股份有限公司等负责人出席会议。协同创新中心理事长李晓红特地到海南，在会上致欢迎辞；朱英国介绍了协同创新中心组建以来的运行进展情况……

同年 8 月 28～29 日，笔者应邀参加在武大召开的协同创新中心研究会。朱英国向与会代表介绍了协同创新品种，随后在生命科学学院一楼中厅组织大家对协同创新中心的工作进行深入探讨，在共享资源、互通情报、协助攻关等方面达成共识。

武大副校长舒红兵在会上说：“朱老师近两三年来，一直在忙这个创新中心，跑了很多路、吃了很多苦，说到底，是想整合各方资源，形成巨大力量，解决科学研究和应用中的难题。武大支持他，也支持创新中心。”

第五节　操心百姓饭碗

一辈子坚持写日记的朱英国，在习总书记接见他之后，对国家粮食安全想得更多了，产生忧思时就吃不香、睡不着，夜里常常被沉淀在心底的童年挨饿的梦惊醒。粮食安全是一个大课题、一个综合工程、一个需要不时敲击的警钟，他能做到、能做好的是科学研究，还有建议和呼吁，他把自己的思考写在日记里：

当院士后，我考察了全国有代表性的水稻、小麦、玉米、大豆种植区。到黑龙江垦区，看到一望无垠正在扬花吐翠的稻田，感觉自己是站在海边，在看海景：阵阵清风拂面，透空的视野里，蓝天与稻田融为一体，泛起阵阵波浪、粼粼波纹。远处，星星点点的职工不时弯下腰拔起杂草，近处人们开始平整晒场准备收获，一片令人心醉的丰收景色。江苏常熟也给我留下了深刻印象。常熟是全国实力最强的县级市之一，2010 年人均 GDP 就突破 2 万美元，人均经济水平超越了欧盟的葡萄牙。常熟非常重视农业，能一口气筹资上千万搞一大片示范田。令人称奇的是常熟如此发达，农民种田的积极性仍很高。黑龙江垦区的大面积水稻和常熟示范田，让人感觉很安稳，觉得饭碗端在手里没有问题，可是有些地方看了就让人忧心。我不禁想起习总书记在粮食生产上强调的一些观点：

“把稳定地解决 13 亿人口吃饭的问题，作为治国安邦重中之重的大事。”

“要给农业插上科技的翅膀，加快构建适应高产、优质、高效、生态、安全农业发展要求的技术体系。”

“全面建成小康社会，难点在农村特别是贫困地区。因地制宜，把种什么、养什么、从哪里增收想明白，帮助乡亲们寻找脱贫致富的好路子。”

“要切实办好农村义务教育，让农村下一代掌握更多知识和技能。”

“小康不小康，关键看老乡。”

朱英国多次在会议上表示，50 多年了，自己一直在与农村、农业、农民打交道，深切感觉到端稳饭碗不容易。这不仅是因为我国还有 1.28 亿人生活在贫困线以下，其中绝大部分就在农村；还因为随着城镇化的推进，我国的粮食供求将进一步处于紧平衡状态。到 2030 年，我国将新增 3 亿城镇人口，粮食总需求要达到新的高度，才能解决吃饭问题，而目前农村的空心化、老龄化不断加剧，种粮效益长期偏低，加之灾害多发高发、基础设施薄弱、农业新技术储备不足，农业科技进村入户任重道远……

2011 年 4 月，朱英国（右七）和颜龙安、谢华安等院士及科技人员在海南武汉大学杂交水稻南繁基地

全国的耕地面积，每年平均减少1000多万亩，部分地区土壤沙化退化、水土流失、过度依赖化肥、耕地质量下降、土地污染、农民抛弃土地、高投入低回报、农村老弱病残、城乡收入差距越来越大、农业信息化产业化等一系列问题，不时地冲击着粮食安全的红线。

第六节　年近耄耋仍奔波

“如果你想见朱院士，就给他办公室打电话，如果电话没人接，那就肯定不在武汉。”这是笔者认识朱英国两年来的感受之一。

他真的太忙，国家多个重点项目依然扛在肩上；团队的基础研究、应用研究和产业化三大块不敢有丝毫松动；武汉四周加海南陵水的大大小小7个试验基地，四川、浙江和湖北的多个制种基地、多个实验室，他要引领、要跑到，要确定研究方向，要制定宏远目标；要指导研究生；要到院士工作站讲课；要参加中国工程院活动；要尽多个重大项目首席科学家和评委会主任责任……本来事情就多得不得了，他又担着长江流域杂交水稻协同创新中心主任的重担。长江流域有多少省市？武汉处在中部，上游有事找他，下游有事也找他，到武汉出差路过的也找他……

只要他回到武汉，不管是工作日还是休息时间，他肯定在办公室。笔者多少次以晚辈的口气劝他说：“老是这样扛吃不消的，无论如何要卸掉一些。”

朱英国却说：

有些事是我的本分，必须跑，跑的过程也是传递科学理念的过程。水稻研究不同于其他，不是几个人关着门就能搞成的，最大的特点是时间漫长，需要科学家齐心协力，而且，研究到现在这一步，越往后出成果越难，需要动员更多的力量攻关。

时间对我来说太少了，恨不得退后20年。近两年，我心里老揣着鄂州基地，习总书记视察后，中共中央办公厅的陈局长到武汉掌握鄂州基地进展情况。他去年到武汉时我备了汇报稿，想把习总书记看过的“珞优8号”“珞优10号”“两优234”等多个品种高产、优质、抗虫、抗病、广适的生态特点及产业化情况，向他作个汇报。陈局长说，看现场比什么都好。到现场去看了系列新品种组合，陈局长很高兴，直接对我说，世界范围内新一轮科技革命和产业变革正在兴起，而我国正处于全面建成小康社会的关键时期，比以往任何时候都更加需要紧紧依靠创新驱动。中央办公厅从多方了解到，习总书记接见你以后，你们的基础研究、应用研究和产业化体系更加完整，抓原始创新，将高产、优质、广适和生态提炼得更好。你们的这个基地，是国家粮食安全的一个示范点，中央办公厅要跟踪了解三年，有什么困难可以直接反映。

2014年12月，朱英国应邀在华中农业大学南湖学术论坛作学术报告，图为报告后与研究生们交流

附录 | 一 |

媒体报道选摘

从1979年《长江文艺》第三期刊登朱英国团队的纪实文学作品《红莲传》至今，有关他和团队事迹及研究成果的报道接连不断，尤其是朱英国当选为中国工程院院士后，赞美的文章数不胜数，多达数百万字。以下只选摘近十年部分媒体的章节[①]，以飨读者。

2002年9月26日　新华网《中国“红莲型”杂交水稻研究达国际先进水平》

由武汉大学生命科学学院遗传研究所朱英国教授领导的课题组完成的“红莲型籼稻配子体雄性不育研究与利用”项目，日前通过了国家自然科学基金委员会鉴定。专家认为，此举标志中国红莲型杂交水稻研究取得重要突破，达到国际先进水平。

据悉，课题组选育成功的“红莲优6号”三系杂交中籼稻新品种，同时通过了湖北省农作物品种审定委员会的审定。

红莲型杂交水稻是武汉大学生命科学学院遗传研究所于1972年，利用海南红芒野生稻与常规稻杂交选育的籼稻配子体雄性不育系类型，与野败型杂交水稻并列为中国推广种植的杂交水稻新类型，是国际公认的杂交稻新细胞质类型。其主要特点表现为遗传多样性突出、杂交选择性广、综合性状优异等。

据介绍，朱英国教授领导的课题组在1972年成功选育出“红莲优6号”，通过在中国南方稻区8省市进行区域试验和示范推广显示，“红莲优6号”中稻株叶形态好，米质优，穗粒结构好，生育期适中，抽穗期耐高温能力强，可抗白叶枯病，亩产平均达到750公斤，应用前景广阔。

目前，“红莲优6号”中稻新品种已吸引了来自湖北、湖南、河南、安徽和陕西等省份的160多家种子管理、农技推广部门和种子

① 部分引文在收录本书中时略有改动。

公司前来选购。

据透露，在红莲型不育系的基础研究上，武汉大学已克隆出与红莲型雄性不育有关的基因，并完成了恢复基因的精密定位和物理图谱，目前已进入恢复基因克隆的研究阶段。

2006年07月22日　《经济观察报》《朱英国倾心红莲杂交稻　湖北版袁隆平任重路艰》

谈起杂交稻，人们往往把它与袁隆平联系在一起。事实上，在这一领域，还有一个几乎与袁隆平比肩的人，他就是中国工程院院士、武汉大学遗传研究所所长朱英国教授。

7月20日，湖北省红莲型杂交稻产业化发展领导小组在武汉成立，时任副省长刘友凡出任组长。小组的主要任务是：在国家大力推广杂交稻项目的背景下，出台一系列的举措，加快红莲型杂交稻的发展，尽快打造出湖北版的袁隆平。

据武汉国英种业有限公司总经理丁俊平介绍，公司已在湖北黄陂、黄湖、四川等地建立了生产基地，制种面积达6000亩，预计产种250万斤，未来的规划是在湖北黄陂建设5万亩的杂交稻制种基地，实行订单收购，全产全收，仅此一项，可为当地农民增加收入4000万元。自2002年以来，"红莲优6号""粤优9号"和"珞优8号"等3个品种先后通过了国家和省级种子审定，在全国9个省120个县推广种植面积达1000多万亩，产量比其他品种增产6%左右。7月6日，农业部部长杜青林在全国农业科技创新大会上宣布，中国在超级稻育种技术上实现了亩产800公斤的新突破，水稻生产正进入"第三次革命"……

2008年9月3日　荆楚网

8月28日，在湖北省农业科技创新中心举行的红莲型杂交稻新组合现场观摩会上，产量达到每亩800公斤以上的四种优质杂交稻，引来湖北省科技厅、湖北省农业厅有关负责人的赞叹。观摩会上共展示52个红莲型杂交稻新组合，其中由武大朱英国院士团队选育的品种有43个。记者见到，展示的“两优234”组合，沉甸甸的穗子“低着头”，有的稻穗已露出金黄色。据介绍，这种杂交稻理论产量达到每亩904公斤，平均穗粒数达到219粒。如果其他性状良好，可望成为我国水稻种植的又一主推品种。

此外，由朱英国院士团队选育的“粤泰A/710501”“粤泰A/710005”“珞红3A/510397”等组合，表现出与此前他们育出的良种“珞优8号”相当的丰产性能，亩产普遍达到800公斤以上。

2002年，朱英国团队在选育出“红莲优6号”后，又培育出一批高产优质的红莲型杂交稻新组合。“红莲优6号”“珞优8号”“粤优9号”等已累计推广1500万亩以上。其中，“珞优8号”达到国家二级优质米标准，去年在全国推广了110万亩，今年推广近200万亩，被列为湖北水稻主推品种。

在我国，一般中稻平均亩产约500公斤，而此次育出四种优质杂交中稻，均至少每亩增产300公斤，而且米质好，需肥量少，抗倒伏性能强。

2008年9月9日　荆楚网

昨日，2007年度湖北省科技奖励大会在武汉隆重召开，武汉大学朱英国院士获省科学技术突出贡献奖，奖金100万元。省委书记罗清泉为他们颁发奖金和证书。年近70岁的朱英国院士，长期从事植物雄性不育遗传机理、水稻杂交优势利用和产业化等方面研究。他坚持产学研结合，实现了优质杂交稻的产业化。

2008年10月16日《中国教育报》《朱英国院士：用一粒种子改变世界》

……1971年11月，朱英国和他的同事用1000多个套袋带上全部种子材料奔赴海南。次年4月，等到上千个组合收割分类后，他们再摘下一粒粒稻谷，剥去谷壳，带回湖北排湖转育，秋后转战广西南宁。

从那一年起，朱英国便过上了候鸟般的日子，每年夏季在湖北，冬季在海南，几乎没有与家人度过一个完整的春节。直到现在，虽然武大早有了温室，但由于杂交品种越来越多，朱英国还是要做“候鸟”，把为国家粮食安全出力、为农业增效、为农民增收服务视为己任，长期奋斗在新品种培育和科研一线。从1972年起，朱英国从水稻育种材料源头创新入手，为培育出新型不育系和杂交水稻新品种不断探索。

现在，红莲型杂交稻不仅在我国受到青睐，在东南亚多个国家的试种也获得成功，产量与米质优于其他杂交稻，红莲型杂交稻已进入国际市场。“楚国种，天下用”的梦想正在一步步变为现实。

2009年4月17日 《光明日报》《朱英国：“水稻候鸟”与“东方魔稻”》

……人们尊敬他。尊敬，不仅仅是因为他被誉为杂交水稻研究领域可以和袁隆平比肩的人物，也不仅仅是因为他的团队选育的杂交水稻品种成为全国杂交水稻的亮丽新星；尊敬是因为一个科学家拥有土地般博大深沉的襟怀，对田野怀抱着绚丽的梦想，对梦想进行着虔敬的追逐。

1939年，朱英国生于大别山区罗田县。在贫困中长大的他，目睹了太多关于土地和粮食的悲喜剧。进入大学不久，他就遭遇了席卷全国的惨烈饥馑。这场饥馑在他心中留下了长久的悲悯，也更坚定了他少年时的梦想：让世界远离饥馑。于是，选择专业时，朱英国毫不犹豫地在志愿栏里一股脑儿填上了“生物系”，选择了植物遗传，专注于水稻科研工作，一干就是40年。

红莲，一个美丽的名字。在杂交稻领域，袁隆平的野败型与武汉大学的红莲型、日本的包台型，被国际公认为三大细胞质雄性不育类型。而且只有野败型和红莲型在生产中大面积推广种植，被冠以“东方魔稻”的美称。

红莲型研究成果，获得1978年全国科学大会奖。在此基础上，朱英国等培育出多个优质高产的红莲型杂交水稻品种，产量比其他品种增加6%左右。

“马协”，是他培育的另一颗明珠。1984年3月，经过大海捞针，农家品种“马尾粘”中一棵不育株被他和助手发现。经过3年繁复的杂交试验，“马尾粘”细胞质雄性不育系终于成功培育出来了，它就是“马协A”。“马协A”的问世，拓宽了当时杂交育种的理论视野，2002年获国家技术发明奖二等奖。1987年以来，以朱英国为首的研究组先后培育出马协型不育系3个。

朱英国还是最早从事光敏核不育水稻研究者之一。他利用1103S配组的籼型两系杂交稻两优1193于2003年通过湖北省品种审定，目前正在推广应用……

2009年7月2日　荆楚网

“不久的将来，鄂产水稻种子将会在非洲土地上生根发芽。”朱英国院士昨日告诉记者，本月15日，他将去非洲，前往帮助规划几内亚的水稻种植。“楚国种，天下用”的梦想，在朱英国这位湖北籍院士手中，正慢慢变为现实。现年70岁的朱英国，一直致力于植物遗传学和基因育种研究，培育出了一个个优良水稻品种。

2009年12月8日《农民日报》《红莲型超级稻“珞优8号”走俏越南》

近日，笔者从湖北省人民政府和武汉大学主办的红莲型杂交稻现场观摩及产业化研讨会上获悉，2009年，红莲型杂交水稻“珞优8号”在越南的种子销售量突破1000吨大关，创下了越南国内单个品种销售量、种植范围和综合质量三项第一。为表彰该品种对越南国家粮食安全和对农民增产增收做出的巨大贡献，越南农业部拟定在今年授予“珞优8号”粮食安全金奖。

据越南大洋种业有限公司董事长罗云飞介绍，2006年夏季，该公司携带40公斤“珞优8号”到越南宁平县做实验，产量达到8.4吨/公顷，大大超过当时其他新品种夏季最高产量7.5吨/公顷。从此，“珞优8号”在越南的销售量就迅速从2007年的230吨上升到2009年的1020吨。目前，“珞优8号”单品种在越南的种植面积已占全国杂交水稻种植面积的5%，并有望在3年后超过20%。

红莲型杂交水稻是以中国工程院院士、武汉大学教授朱英国为领军人物的科研团队经过近40年研发，培育出来的良种。它与袁隆平院士的野败型、日本的包台型一起被国际公认为杂交水稻的三大细胞质雄性不育类型。据介绍，红莲型杂交水稻具有米质优、产量高、适应性广、抗高温、抗病、抗倒伏、需肥量少等特质，近5年来已在全国累计推广1500万亩以上，还在东南亚的越南、老挝、缅甸、印度尼西亚和巴西等十几个国家试种成功。今年3月，红莲型中稻新品种“珞优8号”通过了农业部组织的超级稻验收、评审，并被确认为全国第三批示范推广的超级稻品种。

2010年3月28日 《湖北日报》《武大院士朱英国育出杂交稻新品种“两优234”》

朱英国院士课题组研制的杂交水稻新品种“两优234”，日前已通过省农作物品种审定委员会的审定。它与誉满省内外的“珞优8号”都是朱院士课题组培育的代表品种，分属不同组合，好比“表兄弟”的关系。“两优234”在杂交水稻中属两系新组合，是朱院士课题组从20世纪80年代初研究至今的成果。其主要特性是熟期短、产量高、米质优、抗逆性强。熟期比对照“扬两优6号”短10.7天；两年区域试验平均亩产636.43公斤，比对照“扬两优6号”增产

5.12%，达极显著水平；经农业部食品质量监督检验测试中心测定，米质达到国标三级优质标准。

在研究两系杂交水稻之前，朱院士课题组培育出以“珞优 8 号”为代表的红莲型杂交水稻，累计在全国推广种植 4000 万亩。

2010 年 12 月 22 日 《科学时报》《武大红莲稻：40 年产学研启示录》

朱英国和他的科研团队 40 多年来，形成了一支基础研究、应用育种与产业化相结合的“魔稻”团队。如今，红莲花开，香溢四方。“如果把杂交水稻研究比作山，袁隆平的野败型稻就如同泰山之雄伟，朱英国的红莲型稻犹如黄山之神奇。”全国政协委员、湖北省统计局副局长叶青在个人博客上如是说。

在叶青看来，红莲型和野败型之间的科研重点、技术路线、外部环境大不相同，“野败型长于产业化推广，红莲型的优势则在于基础研究的突破”。

事实上，基础研究的薄弱一直是世界杂交水稻发展的软肋。武汉大学以基础研究为主体的研究特色正好为红莲型杂交稻的自主原始创新提供了肥沃的土壤。

坚持“从基础研究中来、再到应用中去”，是朱英国团队不断取得成功的法宝。他的团队由 3 支队伍组成。一支做基础研究，算上研究生有 150 多人；一支做应用育种，他们常年在田间工作；还有一支负责产业化推广。包括“长江学者奖励计划”特聘教授 2 名、“973”项目首席科学家 2 名和从国外引进的一批骨干人才，其中青年教授学者 12 名。经过 40 年发展，目前已逐步形成了一支结构合理、学风严谨、团结奋斗、相对稳定的学术队伍，先后被评为国家创新研究群体、教育部创新团队、湖北省创新团队等。

2011年1月12日　新华网《“农田院士”朱英国：一粒种子可以改变世界》

……隆冬季节，在海南省陵水县的一处稻田里，几位头戴草帽、卷着裤管的“农民”正在一株一株地查看秧苗长势；与别的稻田不同，这里的秧苗被划分为地板砖大小的一块块，每一块里都插着一个小标牌，写着不同的系列号。

这不是一片普通的稻田，而是刚刚竣工验收的武汉大学杂交水稻基地；这些种田人也不是普通的农民，他们是中国工程院院士朱英国所带领的研究团队——武汉大学的教授、博士、工程师们。

在过去的40多年时间里，朱英国院士在海南的基地里，开拓了马协型、红莲型杂交水稻雄性不育资源新领域，从这里走出的红莲型杂交水稻，与袁隆平的野败型被同时誉为“东方魔稻”……

这一系列研究成果为国家粮食安全做出了杰出贡献，人们将朱英国院士誉为“农田院士”。

一粒种子可以改变一个世界，一个品种可以造福一个民族。

40多年来，朱英国抱定对种子效应的信念，率领他的研究团队不断进行水稻育种材料源头创新，培育和选用杂交水稻新品种。

早在20世纪70年代，他们就成功培育出红莲型细胞质雄性不育系红莲A。近10年来，朱院士等人成功地选育出优质的红莲型不育系“珞红3A”和红莲型杂交稻组合“红莲优6号”“珞优8号”和“粤优9号”等优质组合，推动了优质杂交稻的发展。其中，“珞优8号”的最高亩产达876公斤，并且达到国家二级优质米标准，一步跨入“超级稻”行列。

另一个组合的新品种“两优234”通过湖北农作物品种审定委员会审定，被专家们认为是首次用分子标记辅助选择成功选育的抗虫杂交稻并用于生产。这种抗虫基因是野生稻的天然抗褐飞虱基因，由栽培稻与野生稻多次杂交后为人类所利用。“水稻候鸟”向饥馑挑战。目前，他们通过审定、认定的杂交水稻新品种达18个，连续多年在菲律宾、越南、斯里兰卡、孟加拉国、莫桑比克等国试种，比当地品种增产20%～50%，出口潜力也非常大……

2011年7月1日　荆楚网

……四年前，荣获湖北省科学技术突出贡献奖、省委书记罗清泉为他颁发奖金和证书的中国工程院院士、年近70岁的著名植物遗传育种学家朱英国，将所获的100万元奖金派上新用场。这100万元他分文未取，80万元用于科研，20万元作为水稻科研基金。

2012年1月10日　《湖北日报》

朱英国院士是我国的科技精英，他站立在世界种业之巅，为国家的科技事业和经济发展做出了巨大的贡献，几十年来总是风里来、雨里去，在试验田里像农民一样劳作。他研究出的红莲型和袁隆平的野败型及日本的包台型，同被国际公认为水稻的三大细胞质雄性不育类型……朱英国院士有写工作日记的习惯，40年一天不落。在他的工作日志里，藏着对中国稻种的深深情感……

武汉大学文学院党委副书记王怀明在调任文学院前，就职于武汉大学宣传部，多年跟踪采访朱英国，发表了不少有影响的文章。其中，描写朱英国早期南繁北育艰辛程度的细节真实、精彩，成了记者们“借用率”较高的经典段落：

……从1972年起，朱英国每年都要南下海南岛，开展课题研究。朱英国和同事们通常住在当地农民家里，连电灯都没有。科研小组不仅要在试验田里忙，还要自己砍柴做饭。当初购物还受计划限制，由于他们的供应关系不在当地，粮油等许多必需品无法买到，至于猪肉更是难得吃到一次。除了生活条件的艰苦，他们还遭受着蚊虫毒蛇的威胁。当地农民有句顺口溜说，“海南有三怪：三个蚊子一盘菜，三个老鼠一麻袋，蚂蟥当腰带”。工作环境的艰苦可见一斑。

平常下田被蚊虫叮、蚂蟥咬是常事，最可怕的还是毒蛇。朱英国所在协作组有一名18岁的咸宁小伙子在外出砍柴时被眼镜蛇咬伤，当地医疗条件落后，最后竟因未能及时医治而毒发身亡。后来，朱英国和同事们下田或外出砍柴时，就不得不采取“打草惊蛇”之法——穿着套鞋、举着棍子在面前的杂草丛中不停地敲打。此外，硕大的田鼠经常把科研组辛辛苦苦栽培的禾苗咬断。有很长一段时间，朱英国和同事们将铺盖搬到田埂边，每夜拿着长竿跟田鼠“激战”。天长日久，周而复始，朱英国满头青丝变白发，脸颊布满岁月沧桑，而追求的意志却保持着底色，仍像候鸟一般在海南和湖北间奔波……

历经五年不懈努力，朱英国率领的科研小组，终于培育出被国际公认的三大细胞质雄性不育类型“红莲A”。这项研究成果获得全国科学大会奖，被誉为“中国超级稻育种技术新突破”“杂交水稻发展的重要基石之一”。此后，朱英国和团队继续艰苦努力，成功选育出“红莲优6号”“珞优8号”和“粤优9号”等优质稻种，其中“珞优8号”最高亩产达876公斤，一步跨入超级稻行列，受到国内外广泛欢迎。

《科学家的故事》（世界图书出版广东有限公司）：

……常年顶烈日、冒风雨奔波在田间地头的朱英国，看上去像是一位对土地充满深情厚爱的农民，但他心灵深处却是对农业科学孜孜不倦的探究。刚开始研究红莲型时，他就有了一个宏伟的计划：要把红莲型的科学模式揭示出来，用红莲型作为科学研究的材料，去揭示遗传学、分子生物学上的规律，进而推动整个水稻科学研究的发展。

他怀揣芸芸众生，为实现“天下苍生吃饱饭”的初衷，一如既往，不辞艰辛攀登科学高峰。他常对助手们说，“我们吃苦再多，育出来的品种再好，获奖层次再高，都不是目的，最终是推广应用，让众生分享科技果实。”然而，因为水稻品种的特殊属性，推广一个新品种一般要花十多年，需要一辈子努力，为此他特别重视培养人才，先后培养硕士生、博士生120多名，副教授、教授23名。这些人才，除了在基础研究、应用研究、市场推广方面充当他的主力军，还在他最揪心、最棘手、最分散他精力的基地建设上，分忧解愁，横刀立马……

2013年7月29日 《中国社会科学报》《朱英国：用稻种护卫国家粮食安全》

从事研究近50年来，朱英国培育的水稻种子品种在生产中被大面积推广应用，他的研究为提高现有水稻品种的产量与稳产能力、保障国家粮食安全做出了重要贡献。其中，红莲型杂交稻享誉世界。

7月22日，习近平总书记在鄂州市鄂城区杜山镇东港村育种基地考察，参观的就是朱英国的试验基地及其培育的“珞优8号”“珞优10号”和“两优234”等水稻新品种。

出身农村的朱英国深切了解农民的艰苦，立志用知识改变农村的落后面貌。他于1964年毕业后留校任教，正式投身水稻研究。20世纪70年代初，湖北成立水稻三系研究协作组，朱英国任组长，组织武汉地区的8家大专院校、科研单位的50多位学者，到沔阳排湖农场研究杂交水稻。朱英国率领的武汉大学师生团队，为增强水稻在不同地区的广泛适应性，并加快育种科研速度，充分利用地域气候优势，春夏在湖北的试验基地种植培育水稻，秋冬再带着湖北采摘的种子转战海南陵水研究基地，次年春再返回湖北。

就这样南北转战，朱英国和团队成员付出了常人不能想象的辛劳，掌握了“1年3代”加代技术。近年来，朱英国及其团队在雄性不育和杂种优势的基础研究中，将遗传学、细胞生物学和分子生物学相结合，利用分子标记、差异显示、图位克隆等技术研究水稻细胞质雄性不育的分子机理，揭示了红莲型雄性不育由两对独立的恢复基因所控制……

2013年8月15日 《中国科学报》《中国工程院院士：粮食生产应居安思危》

近日，中国工程院院士朱英国在接受《中国科学报》采访时表示，我国粮食安全总体形势是好的，但我们还要看到危机，要有危机感。当前，我国的粮食生产已经实现了连续增长，三大粮食作物——水稻、小麦和玉米尽管单产都非常高，然而还有提升的空间。

根据《国家粮食安全中长期规划纲要》，2020年我国粮食综合生产能力要达到10 800亿斤以上的目标。“这本身就是一个很大的目标，而且我国人口还在不断增长，随着工业化和城镇化的推进，粮食问题依然不容小觑。”朱英国表示。

创新是解决我国粮食安全问题的根本出路，这已是社会各界的共识。“我国水稻播种面积在4.4亿亩左右，其中杂交稻占55%，而产量却占总产量的66%，为我国粮食安全做出了重要贡献。杂交水稻的发展对于保障我国的粮食安全显得尤为重要，而杂交水稻可持续发展的关键在于种质创新。”

习近平总书记对武汉大学杂交水稻国家重点实验室的视察，给予朱英国很大的鼓舞。

“总书记这次视察，是对我们工作的肯定，更是对我们的鼓舞和鞭策。”朱英国表示，“作为科学家，我们更应该做好自己的本职工作，全力解决好科学界承担的关键性科学问题，担好担子、回报社会、回报国家。”

2013年11月8日 《科技日报》《一粒种子改变一个世界》

2012年在全国“国家水稻产业技术发展报告会暨红莲型杂交水稻现场考察会”上，谢华安院士、颜龙安院士、陈温福院士等200

多位专家对以“珞优10号”为代表的红莲型杂交水稻新组合给予高度评价。2013年在全国“第二届植物生物技术和现代农业论坛”上，谢华安院士、林鸿宣院士等300多位专家高度赞扬了武汉大学红莲型杂交水稻及两系杂交水稻组合。

更让朱英国感到欣喜的是，2013年7月22日下午，中共中央总书记习近平冒着酷暑深入武汉大学杂交水稻国家重点实验室鄂州试验基地。“珞优8号”“珞优10号”“两优234”……朱英国一一介绍基地培育的优良水稻品种。

当获知“珞优8号”亩产800公斤，是湖北连续7年、全国连续4年主推的超级稻品种时，总书记握着朱英国的手：“您辛苦了！感谢你们做出的贡献，希望各位继续努力，科技兴农，粮食安全要靠自己。”

“总书记这次视察是对我们工作的肯定，更是对我们的鼓舞和鞭策。”朱英国表示，“作为科学家，我们更应该做好自己的本职工作，全力解决好科学界承担的关键性科学问题，担好担子、回报社会、回报国家。”

2013年11月12日　中国共产党新闻网《朱英国：用水稻科研成果造福民族》

在武汉大学，有一个人被老师和同学们称为“珞珈山最富有的人”，有“珞珈山地主”之称，这个人就是中国工程院院士、武汉大学生命科学学院教授、博士生导师朱英国。之所以说他最富有，是因为他拥有珞珈山面积最多的土地，最多的时候，光武大校园就有40多亩，这片土地就是他的杂交水稻试验田。

当记者在武汉大学生命科学学院的走廊里，初次见到74岁的朱英国院士时，他看上去就是一位再普通不过的老教授，上身穿着藏蓝色西服、白衬衣，没系领带，下身穿着黑色西裤，脚穿一双休闲运动鞋，背着双手，步履坚定且轻快。见到记者后，他用比较浓郁的湖北方言说道："你来早喽，距离约定的时间还有几分钟。"

走进朱英国的办公室，记者一眼就注意到，在他的办公桌上有一张今年7月习近平总书记在湖北视察武汉大学杂交水稻国家重点实验室鄂州试验基地时，与朱英国等人的合影，这张合影曾屡见各大报端。朱英国坦言，习总书记当时表示，我国的粮食安全要靠自己，总书记对于杂交水稻研究的重视与厚望，让他为之振奋，更坚定了信心。

秋日的阳光暖暖地洒在身上，坐在办公桌前，朱英国向记者娓娓道来他在武大的圆梦之旅，以及他与武大的点点滴滴，"屈指一算，从大别山走进珞珈山，再从珞珈山走向五指山，耗费了我54年的时光，让我从青年一步步走过了中年，走向老年。感谢生命中的这三座大山，承载并成就了我年轻时的梦想。"

曾有一位记者这样说："人们尊敬他，是因为这位科学家拥有土地般博大深沉的襟怀，对田野怀抱着绚丽的梦想，对梦想进行着虔敬的追逐。"

在填写高考志愿时，朱英国连填了3个武汉大学生物系的志愿。他说："理由很简单，就是想当一名农业科学家，让家乡的亲人和自己远离贫困和饥饿。"

最初的梦想终于实现，朱英国当年就考上了武汉大学，攻读植物遗传专业。"当时，我的父亲挑着一个装着行李的担子送我到武汉，那是我第一次走出大别山。我们走了两天才坐上船，三天三夜才赶到武汉大学的珞珈山。"

"学生时代，我聆听过高尚荫、孙祥钟、余先觉、何定杰、公立华、杨弘远、周嫦、汪向明等老师的讲座和讲课，他们的科学精神一直激励着我。1964年，我参加了汪向明教授领导的水稻生育期遗传教育部重点科研组，开始水稻遗传研究。"朱英国称，在武大，他梦想的种子开始生根、萌芽；梦想，用信念支撑，行动坚持……

2014年2月26日 荆楚网《朱英国团队获科技进步奖特等奖》

昨日的湖北省科技奖励大会上，武汉大学朱英国院士团队因“红莲型新不育系珞红3A与超级稻珞优8号的选育和利用”项目，摘得今年唯一一个科技进步奖特等奖，奖金50万元。这给朱英国院士团队多年获得的众多奖项中，增添了新的荣誉。

朱英国院士介绍，该项目是一个团队共同艰苦奋斗的结晶，参与项目的一些年轻科研人员，坚守一线，热情很高，功不可没。

近20年来，朱英国院士带领科研团队，长期深入海南及湖北农村，埋头育种试验，攻克了红莲型不育系纯度技术难关，选育出具有自主知识产权的红莲型新不育系“珞红3A”与恢复系“8108”，并配组出超级稻新组合“珞优8号”。

“珞优8号”于2006年通过湖北省品种审定，2007年通过国家品种审定，2009年获得农业部超级稻认定，是湖北省第一个中稻超级稻品种，已累计推广2136万亩，获得直接经济效益6.292亿元，增产稻谷10.68亿公斤，节约化肥近6000万公斤，为农业生产增加经济效益42.71亿元。

2014年1月22日 武汉大学官网

1月21日，武汉大学举行仪式，聘任朱英国院士为我校长江流域杂交水稻协同创新中心主任。校长李晓红指出，无论对学校，还是对国家来说，建立长江流域杂交水稻协同创新中心，都具有重要意义。

李晓红与朱英国签署聘用合同，副校长舒红兵主持仪式，相关部门负责人出席。朱英国将在学校“2011计划”小组领导下，全面负责长江流域杂交水稻协同创新中心运行和管理工作，开展科学研究、人才培养、学科发展等，聘期四年。

该中心成立于2012年9月，由我校联合南京农业大学、四川农业大学、北京大北农科技集团股份有限公司等单位共同组建。攻克了杂交水稻产量、米质和抗病虫性等领域的核心问题，产出了大量具有国际影响力的重大成果。

朱英国表示，担任长江流域杂交水稻协同创新中心主任一职，深感责任很重，将带领中心成员共同奋斗，争取顺利完成各项任务，为学校发展、国家粮食安全做出应有的贡献。

2015年4月16日　光明网　《朱英国院士与粮食共进的50年》

朱英国院士执教治学50周年座谈会在武大举行。会上，朱英国将自己的科研经历凝练为“四个一”：培养一种百折不挠的科研精神；坚持一项称为杂交水稻的事业；瞄准一个解决粮食安全、造福人类的目标；走出一条将基础研究、应用研究与产业化相结合，把国家目标和科学问题相结合的道路。谈及杂交水稻的未来走向，朱英国希望相关部门继续给予高度重视，推动科研成果的产业化，加大对长江流域杂交水稻协同创新中心的支持，以促进更多成果的产出。

“朱英国院士是武汉大学自己培养的科学家，长期从事杂交水稻和植物遗传研究，为我国粮食安全、生命科学和生物技术人才培养、杂交水稻研究等做出了巨大的贡献。”武大党委书记韩进希望广大青年教师和年轻学子们，以朱英国为榜样，严谨治学、笃实力行，以国家需求为目标，以服务社会为己任，为国家经济社会发展做出应有的贡献。

“朱院士为湖北科技和教育工作者争得了荣誉。”湖北省副省长郭生练表示，已入古稀之年的朱英国依然心系天下、敬业忠心，是优秀科学家的代表，他身上体现出的不畏艰难、追求卓越的精神力量值得在全社会传递、弘扬。

2012年4月19日　《中国科学报》《朱英国小组发现水稻育性恢复基因间亦有团队合作》

由中国工程院院士朱英国领衔的课题组在红莲型杂交稻的育性

恢复机理研究中，首次发现：负责水稻育性恢复功能的基因间也存在“团队合作”的现象，研究人员将这一模型称为分子复合体。相关论文发表在国际期刊《植物细胞》上。

杂交水稻是由不育系做母本、恢复系做父本得到的杂交种子，这些杂交种子在产量、米质等方面拥有比父母本更强的优势。然而，恢复系是如何使不育系的育性得到恢复这一问题却困扰了科学家和育种家数十年。早在十年前，他们就发现红莲型杂交稻中有两类不同类型的杂交种，一类花粉育性只有50%，另一类花粉育性却高达75%。而配子体的杂交种，理论上应该只有50%的花粉育性。

为弄清从哪里多出来这25%，2008年8月，朱英国率课题组从19 355株“红莲优6号”杂交稻的自交群体材料中，发现有两对恢复基因的遗传模式，并分别成功克隆出两对恢复基因*Rf5*和*Rf6*。进一步的研究表明，*Rf5*是一个PPR家族的基因，它需要结合另外一个GRP基因，并在线粒体细胞器里面完成对不育基因RNA的剪切。研究人员还在实验中发现，原本长度为2KB的不育基因RNA被剪切成1.5KB和0.5KB的两条RNA后，便无法翻译产生出不育蛋白。由此，杂交稻不育系的育性就得以恢复。

朱英国课题组最大的创新点就是，发现了分子复合体，并找到了分子复合体中的重要成分。传统观点认为，不育系的育性恢复只需要一个基因，而此项最新研究则发现了基因间也存在着“团队合作”的现象。特别是对GRP基因的功能进行研究后发现，它能够把不育基因RNA“抓住”，也就是说GRP基因在分子复合体里扮演的角色是结合“靶标”，而至于它是否承担剪切RNA的功能则有待进一步的研究。

朱英国认为，该进展不仅揭示了红莲型杂交稻的育性恢复机理，便于今后充分利用分子标记技术，有针对性地选育强恢复系的新品种，也意味着该杂交水稻在育性恢复机理等基础研究上取得重要突破，从而进一步完善了该杂交稻从基础研究到应用开发再到产业化推广的整个产业体系。

2014年12月23日　新华网《中国新型杂交水稻品种热销海外》

巴基斯坦农业顾问委员会官员法鲁克·迈赫迪在武汉找到了"红莲型杂交水稻之父"、中国工程院院士朱英国。他说："红莲型杂交水稻在巴基斯坦种植面积越来越大，但我今天才见到培育它的科学家。"主要从事中巴农业项目合作的法鲁克向朱英国提出愿望："希望中国能在红莲型杂交水稻品种上与巴基斯坦展开更多合作，一起为世界粮食安全做更大贡献。"红莲型杂交水稻是中国新型杂交水稻，目前在应用推广上还处于起步阶段，自2003年推广以来，在中国长江流域及其以南地区累计推广种植1亿亩。

2015年1月6日　*Xinhua News*　*Chinese Hybrid Rice Makes Big Sales Overseas*

Wuhan, China, Dec. 23 (Xinhua), Farooq Mahdi, Pakistan Agricultural Advisory Committee official, recently met Zhu Yingguo (Chinese academician of Academy of Engineering) in Wuhan, who is considered as "the father of the Honglian type hybrid rice". Farooq excitedly said, "The planting area of the Honglian type hybrid rice in Pakistan is becoming larger and larger, but today I finally get to meet the scientist who fostered it."

Farooq Mahdi is mainly engaged in the China-Pakistan cooperation in agricultural projects, and he put forward his wish to Zhu Yingguo, "I hope China and Pakistan could strengthen cooperation in planting the Honglian type hybrid rice varieties, and together we would make a greater contribution to food security of the world."

The Honglian type hybrid rice is a Chinese new breed, and at present, it is still in infancy. However, in recent years, the Honglian type hybrid rice found an increasing market overseas because of its high yield, good quality and wide adaptability. According to the State Key Laboratory of Hybrid Rice Research of Wuhan University, the Honglian type hybrid rice adjusts to the tropical climate and land conditions of growth better than other hybrid rice produced in China.

At present, it has been already registered and promoted in Pakistan, the Philippines, Indonesia, Bangladesh, Vietnam and Burma, etc. In addition to the Southeast Asian countries, the Honglian type hybrid rice is also famous in the African market. This year, the Chinese company which takes part in agricultural cooperation projects with Cameroon, planted three varieties of Honglian type hybrid rice there. From this year's harvest, the yield of these three varieties reached 600kg, much higher than other hybrid rice varieties in the local performance. Director of the Chinese Rice Institute Cheng Shihua said, "The Honglian type hybrid rice has many obvious advantages, such as high yield, good grain quality, wide applicability, high resistance, less fertilizer required. It belongs to environmentally friendly type varieties." In 2009, it was recognized as the "Chinese Super Hybrid Rice". Zhu Yingguo said, since this year, the agricultural sectors of Indonesia, the Philippines, Pakistan and other countries have expressed the hope to further deepen cooperation with us; and they also wanted to carry out cooperation in terms of scientific research, application and promotion, personnel training and other aspects. Some experts think the promotion of the Honglian type hybrid rice will bring a win-win effect: helping improving the yield and quality of grain in Southeast Asia, Africa, etc., and ensuring food supply; helping Chinese hybrid rice technology promotion overseas, and also enhancing the Chinese influence in terms of rights to talk in world food security issues.

“Over the past 40 years, our basic research had been done fully and solidly. Now we need more colleges, universities, scientific research institutes and enterprises to join us in applying the project in agriculture. In view of scientific research coordination, we hope to get support from a national level.” Zhu Yingguo said.

2015年11月17日 《美国国家科学院院刊》（*PNAS*）

来自武汉大学生命科学学院的研究人员证实，PPR（pentatricopeptide repeat）蛋白家族RF6与已糖激酶6（hexokinase 6，OsHXK6）协同作用挽救了水稻细胞质雄性不育。这一研究成果发布在11月17日的《美国国家科学院院刊》（*PNAS*）上。领导这一研究的是武汉大学生命科学学院教授、中国工程院院士朱英国（Zhu Yingguo）。朱院士为我国杂交水稻基础研究、应用研究、产业化及人才培养做出了巨大贡献，迄今发表研究论文200余篇。

附录 | 二 |

朱英国答各界问

问：您在红莲型杂交稻研究和推广方面取得了举世瞩目的成就，您觉得取得这些成就的首要条件是什么？

答：国家和人民需要粮食，历来把粮食安全提高到国家安全、社会稳定、人民幸福的高度。40多年来，虽说中间经历了一点小坎，但总的来说各级一直很支持杂交稻研究。湖北省历任领导，如陈丕显、姜一、俞正声、罗清泉、李鸿忠、张昌尔、刘友凡、赵斌、郭生练和武大历任、现任领导都给了很大支持。没有领导支持，很难走到这一步。

问：红莲型与袁隆平先生的野败型、日本的包台型被国际公认为是杂交稻三大细胞质雄性不育类型。那么，红莲型与野败型和包台型相比，有哪些不同特点？

答：一是优势群。红莲型杂交稻是新的杂交水稻类型，细胞质来自海南红芒野生稻，花粉二核期败育属配子体不育类型；恢保关系与野败型、包台型不同，不育性的保持系来自东南亚推广品种如“泰引1号”和华南地区地方品种，恢复系为长江流域优良推广品种，形成东南亚优质品种与长江流域高产品种的优势群，是防范杂交水稻同质化的重要保证。

二是产量高而稳。其典型代表“珞优8号”2009年在云南永胜36个高产组合评比中排名第一，折合亩产1280公斤，在江汉平原最高亩产达876公斤；2009年被农业部确认为我国第三批示范推广的超级杂交稻新品种；连续8年为湖北省中稻主推品种；连续6年被农业部认定为长江中下游主导品种。

三是米质优、口感好，较好地解决了杂交水稻高产不好吃的问题。经农业部食品质量监督检验测试中心分析表明：“红莲优6号”“粤优9号”和“珞优8号”等品种的米质普遍达到国标优质米标准，其中“珞优8号”的米质达到了国标二级优质米标准，由此改写了中国杂交稻高产不优质的历史，有利于大米的深加工和农业产业链的延伸。

四是制种产量高。其不育系开花习性好、异交率高，有利于繁育、制种。制种一般亩产450～500斤，高产的达700斤以上，种子成本和售价因此大大降低，市场竞争力强。

五是适应性强。红莲型杂交稻不仅在长江流域、四川盆地、华南地区和河南南部均能种植，而且连续多年在亚洲和非洲多国试种，比当地品种增产20%～50%，出口良种或技术专利的潜力巨大，对国际水稻的发展将产生重大影响。红莲型杂交稻耐高温性能突出。目前全球气候逐年变暖，受其影响，多数杂交稻结实率显著下降，甚至不育，而红莲型杂交稻可保持80%以上的高结实率。

六是节能环保。红莲型杂交稻氮肥利用率高，平均700公斤亩产的农田比一般杂交稻节约氮肥10%～24%，既节约资源又减少污染。总之，相比其他杂交水稻，红莲型水稻综合协调了产量与米质的矛盾，其高制种产量降低了种业公司生产成本；其高产优质氮高效提高了农民种植效益；其少施化肥和农药保障了生态效益；是保障国家粮食安全、种业安全、生态安全和食品安全的典型。

问：从水稻质量、产量、抗虫性等方面来看，您的研究经历了哪几个具有突破意义的阶段？

答：我们始终坚持种质资源原始创新，培育出多个新的细胞质雄性不育系和光敏核不育水稻，先后育成红莲型、马协型两个新的细胞质雄性不育系和多个籼、粳光敏核不育系，在全国20多个省市推广应用。其次，我们选育了“马协63”“红莲优6号”“珞优8号”等8个杂交水稻组合，在2007年湖北农业科技创新试验示范现场实测中，红莲型“珞优8号”亩产创造了823.4公斤的纪录，一步进入超级稻行列。

问：红莲型研究成果主要来自海南基地，属于热带气候，请问这些成果怎么做到具有更大范围的推广意义？

答：我们在海南岛只是取一个选育和加代的过程，从海南获得的数据只是作为我们的一个参考标准。在内地推广使用，需要在各地进行反复试种、鉴定。我们研究的红莲型“珞优 8 号”，具有广适性特点，它对光温反应不是很敏感，它在海南的生育期和在武汉的生育期是相似的，国内北到河南信阳、南到海南岛，国外发展到东南亚各国和非洲地区，有的相隔六七千千米，有的相隔一万多千米，都连年高产稳产，而且既高产又好吃。我们的品系被广泛推广，让更多农民朋友从中受益。

问：请您评价一下我国的粮食安全形势，以及杂交稻研究成果保障我国粮食安全的意义？

答：关于这个问题，许多主管农业的官员和农业专家都谈过。我认为，粮食安全对于我国来说，必须引起各方高度重视。我国人口多，耕地相对较少，假若粮食一旦歉收，不仅对我国粮食供求关系造成影响，还会对世界粮食供求状况造成波动。几十年来，我们一直坚持种质创新和新品种选育，就是因为看到粮食安全太重要。因此，我们在科学研究上始终坚持创新，不断适应粮食安全问题带来的挑战。我们研究的马协型杂交水稻，开创了从农家品种中获得雄性不育资源的新领域，有效防止了单一细胞质来源可能给我国粮食安全带来的潜在风险。优质、高产、广适、高效的红莲型杂交水稻的广泛应用，可以降低稻谷生产成本，调动农民种植粮食的积极性，加速杂交水稻组合更新换代，对保证我国的粮食安全具有重要作用。

问：最新消息表明，我国粮食连续多年丰收，您认为这是哪些因素作用的结果？

答：我国粮食连年丰收，是各方合力共同努力的结果。粮食丰收首先离不开政府的政策支持和抗灾有力；其次科技的发展和进步，为粮食的增产提供了强有力的支撑。

问：在当前粮食产量不断提高的形势下，还有没有必要追求单产提高、追求抗性和品质等方面的提高？

答：随着我国的人口不断增长、土地面积不断减少、工业化和城镇化的推进，粮食问题依然是很重要的。近两年，我国进口的玉米和大豆有所增加，虽然部分用于制作食用油和补充饲料不足，但这也给我们发出了明确信号，无论粮食总产量如何提高，粮食安全是绝对不能马虎的。习总书记上任以来，反复提到粮食安全，一再强调要把饭碗端在自己手里，说明粮食安全既是民生大事，也关系到国家稳定和中国梦的实现。所以，我们不能过于盲目乐观，要时刻保持对粮食的警觉，而且还要养成节约的好习惯。

问：听说你们在20世纪90年代初就搞成了“红莲优6号”，却沉默了十年。如果早推广，您和您的团队早就出名了，到底是什么原因？

答：我认为不是沉默，主要还是科学问题没解决好。红莲三系配套，早在20世纪70年代中期我们就搞成了，但这只是理论上的成功。从科学实践的角度上讲，三系本身有一个较长的稳定过程，才能真正走向大田、大规模种植。这就需要反复研究、反复实验。首先，红莲恢复系那些年不够稳定，长出来的水稻长短不一、不纯，说明红莲型的科学问题没有解决好，细胞质研究不到位，尤其是没有解决好“强优恢复系”。其次，说句实话，当时有一段时间，国家对红莲型的重视和投入不够，都集中精力推广野败型，我们的研究资金有限，甚至有的人还认为，红莲型的应用推广价值不大，没有必要再研究下去。1994年，我向国家申请到了40万元“细胞质多样化研究项目”经费，开始重点攻克红莲型不育系稳定性问题，反复筛选“强优恢复系”；同时采取“走出去、请进来”的办法，把全国当时已搞成的22个三系不育系包括袁隆平先生的野败型，都弄过来种，也把我们搞的红莲系送出去，在全国各地种。比如，我们向广东农业科学院的伍应运教授推荐了红莲型细胞质不育系，让他们研究。经过反复实验比较，红莲型的产量、米质、抗病和适应性等，均具有许多品种无法替代的优势。又经过7年努力，“红莲优6号”才获得广泛认可，破格通过了湖北省品种审定，开始全面推广。

问：“红莲优6号”和“珞优8号”，具有高产、优质、多抗、广适的优势，怎么理解这些优势？它们与正在试种的“珞优10号”有哪些区别？

答：“高产”是指大面积高产，而不是指某一块田的高产，大面积平衡增产才是我们研究工作的目标。“优质”就是指稻米的外观品质、加工品质、食味品质、营养品质、卫生品质、储藏品质等达到国家优质米的指标，既要好看，又要好吃。“多抗”，一是要抗虫，特别是抗褐飞虱和白背飞虱等对水稻危害比较严重的害虫；二是要抗病，如稻瘟病和纹枯病，一个稻米的品种再好、产量再高，如果不抗病也无济于事，因此抗病性是一个重要的指标。“广适”，就是指我们的水稻品种不仅要适应我国的气候环境，它还要适应东南亚、非洲的环境。我们说一个品种单产达到800公斤、900公斤、1000公斤，是指这个品种在特殊的气候环境条件下达到的标准，说明这个品种有这个潜力，并不代表这个品种普遍都达到了这个标准。而我们研究的红莲型杂交稻，是一种广适性的杂交稻，我们研究的宗旨并不是强调单个品种的极限，而是强调品种的“广适”，我们希望的是提高品种在不同地区、不同气候环境下的平均单产。说到它们之间的区别，“珞优10号”集中了“红莲优6号”和“珞优8号”的优良品质，同时在培育过程中加入了新的科技元素。比如，我们设想少施肥、少打农药或不打农药，把“珞优10号”培育成既产量高、广适性强，又自然抗病抗虫、营养丰富的绿色产品。

问：您在理论研究和产业化推广方面，还有哪些新的打算？

答：习总书记在最近多次强调，要围绕科研不断创新，努力提高我国整体的科研水平。首先，我们还是坚持种质资源源头创新，抓品种就是抓源头；其次，就是要坚持技术创新，吸收现代生物技术用于育种实践，发展分子标记技术；再次，我们还要坚持理论创新，加快植物雄性不育和杂种优势的基础研究；最后，就是坚持产业体系创新，通过技术转让、技术参股等方式，推动科研成果产业化。所以我们做研究工作就要扎扎实实、摒弃浮躁、一心一意。

问：当初您在武大建水稻基地，被戏称为“珞珈山地主”，当时选址武大是基于自然条件，还是出于其他考虑？

答：说起来有历史原因。现在的生命科学学院，早期叫生物系，1990年改为学院，简称生科院。早在20世纪50年代初，生物系就有试验田。如今的武汉大学出版社及四周场地，当时都是试验田，约四五十亩。1980年年初，试验田移到了东湖边八区，当时那儿一片荒山，武大下了很大的工夫开垦出来40多亩，其中一半给我们团队专门研究实验红莲型、马协型和两系，在当时影响是很大的。武大生物系培养了一批优秀人才。师生们都致力于解释并解决农业生产中的一系列问题，服务于我国的农业生产。这种精神一代代地传承下去，现在的学生们都从他们的导师身上继承了这种科研精神。研究基地得以在武大顺利建设壮大，可以说就是一种历史的传承。

问：您搞出那么大的成果，产品也得到广泛推广，对基地建设还有哪些考虑？

答：科学研究没有止境，每一个时期都有一些新的科学问题需要解决。2013年7月22日，习总书记在鄂州视察时跟我聊了20多分钟，总书记的一句“感谢”，让我感到压力很大。如果仅从武大范围来说，我们将进一步建好基础研究基地，努力开发更多的优质品种，完善海南陵水和武汉周边育种基地，建好湖北黄陂、黄湖、四川、福建等制种基地。让基础研究、应用研究和市场推广三大产业齐头并进。国家粮食安全的大局也是我近来考虑最多的问题。习总书记当面要求，要科技兴农；还提醒说，要把饭碗端在我们自己的手里。我认为，总书记实际上是要求我们科学家把全国13亿人口的吃饭问题当成义不容辞的责任，时时刻刻放在心上。近几年来，我做了一些调查，也有一些思考，总之，不能辜负总书记的希望。

问：请您介绍一下目前团队的基本情况。

答：人员是动态的。团队中目前有教授3名、副教授2名、高级工程师2名、工程师1名、硕士和博士等共60人；还有1个几十人组成的技术团队和2个产业化公司，每个公司60人左右。

问：据了解，杂交水稻国家重点实验室，有一大块建在武大。你们团队下一步围绕这个中心，主要致力于哪些方面的研究？

答：目前的研究分成三个方向：基础研究是从原理上解释、解决生产中的一系列问题，如杂交稻为何不育？有什么优势？然后利用植物学、细胞生物学、遗传学、分子生物学等多学科原理综合解决这些问题。应用研究致力于解决国家粮食安全问题，将科学研究与国家目标结合起来。产业化研究又包括种植产业化、稻米产业化和分子医药农业三方面。其中分子医药农业是利用生物技术生产医用产品，比如将人血清白蛋白、拟胰岛素基因和小分子多肽转到水稻胚乳（米粒）中。这些研究实现了农业与工业相结合、与医学相结合，我对其前景是看好的。

问：您长期从事植物遗传学、植物雄性不育与杂种优势研究；出版专著多部，发表论文200余篇；培育的红莲型杂交稻和袁隆平先生的野败型、日本的包台型在世界杂交水稻中三分天下；在红莲型、马协型、两系三大块上，都取得了巨大成果，给广大农民带去了福音；获了那么多的奖，还受到习总书记的接见和肯定，是较早的中国工程院院士，您是否感觉您的事业很成功？

答：对我个人来说，这些只是实现梦想后的一种快乐，实际上无论是哪一个品种、哪一个研究成果，都是一个团队共同努力的结果，凝聚着许多人的心血，包括积劳成疾病故的、奉献几年后调走的那些战友。我只是坚持时间长一点而已。就像篮球比赛获冠军一样，去领奖的只有一人。

问：很多人认为，中国的杂交水稻研究处在世界领先地位，您认为这种优势今后是否可以继续保持?

答：我想是的。中国在杂交水稻育种方面的理论是很先进的，而且有很多这方面的人才，加之中国人很勤奋，因此可以说在这方面领先的优势能长期保持。

问：您和袁隆平院士都是杂交水稻方面的专家，你们二位是否常联系？如在一起谈论那些事?

答：我和袁隆平先生是很好的朋友，早在20世纪70年代在海南搞水稻实验时就认识，自那后从没间断联系，直到现在，一年少则三五次，多则十多次见面。我们在一起主要是交流研究的心得，难得有机会聊家常。我们在相互学习中建立了很深的友谊，他是我的良师益友。

问：在漫长的研究中，团队中给您留下印象最深的是哪些人?

答：无论在我们团队干的时间长短，他们都为红莲型、马协型和两系研究做出了贡献，我心存感激。因为时间跨度很长，参加的人也很多，特别是前期研究，很多人都付出了艰苦努力，如不幸病故的徐树华、宋国清两位教授和老职工洪勤光，他们至今常在我梦中出现。2014年国庆节，曾跟我搭班子、任湖北省水稻三系协作组副组长、现在长江大学任教授的戴绍钧和他的妻子马来运教授到武大看我，聊到往日经历，不由自主地想起了广东农学院的伍应运教授。伍教授比我大两岁，广东人，华中农业大学毕业的，最早在黄冈农业科学研究所当研究员，后调回广东。他长期坚持搞红莲型研究。在红莲型粤泰不育系的应用推广中，他也做了很大的贡献。

问：您谦和隐忍、不爱张扬的性格是与生俱来的还是后天修炼的?

答：两个方面都存在。读书阶段我的性格稍偏内向一点，喜欢独立思考问题，当然主要还是后天形成的。我在武大学习工作了50多年，见到许多学贯中西、才高八斗、在教学和科研方面都有很大成就的导师，他们总是那样平实谦和，从不张扬，赢得人们的尊重。

他们对我做人做事产生了很大影响。

问：请介绍一下您带的硕士生、博士生的情况，现在的学生与过去相比有哪些不同？最需要注意的是什么？

答：我在担任国家重点科研项目负责人的同时，还负责硕士生、博士生的教学，身边有硕士生和博士生20余人，他们是我的科研团队的一部分。总体来说，我带的研究生过去也好、现在也好，都有一个共同特点，那就是不怕苦、爱刻苦、有梦想、人品都很好。他们报考我的研究生之前，都有思想准备，做好了吃苦的打算。所以在这一点上，我一直感觉比较满意。至今，每年都有一批硕士生、博士生跟着我去海南，研究遗传规律、寻找科学现象。我心里很爱他们。

问：早年您身边有些中学生，如今有的成了教授、高级工程师。您是从哪里看出他们有培养前途，并且一步步培养他们成才的？

答：20世纪70年代初，在农业生产第一线，别说大学生，就连正经的高中生也不多。加上水稻研究比较原始、条件差，靠人工一步步地做，比农民还苦。一些人并不愿意吃这个苦，没有坚持下去的恒心。那时，一方面，我需要助手；另一方面，跟我干的那几个初中生能吃苦、爱学习、爱思考、比较聪明并且都有梦想。比如杨代常，现在是业内有名的教授。他是我培养的第一个博士生，后来出国深造了七八年，学到了很多东西，回国后搞出了很有影响的成果，是有影响的教授。

问：如果现在让初、高中生跟着您干，还会出现这样好的结果吗？

答：不太可能。一方面，是因为现在许多大学，涵盖各个层次的高中生，成绩稍好一点的，早被某个大学录取走，不可能被晾在那里；另一方面，是因为1985年后，我只带研究生。考研究生的前提是必须有本科文凭，如果连本科都没读，就没有后面的可能。

问：据说您读武大本科时外语学的是俄语，如今您常用英语，您的英语水平经过院校深造了吗？

答：自学的。我多少年来不停地奔波，但实际上也有空余。比如去海南，一个单程走一周，不顺利得十天半月。等车、坐车时间，就是我学英语的时候。

问：媒体称您为“泥腿子教授”“农田院士”“红莲之父”，您对这样的评价和形容有什么看法？

答：其实，我的研究不光是下田，搞研究光靠刻苦是不够的。这些年来，我把很多精力放在基础研究上，下工夫解决杂交水稻的一系列科学问题，努力寻找其中的科学规律。解决科学问题，才是解决根本问题。我们团队之所以在国内有影响，说到底，就是解决科学问题的实力很强。至于他们如何评价我，是他们的事，我不在意。

问：请问您培养出来的硕士生、博士生目前分布在哪里？他们一般从事什么工作？现状如何？

答：我培养的硕士生、博士生，毕业的去向主要有五个：一是到大学教书，如华中科技大学、中南民族大学、南昌大学等，目前大部分是教授、副教授，有的当上了院长；二是到研究机构工作，如国家级和省级农业研究机构，有的是教授级研究员，年轻的是助理研究员；三是到大型种子公司做研发工作，有的做研发部经理；四是担任农业部门或党政官员，一般是正处级、副厅级，个别的快要升到部级；五是一部分博士生获博士学位后，到国外做博士后。

问：您认为什么叫成功？一个人的成功需要哪些基本条件？

答：俗话说，三百六十行，行行出状元。只要在你的岗位上有所建树、获大家认可，就可以认为是成功，基本条件是热爱和坚持。

问：在成才路上有人重努力，有人重选择，朱院士您认为努力与选择哪一个更重要？

答：人的经历比较复杂，受到各种因素的影响和制约，很难一概而论。总的说来，人是环境的产物，环境影响人的成长、成才。成长的初期，自然需要一个较好的平台。人的一生中，要么影响别人，要么被人影响。当一个人处在底层时，被人影响非常重要。关键是被谁在影响？如果跟着层次较低的人，人云亦云，可能会被催眠，不知路在何方；如果这时遇到人们常说的贵人、明白人、有志气有远见的人，帮你理顺思路，帮你修枝剪叶、指明前途方向，人还是那个人，平台就不一样了，载体也不一样了，结果肯定就不一样了。

问：您在求学阶段很苦，没有任何背景，是怎么挺过来的？能谈谈感受吗？

答：我出生于湖北罗田县滕家堡区文家庙村岳家冲，至今对故乡的山水、故乡的人很有感情。我家兄妹三人，下面有一弟一妹，我排行老大，父母是普通农民。1959 年国家发生饥荒时我考上武大，至今已 57 年，过去了半个多世纪。山区求学的那些经历，对现在的学生来说，也许只是个传说，但我却经历了，并且刻骨铭心。我很感谢那段日子，它磨炼了我的意志，让我较早地确定了我一生追求的梦想。我上小学前，新中国还没成立。我上学后才知道，家乡是革命老区，红军多支部队在家乡诞生，并反复在家乡转战。刘伯承、邓小平、徐向前等红军和解放军高级将领，都在我的家乡浴血奋战过。我很小就参加儿童团、少先队，帮解放军站岗放哨、送情报，我家还住过一位解放军伤员。

问：上学时您一放寒暑假就回家帮父母干活，您会干哪些农活？

答：我读小学五年级就转到廖家坳小学，离家数十里，住学校。20 多个学生窝在租用的民房里，睡地铺；教室也很简陋，我们常在雨中听课。我上初中后离家就更远，家里没劳动力，弟弟妹妹又小，生活难不说，家里又灾难连连——母亲的眼睛失明了，弟弟残疾了，全靠父亲顶天。有些日子想到父亲太苦，我甚至想辍学，回家帮父亲干活。父亲说再难也要读下去。放寒、暑假后，我回家什么都干，农活这一块真没有刻意地去学，都是看会的，整田耙地、育秧插秧、施肥拔草、挖沟灌水及收割打场等环节，样样我都会。我的学习成绩一直不错，数理化成绩一直在学校名列榜首，从小学到高中一直任班上或年级的干部，而且常代表学校参加外校组织的数理化比赛。那些日子，我最喜欢参加比赛了，因为能吃几顿好饭。

问：你一辈子与土地和农民打交道，一辈子与天斗、与地斗，非常苦，搞了50年，有没有后悔动摇过？

答：如今大家都在谈梦想，但不一定都理解梦想的含义。我认为当梦想生成后，它应该是神圣的、毫不动摇的。如果仅仅是一时的冲动、一时的幻想而动摇，就不能称之为梦想，最多只能算一种想法。人在各个阶段应该有小梦想，为大梦想服务；小梦想是阶梯，是学习工作的积累，大梦想是万里长征，是一辈子的事。在这一漫长过程中，会遇到很多诱惑、很多十字路口，但只要意志顽强，是真正的男子汉，什么样的诱惑都不会让你放弃和动摇，更不会后悔。

问：您是全国师德楷模。孩子上初中后厌学、逃学、上网、说假话，家长为此伤透了脑筋，怎么办？

答：这个问题比较复杂。一万个孩子中，只有三到五个孩子的智商有差别，其他的都一样，唯有爱好和兴趣不同，不存在蠢不蠢的问题。关键是成长环境。肆无忌惮的“爱”，让孩子觉得来得太容易，是害孩子。考入武大的学生中，有的父母是残疾人，有的是普通农民，恰恰是这些父母无言的行动、顽强的意志和淳朴的品质，成了孩子最好的老师。这也说明，对孩子无原则的宠爱，是成长中的“恶劣环境”。

问：您一生最爱读哪些书？哪些作品对您影响最大？

答：我一生爱读书，书是我的第二生命。生物学、遗传学、植物学方面的书我读得最多，要攻科学关，必须读透。其他方面的书，如天文、哲学、地理、党史、宗教、文学等，凡有意义的、对我的口味的，我也爱读。文学书对我影响较大，包括一些较老的中外名著，如《林海雪原》《钢铁是怎样炼成的》《母亲》《战争与和平》等；同时，国内科学领域、对社会发展有重大贡献的人物传记我也爱读。电影方面，反映抗日战争、抗美援朝、解放战争的，我都喜欢。那些老电影特别来神，让人热血沸腾、充满民族自豪感。我一生崇拜英雄，喜欢正能量的作品，喜欢那些为祖国、为人民甘洒热血的英雄。对目前有些所谓的艺术、所谓的新潮、过分渲染人性的东西，看不懂，也不知所云。我常想，为我们中华民族的解放事业，牺牲了几千万先烈，有很多可歌可泣的故事，可以挖、该歌颂。国家目前最需要正能量，这方面挖的还不够。对一些娱乐性的东西，我一直有看法，我觉得有些是宣传部门失职，让那些丢我们民族脸的东西上电视、上报纸，很不应该。

问：您的研究成果惠及五六亿人，可您还那样节俭，您认为节俭是一种美德，可如今有的人认为，浪费也好，炫耀也好，是他自己的，是他的自由，您怎么看这个问题?

答：俗话说，兴家好比针挑土，败家好比浪推沙。我们这一代人都品尝过饥饿的滋味，节约成了一种习惯，看到有人浪费，心里就特别难受。其实，全世界每个国家都提倡节约、反对浪费，我去过欧洲和亚洲的一些国家，他们都把节约看成一种美德，把浪费当成一种耻辱。吃喝穿戴说得过去就行，切不能铺张浪费。我们的国家还有不少穷人，粮食安全还存在着不确定因素，要晴备雨伞、饱备饥粮。

问：您平时除了散步外，还有哪些业余爱好?

答：我年轻时爱劳动，喜欢到田头和农民聊天，喜欢在乡间小路上散步，看到绿油油的庄稼、黄澄澄的稻田，心里特别舒坦。就体育而言，在罗田读高中时我曾获得过全校长跑冠军，评上国家二级运动员。文艺方面不行，小学曾上台演过“三句半”，乐器全都不会。年轻时能喝酒，一般人不怕，过了 60 岁就不喝了，但从不抽烟。也许是年轻时跑的山路多，练硬了骨头，现在七十五六了，爬山敢跟小伙子比。进入古稀，作息有了规律，晚 11 点睡，早 6 点起床，和老伴一起在珞珈山走 40 分钟，回家吃早点，主要是稀饭、馒头，然后走到办公室。

问：您工作50多年没离开武大，对武大是什么感觉？

答：到武大读书后，我就没离开过武大，把生命中55年丢在了武大，对武大很有感情，非常爱武大，爱武大的一山一水、一草一木。是武大培养了我，是武大给了我的今生，我将继续为武大服务，为武大争光，为武大奉献余热。

问：您风雨一生，广受尊重，对自己的人生有什么感悟？

答：第一，温室里长不成栋梁材，院子里练不出千里马。我认识很多有出息的人，小时候食不果腹，最终成为国家的栋梁，许多杰出人才都是在逆境中磨炼出来的。所谓自古雄才多磨难。第二，要珍惜来之不易的幸福生活，为实现中国梦做贡献。我们中华民族曾饱受列强的侵略和欺侮，许多仁人志士抛头颅洒热血，推翻了三座大山。我们今天过上了幸福生活，赶上了好时代，一定要加倍珍惜，要为实现中华民族伟大复兴而奋斗。

附录 | 三 |

大家心目中的朱英国

曾为国家粮食安全做出了重大贡献，曾获国家科学技术进步奖特等奖、国家技术发明奖等多项奖励与荣誉的朱英国，又一次获得“全国先进工作者”称号。

2015 年劳动节，朱英国和湖北省 121 名全国劳动模范和全国先进工作者，应邀参加在北京人民大会堂隆重举行的表彰大会。中共中央政治局常委全都参加了表彰大会，习总书记在会上发表了重要讲话，气氛十分隆重。这是我国时隔 36 年再次以最高规格表彰劳动模范。

朱英国是湖北省参加表彰大会人员中岁数最大的一位。他那满头的银发如同数不清的日子，积满了岁月的风霜与辛劳，沉淀着一串串令人感动的细节。

研究实力强大

2014 年 7 月 22 日，天气十分炎热，室外气温升到了 40℃。一年前的这一天，正是习近平总书记去鄂州基地视察并看望朱英国、提出“粮食安全要靠自己”的日子。转眼一周年过去了，同在这一天，武大举办落实习近平总书记“粮食安全要靠自己”讲话精神的座谈会。朱英国院士代表团队向参加座谈会的湖北省副省长郭生练、省政府副秘书长黄国雄和省教育厅、科技厅、农业厅及长江大学、湖北大学、湖北省农业科学院等参会代表，回顾一年前的这一天，习总书记在时任湖北省委书记李鸿忠陪同下，到鄂州基地视察的经过，介绍了他跟总书记聊天的一些细节；随后，他简略汇报了 40 多年来率领团队培育红莲型、马协型、两系的主要经历。

郭生练副省长此前是武大教授，对朱英国和他的团队很熟悉，对他们研究的成果也很了解，多年来给了朱英国团队很多支持，可以说是朱英国团队的老朋友，熟悉得甚至连教授的名字都能叫出来。

郭生练副省长说，很高兴参加这样的座谈会，很有意义。中国有不少科技成果走在世界前列，杂交稻是最有说服力的成果之一。目前在中国杂交稻界，除了袁隆平院士，就是朱英国院士了。红莲型杂交稻既好吃又高产，来得不易。朱院士学术水平很高，对湖北、对国家有重大贡献。习总书记选择到朱院士基地视察，是寄托着重任和厚望的。朱院士科学水平高，非常敬业，团队实力强大，有一大批像杨代常这样成果出色的教授，团队有后劲。杂交稻国家重点实验室建立两年多来，发表论文123篇，其中有97篇是武大老师写的，很不容易。朱院士目前获了很多奖，希望他再获一个国家级大奖，希望是国家科技进步奖特等奖。郭生练副省长随后要求教育厅、科技厅、农业厅等方面，给予朱院士团队更多的支持。

他牢记总书记嘱咐

方智远

粮食是安天下之本。

2013 年 7 月 22 日下午，在湖北考察的习近平总书记在时任湖北省委书记李鸿忠、副书记张昌尔的陪同下，专程到鄂州武汉大学杂交水稻试验基地视察，看望中国工程院院士朱英国，问候并感谢他为国家粮食安全所做出的贡献，提出“粮食安全要靠自己”。这是总书记对 13 亿人口吃饭问题的高度关切，是对农业科学家的高度信任和殷切希望，也是对武汉大学——我们的母校的巨大鼓励和鞭策。

习总书记在《十八大以来重要文献选编》中强调：“总体看，我们粮食安全基础仍不稳固，粮食安全形势依然严峻，什么时候都不能轻言粮食过关了。在粮食问题上不能侥幸、不能折腾，一旦出了大问题，多少年都会被动，到那时谁也救不了我们。我们的饭碗必须牢牢端在自己手里，粮食安全的主动权必须牢牢掌握在自己手中。”习总书记高瞻远瞩，对我国粮食安全面临的形势作出精准的分析判断，希望始终坚持立足国内，掌握粮食市场主动权；希望科技创新，掌控生产核心技术；希望有忧患意识，粮食安全这根弦任何时候不放松；希望把粮食安全放在与实现中华民族的伟大复兴、实现中国梦的同等高度加以重视。

朱英国 1939 年 11 月出生于大别山革命老区罗田县，童年挨过饿的他对粮食有特殊感情。1959 年 9 月，我们同时考入武大生物系，并在同一个班、同一个专业、同一个寝室度过了五年。刚入学就遇到三年自然灾害，目睹因粮食困难百姓所承受的苦难，那时他就深深地感到粮食的重要性。大学期间朱英国当班长，我是系里的学习委员，进进出出在一起，有共同语言也有同样的人生目标，建立了很深的感情。1964 年毕业时，我和他写的毕业论文都被评为优秀论文，他以优异的成绩毕业后留校工作，我被分配到中国农业科学院蔬菜研究所工作。他做杂交稻遗传育种，我搞蔬菜遗传育种，都做着与百姓吃饱吃好息息相关的事情。半个多世纪来我们感情如初，从没有断过联系，经常交流感情，探讨科学问题。

20 世纪 70 年代初，朱英国担任湖北三系杂交水稻协作组组长，和武汉地区的大专院校、科研单位的 50 多位学者，到沔阳排湖原种场研究杂交水稻。从那时起，他就率领团队开始了漫长的追逐水稻杂交育种之旅：春夏湖北、秋季广西、冬天海南。与袁隆平先生等水稻育种专家相互支持、协作攻关，实现三系配套后，朱英国率团队继续攻关，经 40 多年艰苦跋涉，攻克了红莲型、马协型、两系杂交稻的一系列科学问题，终使两个原创、一个协创科研成果从实验室走向农田，并在国内外广泛推广应用。他研究的红莲型与袁隆平先生研究的野败型、日本的包台型，被国际水稻育种界公认为三系杂交水稻的三大细胞质雄性不育类型。

《朱英国传》再现了他和他的团队的精神风貌；再现了大别山老区的人文景观；再现了他年幼时的贫寒家境及求学阶段与祖国一起经历的风风雨雨、坎坎坷坷；再现了他和他的战友为追求梦想孜孜不倦、坚忍不拔的崇高品质和超人意志；多层面展现了他淳朴善良、忠厚执着、睿智低调、充满情趣、爱恨分明的情感世界。书中选用大量生动翔实的故事，浓墨重彩地刻画了他和他的团队为完成“863”“973”科技攻关项目所经历的常人难以想象的劳累和酸甜苦辣。

五十年风雨同行，五十年日月为伴。朱英国忽视了做丈夫、做父亲的许多责任，26 个春节没能与亲人团聚，没有时间辅导孩子功课，以致他的三个孩子全靠自己奋斗、自学成才；他的老伴一辈子替他孝敬老人、照料他残疾的弟弟、在校园内外做临时工，直到老伴年过古稀他才给老伴买了一份社保。一门心思投入，冬去春来坚守，年复一年攀登，把当年意气风发、青春洋溢的朱英国变成了一位白发苍苍、渐入耄耋的老人。

长期和他一起工作的团队成员也付出了艰苦的努力，朱英国团队也是全国科研系统先进团队，几十年来始终坚持把理论研究、应用研究和产业化贯穿在一起，滚动发展；始终坚持把国家粮食需求作为己任，毫不动摇；始终坚持瞄准世界科学前沿，不断创新。这些做法为高校科学研究探索出了成功的模式。尤其是红莲型杂交水稻研究成果，从科学层面很好地解决了杂交稻产量高但不好吃的老问题，实现了既高产又优质的目标。

获国家科学技术进步奖特等奖、国家技术发明奖二等奖、国家有突出贡献专家、国家“973”计划先进个人、全国师德先进个人、湖北科学技术突出贡献奖、袁隆平农业科技奖、改革开放 30 年影响湖北 30 人等多项奖励与荣誉的朱英国，2005 年当选为中国工程院院士后，继续用他催人奋进的科学精神和崇高的人格魅力带领团队攀登科学高峰，他们将遗传学、细胞生物学和分子生物学相结合，利用分子标记、差异显示，成功地克隆出了红莲型杂交稻雄性不育基因 *orfH79*、育性恢复基因 *Rf5* 和 *Rf6*，开发出红莲雄性不育和恢复基因的分子标记辅助选择体系，探明了红莲型杂交稻育性恢复的分子机理。这些成果不仅让红莲型杂交水稻研究保持在世界前沿位置，也为我国粮食安全储备了重要科学资源，他们选育出来高产、优质、广适、高效的“珞优 8

号”“两优 234”等新品种，成为农业部连续多年在长江流域主推的品种，同时成为马来西亚、菲律宾、越南、斯里兰卡、孟加拉国等东南亚国家和莫桑比克、喀麦隆等多个非洲国家的主推品种。

朱英国院士是我国自己培养的科学家。他出生在抗日战争初期，品尝过被侵略的滋味，经历过解放战争的硝烟；是新中国成立后罗田第一批少先队员、共青团员，是第一批保送上罗田第一中学的学生；与共和国一起成长，经历了新中国成立后的各个转折阶段。他常对我说：“我们这一代科技人员都曾感受了中华民族的深重苦难。我们是吃政府助学金上大学的，对党对祖国有深厚的感情，心里充满了感恩，总想着回报，自然把国家的命运与自己的前途连在一起，与国家同甘共苦。”

《朱英国传》是一部传递向上向善正能量的好作品。全书用充满情趣的细节、自然流畅的表达，细致生动地刻画了朱英国和他的团队吃苦耐劳的奉献精神、不畏艰险的乐观精神、坚持不懈的奋斗精神、不断进取的创新精神、通力合作的团结精神、实事求是的科学精神、敬业忠心的爱国精神、心系天下的博爱精神。也因为有这些精神，他和他的团队不断开拓创新，攻克了一个个科研难题，保持了优秀团队的荣誉。

这部传记还描述了我国杂交水稻形成发展的一些重大事件，反映了我国政府历来对粮食生产的高度重视。虽然写的是朱英国院士和他的团队，实际上也反映了这一代农业科技工作者南繁育种的经历、这一代人的精神风貌、这一代人为国家粮食丰收所做的贡献，以及上上下下、各省各地通力协作、相互支持、共同攻关的历史景象。

朱英国院士是他们中间的一个代表，是一个追求科学、奉献终生的代表。他如今已 76 岁了，心里却始终装着习近平总书记“粮食安全要靠自己”的嘱咐，他知道肩上的责任，就是万众一心为建设现代化农业、全面建成小康社会、实现中华民族伟大复兴的中国梦凝聚强大合力，牢牢地端稳我们自己的饭碗。

作为朱英国的老同学，我祝贺他在水稻遗传育种工作中取得了重大成就，也祝愿他和他的团队为我国农业科技事业做出更多、更大的贡献。

一辈子在证明

刘道玉

我自从1988年2月10日离开武汉大学校长职务已28年了。朱英国在我的印象里很稳重、很扎实、很朴实、很能吃苦，搞出了很多成果。民以食为天，世界上有三大作物——水稻、玉米、小麦，是人类赖以生存的食物，长江流域都习惯吃大米。杂交稻科学研究，除了袁隆平先生就是朱英国了。水稻研究是一种实践性很强的学科，离开了田头实践，没有吃苦精神，很难有所作为。“文化大革命”时期，武大是重灾区，不少优秀教授和科研人员受到迫害。刚恢复教学科研的那些日子，条件比较艰苦，许多院系还没有喘过气来，朱英国率先展开研究，每年都往海南跑，湖北的气候一年最多只能搞两季，海南那边可以搞三季，他的大部分时间在海南，武汉四周也有不少他的试验田。

我印象很深的是1986年9月6日上午，我们到汉阳参观他的试验田，那天下大雨，我们冒雨到现场，看到他研究出来的“光敏不育”一片金黄，很整齐、很震撼。我也是农村出来的，看到稻浪滚滚就心潮澎湃。1986年后，朱英国团队的科研力量才逐渐强大起来。朱英国之所以有着孜孜不倦的顽强精神，是因为他对粮食有着切实的感受，有着特殊的感情。他和我一样都是农村出来的，他老家在罗田，我老家是枣阳，小时候我家一天只吃两顿饭，有时只吃点粥饭，我们都是苦出来的，深知挨饿的滋味，都养成了勤俭节约的生活习惯。朱英国穿的衣服没有一件超过300元的，我穿的也是从个体户那里买的，有的砍价砍到百十元一件，碗里总是吃得很干净，掉下一粒饭，我也会拾起来放在嘴里。

朱英国比我小6岁，我们都经历了很多，可以说是与国家同甘共苦，对粮食增产有着强烈的愿望。朱英国40多年坚持研究杂交稻，并且取得这么大的成果，是很不容易的。1977 年，武大在沙洋和襄樊办了两个分校，老师们都下去了，生物系只留下了两名教师，其中一个就是朱英国，留他的目的，就是想他安心搞杂交稻研究，不能让他受干扰分心。

一辈子坚持做一件事，最后做出名堂来很不容易。只有对粮食有特殊感情、对饥饿有深切感受的人，才会这般顽强坚守。我和朱英国共同经历了那个时代，他的感受影响了他的一辈子。他如此执着、如此顽强，其实是在寻找一种证明，什么证明呢？美国第一任总统华盛顿领导了独立战争，连任两届总统，他用高尚品德赢得了美国人民的爱戴，被称为美国的国父，他用行动证明了他的伟大；美国第三任总统杰弗逊，弗吉尼亚大学创始人、《独立宣言》起草人，是美国最伟大的总统之一，他给美国留下了自由民主、权力归公的巨大遗产。朱英国是科学家，他用科学成果证明了他对祖国和人民的爱。

时代的楷模

徐能海

算起来我认识朱老师 20 多年了，但零距离接触是在 2003 年 8 月，当时省里搞科技成果评审，我作为湖北省农业厅评审组长，带评审小组到多个现场去看朱老师和他的团队搞的“红莲优 6 号”，少则数十亩，多则数百亩，那种景色至今令我记忆犹新，不仅是一片金黄、颗粒饱满、丰收在望，我们更能感受到朱老师和他的团队为研制红莲型系列所付出的巨大心血。评审小组实地观摩后，又听朱老师答辩，经酝酿分析、综合比较，大家一致同意“红莲优 6 号”品种获省科技进步奖一等奖。

评审的过程，实际上是了解朱老师为了实现他心中的梦想几十年如一日，披星戴月、不屈不挠、呕心沥血的艰苦过程，同时，我从心底里感觉到他是一位非常敬业、令人敬重的学者。2006 年 4 月，我随他到海南陵水考察水稻制种，一路上他津津乐道，话题全是粮食安全，全是杂交水稻。到陵水椰林镇武汉大学杂交水稻试验基地，我感觉到，朱老师对这个基地有着特别深厚的感情，从 20 世纪 70 年代初开始，40 多年来他每年都去海南，他对那里的山山水水、风土人情、一草一木是那样熟悉、那样亲切，他爱那片土地就像爱他的故乡一样。他领着我看他们的稻种田，看他们昔日搭窝棚、砍柴、种菜的地方，讲到当年生活的艰苦时他却很淡定，那些往事仿佛全都成了美好回忆，转眼间变成了一个快乐的梦。受他的感染，我在心里感叹，朱老师对事业的追求真的是千锤百炼、百折不回，无论遇到什么样的难什么样的苦，从没退却，总是坚持，总是信心百倍一如既往地奔向他心里的目标。当初，我们省先后到海南育种的人员有 3 万多人，能像朱老师那样坚持下来的人很少。他的成功也绝不是偶然的，靠的是崇高的精神和顽强的意志，靠的是对国家粮食安全的责任心和使命感。

海南不仅天气热，最初的条件也相当艰苦。他长年在田头地角搞育种，从一个名不见经传的普通科技工作者一步步走过来，漫长的岁月中经历了常人很难想象的苦累和寂寞，他默默承受、不弃不舍，面对什么样的诱惑他都无动于衷，始终坚守梦想，最后干出这么大的成绩，实在是不容易。

我先后三次去海南基地。此前许多年，朱老师和他的团队一直租住民房，在一个离县城约 6 里的乡村。近几年住房条件有些改善，但仍在偏远的乡野。2009 年前后，湖北许多单位在那里建了基地，农业厅建的较早，是 1995 年建的，华中农业大学、省农业科学院、湖北大学，还有些地级市的农研所等 20 多个单位，都在那里建了育种公司。有一年，我陪时任副省长赵斌去海南，还专程去慰问了朱老师。湖北省最多的一年在海南种了 5000 亩种子，所有这些，朱老师是鼻祖，他是湖北团队的首席专家。

朱老师研究成的红莲型系列稻种，是我省连续多年的主导品种，他为我省农业丰收做出了重要贡献，功不可没：一是，他的水稻研究成果对于推进水稻发展，在全省起到标杆作用；他的成果得到广泛推广，受到老百姓的欢迎。二是，他是一位负责任的科学家，他对湖北种业的发展、研究及生产，都提出了很多好的意见和建议；他不仅关心自己的成果，还关注全省农业的整体发展，对全省农业发展做出了贡献。比如，针对种子行业“麻雀战”“各自为政”的现象，他提出“种子要整合”，引起省领导的高度重视，出台了多项相关政策；三是，他的工作精神对农业干部是一个榜样，也是一种激励，那就是要真心实意为农民、农业、农村服务。农业是艰苦的行业，朱老师几十年工作生活都在第一线，他对农民特别有感情，他在田间劳动看上去比农民还农民；与他交谈，说的全是农民最关心的话题；他去的地方都是艰苦的地方，都是农民最需要帮助的地方。他把毕生精力献给了农业，他是农民的朋友，是农业科研工作者的楷模。

这十多年来，我一直在分管全省种业，与朱老师接触很多，我们很关注推广他的成果，不间断地在湖北的土地上进行示范、展示和大面积应用。我和我的同事常在考虑全省的种植和推广问题，自然常在朱老师的试验田头转来转去。在工作思路上，我常向他请教，问他有什么想法，我们总是能很好地沟通；涉及一些具体工作，我还请他帮忙把关，他是我们品种审定的专家。目前，我们全省有200多万亩红莲型系列品种。

朱老师非常善良，待人谦和，那么大的专家，从不在别人面前摆威风，从不以权威压人，无论对什么人都和蔼亲切，说什么事都是探讨式的。他对自己从没有特别要求，生活很基本，饭只要能吃饱，住的只要能睡，坐的车只要能跑，就行了。

写朱老师是件有意义的事，他的经历是一部活教材。如今社会多元化，一部分人道德缺失、方向迷离、感情麻木，许多年轻人不知道什么是动力，哪里是方向。一个国家、一个民族不能缺少正能量。从农业方面来说，有许多科研问题需要解决，许多农业技术需要推广，不少项目需要开发，可是缺乏献身农业的科技人才。基层农业技术推广站青黄不接，招不到人，留不住人，甚至从农村考上大学的孩子也怕回农村搞农业，缺少朱老师那样顽强坚守的精神和意志，这些令人担忧的现象让我更加感觉朱老师可敬可佩。他如今已经 76 岁，已进入耄耋之年，按常理应颐养天年了，可他仍一如既往地在田头地角奔波，仍在研究探索水稻高产稳产，仍在为国人吃饭操心，仍和他的团队不断推出研制出来的新品种、新成果。他用默默的奉献再次提示我们：中国是个农业大国，13 亿人口的吃饭问题始终是件天大的事。无论在什么情况下，他都用毕生的心血和精力追求一个目标：为农民服务，为粮食丰收服务，为国家粮食安全孜孜不倦、奋斗一辈子不动摇。这些都是我们“三农”一线人员，最需要学习的精神和品质。

支持自己的科学家

彭光铭

我在武大科技处当了十多年处长，武大科技处（现为武大科学技术发展研究院）一贯支持、爱护科技人员，包括给科技人员报职称、跑房子、给家属跑工作等，想法解决他们的后顾之忧。

1988 年，武大老师都可以申请课题，但因价值原因，申报的不一定能过审，有的过审了，也不一定能得到应有的重视和经费支持。这里面有多种因素，说到底，还是对课题的判断不同和当时科研经费不足。大家都想得到认可，都想得到研究经费，这样一来，我们科技处就成了焦点。

事实上，从新中国成立初开始，科学理念就有一个争议，就是“米派”[①]和“摩派”[②]之争。所谓“米派”，米丘林的理论认为，无性杂交可以成功地改良品种或创造全新的品种，这种论断影响着中国农业研究的发展方向。无性杂交，就是通过嫁接和胚接等手段，将

① 米派，指新中国成立初期，苏联的一种学术理念。当时的苏联生物学家米丘林搞的“无性杂交学说”在中国十分盛行。

② 摩派，就是西方遗传学家摩尔根的研究理念。

两个遗传性不同的品种的可塑性进行交流，从而创造新的品种。它否认基因的存在，并将基因学说作为唯心主义，形而上学地进行批判。中国许多科学家按米丘林理论搞了许多年，付出了很多努力。“米派”对我国科学界的影响，特别是理念上的影响，根深蒂固。

所谓“摩派”，就是美国科学家根据摩尔根的理念，通过杂交实验，大幅度提高玉米的产量，后来在墨西哥又培育出高产小麦品种。在摩尔根的理论指导下，西方科学家对DNA双螺旋结构遗传的研究在1957年获得了诺贝尔奖，表明现代遗传学研究进入分子水平时代。其染色体学说和基因学说已经对改良品种起到了很重要的作用。中国部分科技人员认为，“米派”不是生物遗传学，而是政治性的遗传学，是为了迎合政治，宣传苏联社会主义制度的优越性遗传学。

同时，有部分科技人员认为，西方的“摩派”不是什么好东西，是宣传资本主义制度优越性的“遗传学”。

两派理念的争执，让科技处常常处在该支持谁、不该支持谁的纠结中，好几年受委屈背黑锅。现在看来，排除政治因素，“米派”和“摩派”都有科学道理，所不同的地方在于，前者强调植物的生长环境，后者强调环境加遗传基因。

有一年，科技处得知朱英国培育红莲型稻种，急需30万元买一台人工气候箱。这一年，上面拨给我们武大的科研经费总共只有90万，包括学术会议、出差、请专家讲学、请临时工、著作论文出版费等，非常紧缺。但我们态度明确：经费再紧，别的可以压压减减，朱英国的不能少。科技处在请示校领导同意后作出果断决定，从90万经费中一下子拿出30万元，支持朱英国配制人工气候箱。消息传开武大炸开了锅，有人跑到我们科技处拍桌子，质问：“朱英国到底给了你什么好处，居然把全校三分之一的科研经费给了他，你们到底是‘米派’还是‘摩派’？”我说，我们既不是“米派”，也不是“摩派”，我们支持我们自己的学派，支持自己的科学家。朱老师始终为百姓吃饭的大事操心，不支持他支持谁？

我们之所以支持朱英国老师，还有另一个想法。我调到科技处时，朱老师还是一般助教，通过多年的零距离交流、观察，我感觉他为人忠厚、工作扎实、研究方向正确，他在研究解决大家的“肚皮”问题，这是一个自古以来人人关切、很有前景的大课题。当时，我国科技界认为苏联是朋友，美国为首的西方是敌人，朱老师搞的水稻杂交研究从遗传学角度讲显然不属于苏联的“米派”，所以有的人并不支持他，有的甚至认为中国这么大、土地这么多，中国的粮食永远不会出问题，不需要担心，也没必要下大工夫去搞粮食研究。其实，我国粮食安全任何时候都不能马虎，这么大一个国家，这么多的人口，粮食出了问题就不得了，朱老师总在思考粮食这个大事，总在想不能让百姓再挨饿。但当时由于各种原因，他的研究中遇到不少实际困难，比如，基地规模小，无法满足数千个品种的种植；他没助手，缺设备，少经费；他为人又本分，不善于交际，说一句是一句。他研究杂交稻吃了许多闷苦，我们必须支持他。

当然支持也有风险，也是一种赌。有相当多的课题、项目，我们重视了、投入了，却并没达到预想效果，研究经费扔到水里连个泡泡都没有。如果他没搞出成果，科技处的人更要挨骂了。实际上我们也在赌，但我们赌对了，赌赢了。

他让我爱上农业

邓海铭

我离开武大 36 年了，从邵阳农业局局长退下来多年，还常常梦回武大，梦见与英国同居一室彼此关怀的点点滴滴，梦见我们一起反复奔波的日日夜夜。当时感觉很苦，过后回忆起来却有种甜丝丝的味道。我过了七旬，每次坐儿子开的车在邵阳街头溜达，看到纷纷忙忙、花花绿绿的人群，心里就在想：人的一生，说快，仿佛眨眼间过去了；说慢，有的连几个时辰都熬不过。人的一生如果没有梦想支撑，是很难平静地走到尽头的，且不说为社会做什么贡献。

朱英国不仅有梦想，而且他一直把梦想当日子过。

1965年7月，从长沙农业学校毕业时，我如愿以偿被选到武大，从那时起就和英国住同一间卧室，形影不离地工作生活了14年。认识他，让我一辈子爱上农业。

他比我大4岁，老练沉着、厚道稳重，很少见他大笑，也很难见他悲伤，他总是那样一副风平浪静的样子。而我的性格相对开朗些，心里有事就挂在脸上，忍不住，必须得说出来心里才快活。尽管性格有些不同，但我们在感情上很投缘。当时我们住在武大二区一处小平房里，20平方米空间住着我们4个单身汉，我与英国铺连铺，大家进进出出一个门，一起打饭打水，一起去图书馆或试验田。他这个人很善良，乐意帮助人，他总是不厌不烦地教我这、教我那，像教师，更像兄长。

1971年后，他就带着我去海南、跑南宁、奔排湖，连续多年。如今有的农民一年搞一季就叫苦，我们那时一年搞三季，程序比农民要复杂。白天泡在水田里，晚上还要整理数据，说没日没夜一点也不过分。那时都是“老爷车”，一坐就是几十个小时，我亲眼看到有一个乘客坐久了精神崩溃，打破列车窗口跳下去了。那些年跟着英国跑的人，多得连名字都记不清了，但能坚持下来的就那么几个人。我调回到邵阳后一直搞水稻，后当上了邵阳市农业局分管种植的副局长。

离开团队这么多年了，我对英国的记忆仍栩栩如生。我们住同一个房间，他总是自学到深夜，害得我睡不着，也跟着他学英语。到海南，他对自己要求更高，秧苗插下后就安排我看管，他就到外面去取经，南方所有大学和海南育种单位他都走遍了。

相处14年中，他救过我两次命。第一次是在武大，我跟他一起送种子到武汉医学院对种子进行“钴”处理，分析化学元素有没有变化。当时只有一路电车，到大东门下车时已经到了夜里11点，天色突变，雷鸣电闪，下起了暴雨。阵阵惊雷中，一路电车途中停下来，在大东门桥下，我和他冒雨下来，就在这时，前面的电网冒出一团火，顿时整个电网一片火海、浓烟升腾，走在前面的我吓蒙了，英国一把拉住我，边喊“卧倒”，边将我按在地上，用身子护着我。等火熄灭后，满天是焦煳味，没有车子敢开了，我们才一起回到大学。第二次发生在海南陵水，我被一只硕大的毒老鼠咬伤，朱英国背我到郎中家，用家传秘方急救。

还有一件事，有一次我坐公交到汉口办事，小偷把我的钱包偷走了，里面有半个月的饭票和菜金。当时我的工资是38元5角，在外面干一天补助5毛钱，吃了没玩的，玩了没吃的，加上我家特别困难，英国知道后给了我十天的饭票和菜金，帮我渡过了难关。特别难忘的是，我前妻生孩子病故时，我和英国在海南，接到噩耗我人都傻了，痛苦得不知怎么办，英国不仅给我安慰，还扛起所有工作，给我钱、帮我拦车，让我立即赶回湖南处理后事。

几十年过去了，我与英国在电话中仍称兄道弟，感情很好。

对家乡人很亲

屈红专

2006年腊月十八，快过年了，我心里隐隐不安：小妹妹梅子去深圳打工时有一大群罗田老乡，返回没买到集体票，落单了。想到她年龄小，此前没单独出过远门，到武昌下车是晚上9点，需在武汉住一夜。一家人放心不下，我打算去武昌站接。妻子这时给我出主意说，跑一趟得耽误两天，爸跟武大的朱老师是初中同班，能不能请他去火车站接一下。

我连忙说不行，朱老师是国家院士、顶级科学家，快过年了，为这点事怎么好意思开口？妻子说，罗田人都说朱老师为人特别好，从不摆架子，当院士了仍然重亲乡，许多人去武汉办事遇到困难都找他，他总是那般热情，反正求不到官秀才在，打电话探探口气，他如果不方便，再去武昌接也来得及。

想了想也是，于是我动员岳父试试，正好是朱院士接电话。他问清了我妹妹的姓名、车次、到站时间，还知道我妹妹随身带红皮箱，就说了一句“你们放心吧”。

有了朱老师这句话，我立即给在深圳准备动身的妹妹打电话，告诉她武昌下车有人接。至此，一家人心里的石头才算落地了。妹妹顺利回家后说，朱院士为接到她费了不少周折。

那天晚 8 点，朱院士带他的小女儿朱金洪去了武昌站。这时的武昌站正在整体改建，基本上是面目全非，正常秩序被打乱，所有进出口都是临时设置的。为图简便，一些不自觉的乘客把已经封闭的地方变成了进出口，人多、人杂，车来人往，十分凌乱。朱院士怕接错了，提前让金洪写了一个牌子：“接罗田胜利镇小梅”。他自己则站在出站口高举牌子，嘱咐女儿要特别留意带红皮箱出站的姑娘。朱院士看到出站口人很多，担心自己年龄大，个子没优势，关键时候挤不过人家，还担心自己举的牌子被前面的牌子遮住，一听到等待的那趟列车进了站，就急不可耐地往前挪。眼看着这趟车的乘客都出站了，拖红皮箱的姑娘走了一个又一个，还没有接到人，他心里急啊！看到最后出来一个拖红皮箱的姑娘，朱院士拼命晃牌子，大声喊：“接罗田的小梅！”那姑娘明明看到牌子却没反应。是哪儿出了岔子？该不会从别的岔口溜出去了吧？

看爸爸急得直冒汗，金洪机灵地与工作人员一番交涉，带着爸爸从出站口直接进去了，迎着出站方向直奔月台。月台上的灯光不如出站口明亮，朱院士手里的牌子已经没有多少用了，只好靠女儿奔跑着找。这时，眼尖的金洪远远看到一个拖着红皮箱的女孩，边走边着急地四周张望。金洪跑过去，轻轻地拍了一下她的肩说：“你是不是罗田胜利镇屈老师的妹妹小梅？”女孩连连说是，激动地泪水差点掉下来。

朱英国父女把小梅带回家，安排吃住。次日，朱院士又亲自送小梅到付家坡长途汽车站，给她买了票，帮忙把红皮箱搬上车，看着车子启动，才给胜利的屈红专打电话，告诉他小梅已坐上回胜利的长途汽车。

常探望昔日老师

严世明

从华中师范大学毕业后，我回到罗田胜利镇教书，英国武大毕业后留校。岁月如梦，50多年一晃过去了，不知不觉我们都老了，一切物是人非，然而无论日子过去多久，我与英国始终保持着当年的友谊，他对故乡、对母校，尤其对昔日的老师依然有很深的感情，保持着一颗感恩之心。

这么多年，他当教授也好、升院士也好，无论再忙，每年都要抽点空回罗田，看望昔日的老校长汪云洋、叶芬，看望曾任班主任老师的文烈、金声、胡建文、张祖芹及小初高各个学年的科任教师。1994年9月中旬，开学后的一天，在花山搞红莲型实验的朱英国，带着礼物去麻城看望胡建文老师。胡老师在泗洲山把我们那一届“黄继光班”送毕业后，就被调到双凤坳中学任校长；1976年被调到麻城，先后执教于夫子河高中、白果高中，后任白果高中校长、书记，1980年被评为湖北省劳动模范。英国这次去看望时，胡建文老师已退休，可是师生情依然深厚，一见面，朱英国就说：“胡老师我看您来了，您身体可好？”

胡老师拉着他的手连连说：“好哇好哇！你当教授了，教学科研双重任务压力大，以后不要专门来看我，集中精力搞事业啊！”朱英国谦和地说：“当了教授也是您的学生，学生尊敬老师天经地义。”

2002年3月，正逢胜利中学50周年校庆。在筹备阶段，学生们自然想到胡建文老师。可胡建文这时年过古稀而且患多种疾病，不能出远门。虽然他的人生辉煌已画上了句号，但他一辈子用心血浇灌的园林长成了不少参天大树。他依然收到胜利中学寄给他的请柬，看到请柬上熟悉的名字，他激动不已，含着老泪给母校和学生们写信。他在信中说：

“50年，难忘的50年！50年过去了，我仍深深地想念胜利中学，想念当时的老师和学生，想念当年的优良作风，想念那时我们‘黄继光班’刻苦读书的场面和那些认真读书的学生们……可我身患绝症来不了，不能到场祝福我们的母校，只能把千言万语变成一句话送给你们，希望老师们保持教书育人的本色，以身作则，传承我们很早就养成的好传统好作风；希望同学们刻苦读书，为建设祖国学更多的本领……”

校庆筹备组成员朱英国看到这封信后很难过，他和同学们一起代表当年“黄继光班”的全体学生，给胡建文老师写了一封回信。此信发表在胜利中学主办的《校友》上。原文如下：

敬爱的胡老师：

我们读了您给母校的信，心里很难受。50年，您还是那样清楚地记得我们，珍藏着我们的留影。我们却因种种事而常常忘记了您——忘记了“黄继光班”班主任。

50年，难忘的50年！您的一声感叹，震撼了我们的心。其实，我们更忘不了泗洲山下那祠堂，忘不了胜利河旁那平房，忘不了您那严肃而又慈祥的面容、更深夜静时寝室门外您那轻轻的足音，还有您那个性化的字体。记得当年，同学们都模仿您的字，想必还有一些同学保留着您那风格吧。如今，50年了，看您的亲笔信，那文、那字，当年风骨依旧，亲切、敬佩。这真真切切地把我们“带回到当年的那个朝气蓬勃的班集体了”。尤其忘不了的是1954年那场大水，真是沧海横流啊！您为同学们买粮，强渡过河被恶浪卷走，幸被树枝根留住的感人情景，使我们常默念：山洪无情，山树有情。

胡老师，您的镇痛故事讲得我们好心痛：当年，您用您的青春热血哺育您的学生，如今病魔袭击您年老的身体，您仍用当年的青春热力同它抗争。我们呢？

胡老师，我们还要请教您：我们当年生活极苦，很少吃肉吃鱼，但感觉却似乎并不缺钙，如今小康生活，可是专家却经常提醒：谨防你的后代得软骨病。这是可能的吗？

胡老师，冬月初三是您75岁大寿，我们不愿随俗而又违心地祝一位癌病老人生日快乐，但我们真心愿您：生命之树常青！

胡老师，母校校庆那天，如果您的身体允许，我们开车接您到校，邀您一同再留影一张，以后，我们可以指照嘱咐儿孙们说："黄继光班"还在。

祝您早日康复！

您的学生：朱英国、屈仲荣、朱贤荣、严世明

乡亲为他自豪

邓明仕

1972年11月，朱英国第一次到海南，住进桃万8队我的家。那时他才30岁出头，很英俊。我当时很纳闷，他的身份是武大老师，大学老师该在大学教书，怎么跑到海南乡下来种地？最初几天，队里老老少少都感觉好奇，天天围着看热闹。结果更惊奇，他比我们这里的农民厉害多了，什么农活都会干。我很快知道，他老家在湖北农村，从小就下田做事，读武大前就立志搞水稻研究，为天下百姓吃饱饭奋斗一辈子。我们很快建立了感情。

他和他的同事自己开伙、打柴、种菜。当时他们的食物供应关系在内地，常常几个月吃不到肉，朱英国就到水沟里捕鱼改善伙食。逢年过节我们总是相互请吃，他吃不惯我家做的菜，特别是不适应鲨鱼和海虾。那时，我们这里极度贫困，住简陋茅草棚，没有电，也没有自来水，到处一片荒凉，蛇虫蚂蟥很多。我父母在国有农场工作，有点工资，家里条件稍好一点。我们帮他们看苗，队上给我家记工分。为了晒稻种，朱英国总是把我家的院子扫得干干净净，把谷壳给我家喂鸡喂鸭。他每次从湖北来海南，总给我家带板栗、咸鱼、腊肉，他返回湖北时，我们就给他一些杜果、椰子。全家老少都跟他相处很好，每次返回我家，就像亲人回家了一样。

他每年 11 月中旬从内地来，第二年 5 月离开，在我家连续住了 7 年。1978 年后，朱英国在光坡镇文官大队征了 30 亩试验田，搬走时，不仅我们全家，整个桃万 8 队的百姓都依依不舍。

2013 年 7 月 23 日，我在电视里突然看到，朱英国陪同习总书记视察稻田，那个新闻很长，说得很细。我认出那就是朱英国，整个桃万的乡亲都认出来了，都在热议。老伴提醒我说，这么多年没见面，会不会是同姓同名的人，我说绝对不会错，朱英国老了，头发全白了，但模样没有变，声音没有变，而且他还在搞水稻，说的也是武汉大学的事。后几天，海南的报纸都登了朱英国在田头向习总书记介绍杂交稻的合影，我的坚信没错，他搞出了那么大的成绩，受到习总书记肯定，桃万村的乡亲们为他感到自豪。我更加忍不住，居然跑到文官基地去打听，想见见他，返回家又隐隐后悔，毕竟时过境迁，他现在是大人物，是院士，是国家科学家，是有影响的人物，也许变了，不再像过去那样，一身泥巴、轻言细语地跟我们说话、称兄道弟，在同一个桌子吃饭喝酒，也许早把 40 年前的老房东忘得一干二净了。我却没有想到，在总书记接见他后的第三个月，他又来到海南。他听说我去找过他，当即买了五六种礼物，装了一大袋子，到桃万来看我。

桃万村今非昔比、变化很大，朱英国一路打听到我家。算起来 30 多年没见面，他还是那样亲切淳朴，还像当年那样轻言细语地跟我们和乡亲们说话，问我和我老伴的身体状况，问我几个孩子的日子，他还前前后后看了我家的小阁楼。村里乡亲听说他来了，像亲人一样纷纷过来看他，围着他说不完亲热话。他一辈子为我们的肚皮在奔波，他是我们农民最好的朋友，我们从心眼里为他喝彩……岁月在我们的脸上都留下了沉重的痕迹，我的牙齿都老掉了几颗，面目全非了，但我们心里那份情谊还是原汁原味，充满了浓香。

舅舅送别妈妈

曾卫明

2010年清明节前一天的凌晨，在汉口上班的我突然接到母亲去世的噩耗，我立即给舅舅打电话，舅舅说：“你现在来武大，我们一起回罗田。”

我的老家在罗田县凉亭河新屋湾。一路上，想着妈妈苦难的一生，想着爸爸妈妈及两个弟弟那些极度艰难的日子……眼睛望着窗外，我一路不停地流泪。妈妈从岳家冲嫁到凉亭河时，父亲家是全村最贫困的两个家庭之一，房子又矮又小，像个鸭棚子。我有记忆时，家里一天只吃两顿饭，晚上那一顿，妈妈总是瞅着我们兄弟三个一声声长叹，然后给我们洗几个胡萝卜，让我们啃，或者一人发一把炒熟的黄豆，就当晚饭了。有一回，外公到我家，米缸里没有一粒米。母亲把我喊到厨房，嘱咐我从后门出去，到邻居家借一升米。我那时才7岁，哪能理解妈妈让我从后门出去的意思。妈妈是怕外公知道我家穷，心里难过。我拿着升子到邻居家说，我外公来了，家里没有米。邻居把米送到我家，让外公看到了，妈妈很生气，打了我一巴掌。外公抱着我老泪纵横，他哪吃得下借来的米煮的饭！

舅舅比我妈妈大4岁，经常听妈妈说，小时候家里特穷，买不起煤油点灯，舅舅总是到山上砍松树节疤，点油灯读书。妈妈想用舅舅刻苦读书的精神，鼓励我们向舅舅学习，努力读书。我们兄弟三个对舅舅充满敬佩，可当时连吃饱饭都成问题，哪有心情读书。舅舅和舅妈每次到我家，常常带一堆吃的，还给钱给粮票。我读书的学费、生活费，几乎全是舅舅供应的，包括买鞋和买衣服，他儿子朱新锋有的，我也有。

我高中毕业后就住舅舅家，跟着舅舅看稻田。他家5口人，加上我和外公，30平方米的房子就更挤了，我和外公睡一个高低床。妈妈到武汉舅舅的家去过一次，看到舅舅家那个窄样子，在门口站了好半天才进去。那个冬天，舅舅从海南回武汉开会，回家住了两天，舅舅做饭时习惯在屋子中间摆个炉子，把买回的猪骨头加上萝卜、白菜、土豆一起炖，然后大家围成一圈坐在床上吃。那个炖骨头的铝锅，是舅妈从罗田带到武汉的，也不知用了多少年，铝锅底每烧破一次，就在底下加一层，加得比原来的高出了一倍，锅碗瓢盆也多是从罗田老家带去的，家里没有置一件像样的东西。妈妈那时就嘱咐我，舅舅一人要顾六张嘴，表弟表妹要上学，残疾二舅虽生活在乡下朱顺忠的家中，实际上舅舅仍在资助，舅舅家的日子很不容易，要我把自己的事弄好，少给舅舅找麻烦。可是舅舅从没有间断过对我、对我家的关怀。残疾二舅活到 56 岁，患急病没抢救过来；外公活到 90 岁，直到 2001 年平静去世。外公去世时舅舅过了花甲，研究成果在推广中，有两年大年初四，舅舅回故乡岳家冲给乡亲们拜年，然后去我家。

老一茬只剩妈妈和舅舅了，他们姐弟感情很深，在一起总有说不完的话。舅舅常对我说："你妈妈没什么文化，一辈子待在山里，没有享什么福，你是家里的长子，要带头孝顺父母，给两个弟弟做好样子。"我原想，等汉口的新房装好了，就把妈妈接过去住些日子。没想到妈妈刚过 67 岁，没有来得及留下一句话，就走了。

在回罗田的车上，舅舅很难过，不时地把脸扭到窗外擦泪。许久，舅舅的心情略微平静下来，扭头跟我商量妈妈的后事。舅舅想得很细，舅舅说："你妈妈一辈子没出过山，一辈子勤扒苦做，好不容易帮你们一个个成家立业，她有 5 个孙儿孙女，属于儿孙满堂，人生圆满，就按山里风俗习惯办，既不要铺张浪费，但要说得过去，该请乐队的就请，该请道士也请。你是老大，要多付出一些，不够的，舅舅给你帮忙。"

我含着泪对舅舅说："我家几代人您都在帮。我妈养大了我们兄弟三个，而且很团结很和睦，妈妈活着时我们孝顺，死了安葬好是做后人义不容辞的责任。这回，您老人家会看到，我会主持把妈妈的后事安排好。"

当天上午 10 点，我们赶回了凉亭河老家。看到舅舅过来了，一家人哭成了一团，舅舅也哭。我这才知道，妈妈头天晚上还吃了饭，是患脑出血突然去世的。我回过神来，理顺自己的情绪，开始安排后事。这时舅舅中学的同学严世明老师过来了，严老师用商量的口吻对舅舅说："罗田毕竟只有你一个院士，你父亲走时没有通知县里，老妹妹这样突然走了，需不需要给当地领导说一声？"舅舅说："我是一个普通科技人员，没有什么特别，还是不通知好；想想，如果通知了他们，肯定不会空手来，看上去是一种礼仪、一种荣耀，其则相反；我是共产党员，应该遵守党的纪律，弄得满城风雨不好，就让我妹妹平静地走！"

第一个晚上，舅舅帮忙布置妈妈的后事，没有睡觉。第二天晚上，想到乐队、道士要折腾一夜，年过古稀的舅舅不能再熬了，我就请严老师把舅舅带到镇里休息。舅舅在严老师家里休息了几个小时，天还没亮，又赶到凉亭河。妈妈就要入土了，舅舅想送妈妈最后一程，可是快出村时，有人告诉舅舅，山里有习俗，依生辰八字，妈妈属羊，舅舅属虎，虎羊相克，舅舅不能送我妈妈上山。舅舅只好停下步子，独自站在村头流泪！

连送半个月病号饭

丁敬辉

2003 年 9 月，我在深圳接到朱老师的电话，他希望我回武汉帮忙搞推广应用。的确，我当时有过短暂的犹豫，一方面，在深圳拼了五六年的我，脚站稳了，市场渐渐打开，感觉前景不错；另一方面，种田的味道我品尝过，实在太苦了。可是朱老师对我有恩，他的话我是一定要听的。

1997 年 7 月我患黄疸型肝炎，从麻城到省人民医院住院治疗，可因没有床位一时住不进医院。别看城市的人多如蚂蚁，当你没有熟人、没有亲朋、没有落脚点时，你就是流浪的人，是这个城市多余的人。想到自己身体虚弱，往返一趟不容易，而且就是再来武汉，也不知道何时才能住进医院，我坐在街头左右为难时，天渐渐黑了下来。这时，脑子一闪，我忽然想到在麻城乡镇粮管所工作时，曾给武大的朱老师腾场地晒种子，手里还留有他家的电话，不妨试试，能不能请他出面帮点忙。电话一通，顿时柳暗花明，朱老师叫我去他家，还说在武大西门口等我。到了他的家，顿时有回到自己家的感觉，他一家人客气得不得了。朱老师听说我的病情后，知道我吃不下带油的东西，就安排老伴徐阿姨给我煮清汤面条，之后安排我洗漱。当时我感觉奇怪，朱老师是正教授，房子却很窄，一家 7 口住在不到 90 平方米的房子里，洗漱间更小，我块头大，一转身头就碰到衣架上。正发呆时，朱老师给我送来毛巾、热水、拖鞋。晚上我跟爷爷睡一起，爷爷说，这房子已经很宽了，4 年前他们一家住二区，只有 30 平方米，摆两个高低床，那才叫窄。

次日朱老师出面联系，让我住进了省人民医院，这一住就是一个多月。朱老师天天用青菜熬稀饭，骑自行车送到我病房。大约送到第三个星期，他要去海南，临走时，他给熟悉的医生作了交代，还安排徐阿姨给我送稀饭。随后，徐阿姨天天挤公交车，为了保温，徐阿姨用一层棉絮裹着饭盒，另带一点她自己做的咸菜，放上香麻油，吃起来特别可口开胃。最后我居然吃上瘾了，医院的饭更不想吃了，每天吃饭时就站在窗口等阿姨出现。就这样又住了一个月，我的身体完全恢复就开始闯深圳，连向朱老师当面道谢的机会都没有。

朱老师用仁爱感动了我，我终于下决心回到武汉朱老师的身边，担起了制种任务。从此后我就和农民朋友完全混到一起了，通过制种推广红莲型、马协型、两系等系列品种。在实际工作中我遇到不少困难，但无论多难，总感觉朱老师就在我身边，他随时帮我解决各种问题。黄湖制种有一年出了问题，损失较大，朱老师出面给公司做工作，建议减少我的个人损失。我带的制种团队无论走到哪里，朱老师就跟到哪里，年年到制种现场，给制种承包户搞培训、作示范。如果我的团队人员变化大，新手多了，那一季他就要跑好几次，到现场讲课。仅在“珞优8号”制种阶段，他就跑遍湖北的黄冈、荆州、荆门、孝感等地区及长江流域制种面积较大的省份。

十多年来，朱老师培训了数千名农业技术员，为国家粮食安全储备了大批技术骨干，一旦有需要，这些技术员随时可以派上用场。

像一位老父亲

李绍清

我是湖南邵阳人，山西大学硕士毕业，2000年考入武大生物系，攻读朱院士的博士；2004年留校跟着朱老师搞水稻基础研究，一直干到今天。我对朱老师有几个印象最深：

第一是他对杂交水稻的追求特别执着。我来武大时他61岁，当时我们在八区办公，他家住中东区，相隔三里路，要翻一座山，一个在珞珈山南，一个在珞珈山北。他多年养成了习惯，每天下午6点下班，7点骑自行车去八区实验室，工作到晚10点回家。寒冬酷暑，风天雨天，从不耽误。2000年冬天下大雪，晚上很冷，我想他不会到实验室的，结果他还是去了。记得就是那个冬天，他深夜骑车回家，摔倒在雪地里，摔断了两颗门牙。我知道后心里特别不安，遇到刮风下雨天，劝他不要来实验室，他却仍然坚持。2002年，实验室搬到新教学楼，离他家近了一些，他更是坚持到岗，从没有星期天、节假日。他的成功，与他长期坚持不懈是分不开的。

第二是他对学生像一位慈祥的老父亲。搞水稻研究很苦很累，朱老师对学生的价值投资，有他自己的体验。他是农村出身，童年吃了很多苦，能理解农村学生的苦，但学生的有些关口必须得自己挺过去。八区栽种了两亩水稻，一亩是15 000株，两亩30 000株，每一株他都看到位，看三天才能看完。8月份最热，蚂蟥又多，他带着学生硬是把30 000株看完。海南那边40亩，坐火车、转汽车、转轮船，一路几天几夜，累得要命，他到了地方立即下田。海南的

"怪"又多，"三条蚂蟥像皮带，十个蚊子一盘菜"……海南那边忙完了，他接着返回湖北，武汉四新、九峰、花山、鄂州基地都不是好待的，都是艰辛劳作。朱老师关怀学生体现在日常生活中，他心里知道，他的学生大都来自农村，能下田，能吃苦，体力和脑力要兼顾。1986年之前，学生要自己整田、育秧、插秧、打谷、脱粒、打包、扛包，几百种上千种，都要分门别类，一步都不能少，比农民苦多了。2000年在海南，一万多斤种子，学生们都是自己晒，带回湖北后分到各县，一个县80斤，可插40亩水田。朱老师带着学生干，他做到哪一步，学生们跟着做到哪一步。面对一些又勤奋又刻苦、家庭比较贫困的学生，朱老师不仅在学费上给予关照，还通过各种渠道不断给予这些学生经济补助。比如，有个学生叫王栾义，湖南娄底人，家庭困难，朱老师给了他许多补助，一直帮他读完博士。这个学生参加工作后跟我联系时，常常念朱老师的好。

第三是他对科学的敏锐度高。朱老师与其他院士不同，他最大的愿望是把科学成果转化为推广应用，让老百姓受到实惠。他的成果来之不易，都是世界最前沿的成果。为了带出优秀学生，为了让学生掌握前沿技术，朱老师每周组织学生进行学术讨论，由一个学生介绍自己的研究进展和世界最新成果。朱老师身边有20多个博士，研究方向不一样，学生不仅有自己的思考，还有对其他领域的新发现新思考，包括一些研究的新动向，全是用英语讨论、用英语介绍。这个学生介绍完了后，朱老师让大家对这个学生的课题设置提建议、方法和措施，要求联系团队的课题，重点研究杂交水稻的现实问题。比如，朱老师从田里发现水稻病，他就引导大家从多个品种中选优、杂交，找到抗病基因或对策。红莲型、马协型、两系不育系环节和恢复期方面存在某些薄弱环节，都是通过这样的方法研究解决的。由于在科学理论上，我们团队基础扎实，实力较强，所以推广起来出的问题少，品牌品种很稳定。

1994年年初开始，朱老师又加大攻关力度，到2000年左右，红莲型、马协型、两系所有问题全部解决了，其优势都显示了出来。朱老师对科学研究的敏锐度，不仅培养了人才，还把杂交水稻的科学研究推到了国内外一个很高的台阶上。

没吃完的打包

邹瑜柱

我是2003年与金洪结婚的。商量结婚时，我心里就知道不能铺张浪费，因为此前多次听岳父说，“古人云：俭，德之共也；侈，恶之大也”，节俭是中华民族的传统美德。我还亲眼看到，岳父一部手机用了很多年，手机键盘上的数字看不清了还在继续用；剩饭剩菜必打包，如果丢在桌子上，他走出很远还回头看；下班回家简单吃点饭，忙起来就在办公室吃盒饭；衣着也很朴素，一双皮鞋不到200元，擦上鞋油也不见光亮继续穿；上下班总是步行，到附近开会也是步行、骑车或坐公交车……

跟金洪恋爱时第一次见岳父，他老人家就嘱咐我，做事要扎实，做人要朴实。他听说我是从县里考上大学的，吃过农村的苦，显得很高兴。金洪跟我说过多次，岳父小时候在山区农村长大，家境十分贫寒，整个读书阶段，特别是三年严重困难时期都是挨饿读书，深知粒粒皆辛苦，他不仅珍惜粮食，也反对任何浪费。岳父的一言一行，对我和金洪有很大影响。我们做不了父辈那样大的事业，但可以向他老人家学习，像他那样做人做事。所以，跟金洪结婚时办得很简单，甚至连我们平时来往密切的朋友都没有通知，只有双方的亲人和几位重要亲戚到场。

我们这个家的三兄妹，目前都有自己的家、自己的工作，但专业与岳父不沾边，没有参与他的种子推广，没有参与与市场相关的任何工作。他的孩子们都没有想或没有机会沾老人的光，这里面有两个原因：一方面，新锋大哥就业时，岳父是一位普通教授，在武大像他这样的教授很多，没有什么权力，而且新锋哥很有志气，根本没有靠父辈，完全靠自己在南方拼下一片蓝天，现在他是一家大型物业公司的老板；嫂子的职业、朱文姐姐两口子的职业，与岳父也没有联系。另一方面，岳父 2005 年当选为院士后，我们的事业都定型了，没什么需要岳父费心。再说了，岳父对事业十分投入，他一旦进去，别的事根本就不会过问。岳母跟着他奉献一生，年过花甲了他才给岳母买了份社保，这在中国科学家行列中，恐怕不会有第二例。再则，说实话，岳父研究杂交稻那一块太累人。所以，我们从没有想跟着他老人家打天下，宁愿在我们自己现在的岗位上吃苦受累。

岳父很爱我们这个幸福温馨的家。房顶房角到处种的是植物，有的只结果不开花，有的光开花不结果，都与岳父的遗传研究相关，他把试验田都搬到家里来了，可是他种的是什么，多数我们都叫不出名字来。不管他的孙儿孙女是否能听懂，孩子们回家了，他就特别高兴，领着他们玩，给他们讲植物的故事。不过，岳父在家的时间真的很少，即便是星期天，即便是如今到了七十五六岁，当院士都十多年了，他心里还装着大梦小梦，只要不是离开武汉出差，他总是去实验室或者试验田。年过古稀后，我们不让他骑自行车，怕他再次摔倒，他就步行，他脚下似乎总有走不完的路。在这个世界上有人爱储备金钱，有人爱储备虚名，有人爱储备人脉，可岳父却偏偏爱思考、爱他的杂交稻研究，爱储备与杂交稻相关的所有科学课题。他似乎总是在琢磨国家的粮食安全，琢磨 13 亿人一旦缺粮怎么办，有什么办法让土地更多些、产量更高一些。

在我们眼里、在我们身边，他是我们尊敬的父亲、孩子们可亲可敬的爷爷，可他又站得很高，想得很多很远，因此我们并不能完全理解他、看清他，他在我们眼里有时像一座山！

雨中给母子让车

张再君

我曾多年做朱老师的助手，真切感受到他高尚的品质，他的仁慈，让我特别难忘。2003 年 6 月，我陪同他到北京出差，买的是当天下午 4 点武昌到北京的车票。正常情况下，下午 3 点在武大门口搭出租车到武昌站，时间比较宽松。但那天下午，一直下着细雨，雾蒙蒙的，我们在武大门口等了 20 多分钟，没拦到出租车。这时雨渐渐下大了，风裹雨把这视线变得模糊起来，我担心路上再一堵，就赶不上 4 点这趟火车，那就只能改坐晚上 7 点以后的车次。正担心时，一辆银色出租车开过来，我暗喜还有 30 多分钟应该没问题。没想到，车子停在身边朱老师却不动。我的眼睛有点近视，扭头才看到，我们身后有一位抱孩子的母亲，她看到我们着急的样子并没有指望上这辆车，可朱老师却示意她上车先走。

我们继续等，我心里直呼完了，这一趟肯定赶不上。等了几分钟，又来了一辆出租车，我们慌慌张张赶到火车站，跑上月台，眼看列车员要关车门，就跑得更快，真的是前脚进车厢，后脚列车就动了，晚半分钟就上不去了。我边擦汗，边想着朱老师给母子让车的事，心里很感动，并锁定在记忆中。如今我有私家车，但偶尔也坐公交车，看到有些年轻人装睡或玩手机，不给老弱病残和孕妇让坐，就联想到当时已 64 岁的朱老师让车的这件事，就无法平静地坐下去……

艰苦朴素能养人

黄文超

我自己有研究任务，同时是朱院士近几年的兼职秘书。我的办公室在东湖边老八区，朱老师的办公室在生命科学学院新楼，我骑摩托车去他的办公室得 8 分钟，如果走过去得 20 多分钟。这样一来，院士生活和工作上的事情，大多是他自己在处理，实在需要我帮助，就给我打电话。尽管如此，相比团队的其他老师，我与朱院士零距离接触的机会还是要多一些。

几十年来，朱老师的科学精神、高尚品质一茬茬地影响着我们这些学生，向我们传递正能量。有两点让我感受特别深：一个是他意志很坚强。人生百态，每个人面对挫折的态度截然不同，有人心灰意冷、一蹶不振，也有人迎难而上、愈挫愈勇；面对诱惑，有人贪财恋权、违纪违法，也有人襟怀坦荡、百炼成钢。朱老师对事业的态度，就是一次选择，终身坚守，一百头牛也拉不回来，天大的名利也动摇不了他的心。他一生泰然处之，心理平衡，无论是遇到什么挫折，都坚守目标不屈不挠，终于取得了巨大的研究成果。这给了当下我们这些年轻科技人员很好的启示，那就是无论何种情况，不能轻易放弃梦想。另一个是，朱老师总认为，艰苦朴素养人。朱老师求学阶段挨饿，搞水稻研究奔来跑去，饱一顿饿一顿，一箪食、一瓢饮，住陋室，也乐在其中，他一辈子不会奢华，不会享受，没有多少爱好，年过古稀身体仍很棒，仍在工作，仍有梦想。说到底，是人生态度和高尚品质在滋养他的身体，源源不断给他提供精神能量，所以每回跟他出差，我其实是在分享他的这种能量。

2012 年 3 月中旬，我陪朱院士到中国工程院办事，到北京站下车正赶上下雨，街上看不到一辆出租车。这时一辆小型面包车停在我们旁边，问去哪里。我有点儿犹豫，朱院士坐这样的车很不妥，朱院士却说只要送到位就行，不要太讲究。车子开动后，坐在里面有些晃动，我担心七十多岁的朱院士受不了，弯腰用手扶住他，一路心悬着，好不容易来到中国工程院门口，我把朱院士扶下车，看到朱院士满头银发在灯光底下特别显眼。司机小声问我老人家是做什么的，我如实说，他是一位院士，到中国工程院开会。这位司机十分惊愕，他完全没想到院士会坐这样一辆车，忙说：“老先生真的不简单啊！”我把车费塞给师傅，转身随朱院士进了院子。

走了好远，回头看到那位司机还站在门口，望着朱院士的背影发呆，我想他应该是对朱院士的敬佩吧，从心底里发出的。

父亲的人格魅力

朱新锋

我的父亲五十年如一日，始终坚守在教学和科研的岗位上，以坚忍不拔的意志力忘我工作，努力创新，从不松懈，从不放弃，为祖国的百年树人、粮食生产、粮食安全和人类的温饱事业做出了贡献。

五十年来，父亲正直善良，品格高尚，我从未听过父亲说过一句假话、大话、空话；他几乎每个星期六、星期天都在办公室工作，永远是以农民般的朴实态度，诚恳待人；永远是以老黄牛的敬业精神，踏实工作。在我父亲身上，我真真切切感觉到了道德的巨大力量，真真切切感受到了我们中华民族优良的人格魅力，真真切切感受到了父辈们是祖国的脊梁和时代的中流砥柱。这也正是千千万万个像父亲这样的科教工作者默默无闻、无私奉献，才使国家走向富强，让人民丰衣足食，他们青山不老、绿叶常青，他们与苍生同梦。

五十年来，父亲作为有 43 年党龄的老党员，有着强烈的爱国情怀和坚定不移地为人民服务的政治信仰，始终以一名共产党员的标准严格要求自己，以实际行动阐释了一名共产党员强大的政治生命力。有了像父亲这样一代又一代、一批又一批优秀的共产党员引领着我们前赴后继、艰苦奋斗、持续超越、勇于创新，我坚信，我们一定能够屹立于世界民族之林，我们的国家一定能民富国强，一定能够实现习近平总书记提出的中华民族伟大复兴的中国梦。

五十年来，父亲的敬业精神、人格品质和对党、对国家、对人民的无私、忠诚和热爱，深深地烙印在我心上，催人奋进，引人向上。我会牢记父亲的教诲，向父亲学习立德做人，弘扬社会正能量，在工作中勤奋务实，遵纪守法，带领员工实现企业的经济效益和社会效益相统一；在生活中，孝敬长辈，教育好孩子，把家庭经营好，努力做一个高尚的人、一个有道德的人、一个脱离了低级趣味的人、一个有益于人民的人。

“日出江花红胜火，春来江水绿如蓝。”我们躬逢盛世，正在开创一个伟大的时代，恭祝父亲老当益壮、志在千里，不断焕发创新的青春，以他们的科学成果持久地造福中国；祝愿祖国风调雨顺，粮食年年丰收、增产。

附录 四

朱英国大事年表

1939年11月　出生于湖北省罗田县文家庙村岳家冲，家境贫寒，5岁开始放牛拾粪，学干农活，识字背诵；亲历了日本侵略者对老区的轰炸。

1947年10月～1949年12月　在解放军帮助下到本村读私塾。

1950年2月～1952年12月　在文家庙小学读三年级和四年级，加入少年队。

1952年2月～1953年7月　转到九房祠（廖家坳）读五年级和六年级；（因成绩优秀中间跳级）任学习委员、学生会负责人。

1953年9月～1954年7月　考入泗洲山初中，成绩优秀，获奖学金。

1954年9月～1956年7月　转到胜利中学续读，加入中国共产主义青年团。

1956年9月～1959年7月　保送读罗田第一高中，任学习委员，获奖学金。

1959年9月～1964年7月　考入武大生物学系，任班长，读本科五年期间坚持勤工俭学；毕业论文《限量授粉对小麦受精的影响》获奖，加上平时表现优秀，毕业后留校工作。

1964年8月～1966年3月　到湖北孝感县白沙公社劳动锻炼，开始水稻栽培实验。

1966年11月～1967年5月　“文化大革命”期间，和周九元、陈克成、汤家芳等青年教师一起，到西安、成都、重庆、上海等地“串联”。

1967年6月～1970年5月　参加武大专案组，调查澄清校党委副书记蒋蒲的所谓“历史问题”，让蒋蒲恢复名誉和工作。

1970年6月～1971年11月　主动要求回到武大遗传研究室，

集中精力收集水稻资源，先后到河南、湖南、四川、广西、湖北等省（自治区）的 30 多个县，收集了 500 多个品种；在此期间加入中国共产党。

1972 年 3 月～1972 年 10 月　在武大二区农场展开早期红莲型研究。

1972 年 11 月～1978 年 6 月　全心研究红莲型杂交稻并获成果。

1978 年 3 月　“红莲型雄性不育系选育与杂交早稻优势利用”，获全国科学大会奖。

1978 年 4 月 25 日　湖北省水稻三系研究协作组解散。

1978 年 5 月 19 日　被评为湖北省优秀科技工作者，参加湖北省科学大会。会上，向时任省委书记陈丕显递交恢复红莲型研究报告。随后，红莲研究重新启动，并得到各方重视和支持，科研条件逐渐改善。

1978 年 11 月　率新组建的研究人员再赴海南，决心建一流的基础研究、应用研究团队和高水准实验室，筹划分别在海南光坡和武大校园建试验基地；协助主持武大遗传研究室工作。

1979 年 11 月　将试验点从桃万 8 队搬到文官 2 队。

1980 年 6 月　受省农牧渔业厅委托，协助两系发明人石明松解决两系的科学难题，此后 30 年坚持不懈，把两系作为攻关项目，并取得重大研究成果。

1980 年 8 月　武大校园试验田和东湖边实验室开建；海南文官 2 队的试验田增加到 30 亩。

1982 年 10 月 4 日　全家从罗田搬到武大校园。

1983 年 3 月　红莲型和两系研究在海南、武大及武汉周边多地同时展开，同时还承担国家自然科学基金项目研究，重点负责我国水稻雄性不育恢复基因地理分布研究，同时在农家品种中发现“马尾粘败株”，从此马协型成了朱英国团队继红莲型、两系后又一个攻关项目。

1987年2月后　海南光坡基地建成，并先后在汉阳流芳咀四新农场、汉口吴家山东西湖农业科学所、武昌九峰山、洪山花山镇、鄂州杜山镇建试验基地；还在黄陂县木兰山、通山县大幕山、麻城县木子店、黄梅县龙感湖、孝昌县季店、枝江县问安、罗田县三里畈、仙桃县的陈场等省内外数十个乡镇建临时杂交水稻试验点。

1984年2月～1993年　重点研究红莲型、马协型和两系不育系和水稻雄性不育基因地理分布，发表论文150余篇。

1989年11月　作为访问学者到日本进行长达半个月的学术交流。

1990年12月　与舒理慧、杨代常、黄佩云一起组团赴菲律宾国际水稻研究所进行学术交流。

1991年3月　赴美国考察约半个月。

1993年9月～1997年　在海南陵水和武汉周边多个试验点，对红莲型、马协型和两系进行反复研究，并进行提纯、抗性、米质和高产试验，相当艰苦。

1995年9月　被评为全国师德先进个人。

2000年8月　红莲型成果鉴定，专家组成员包括张启发院士、范云六院士，时任武大校长的侯杰昌也到场，对红莲型给予高度肯定。

2000年10月　经过漫长研究，掌握了红莲型遗传规律，获得数千个科学参数，被国际公认为三大细胞质雄性不育类，被誉为“中国超级稻育种技术新突破”“杂交水稻发展的重要基石之一”。利用红莲型细胞质雄性不育系，选育出的“红莲优6号”“粤优9号”等优质稻种组合通过了国家、湖北等品种审定。

2001年9月　马协型育出了早中晚不同熟期、不同型号的一系列品种，其中“马协63”“武金988”“武香880”及“武香210”等通过专家鉴定，米质达到部颁一级标准。截至2014年，马协型在全国推广2000余万亩。

2001年11月～2003年1月　“中国水稻农家品种马尾粘败育株的发现与马协CMS（马协A）选育和利用”，分别获中国高校技术发明奖一等奖和国家技术发明奖二等奖。

2004年7月　被评为湖北省“改革开放30年　影响湖北30人”。

2005年1月　动员在美国的学生杨代常、冯新华等回国效力。杨代常、冯新华等回国后受到广泛好评。

2005年12月　当选为中国工程院院士。

2006年2月　兼任湖北省人民政府参事室参事。

2006年6月　红莲型新不育系“珞红3A”“珞红3B”和杂交稻新组合“珞优8号”通过湖北省品种审定。

2006～2008年　带团队跑遍全国120多个县，推广种植红莲型超亿亩，培训数千名农业技术员。

2007年6月　就红莲型在我国杂交稻中的作用和应用，撰写了《关于加快红莲型杂交稻发展》建议，时任中共中央政治局委员、湖北省委书记俞正声先后两次作出批示。

2008年8月　红莲型杂交稻新组合“珞优8号”通过国家品种审定。

2008年9月　与袁隆平等11位院士联名给温家宝总理写信，建议开展农作物“强优势水稻杂交种的创制与应用”课题。温家宝对此高度重视，批示国家重点支持。在国务院支持下该项目正式立项，成为国家“863”重点项目。

2008年10月　指导学生，通过研究红莲型水稻双恢复基因模式，发现红莲型水稻强恢复系“9311”存在两对恢复基因，分别为*Rf5*和*Rf6*，分别定位于第10号染色体和第8号染色体；克隆出了红莲型杂交稻雄性不育基因*orfH79*，后发现了*orfH79*对小孢子发育具有毒性作用；克隆了育性恢复基因*Rf5*和*Rf6*，发现了红莲杂交稻双基因恢复模式，探明了红莲型杂交稻育性恢复的分子机理。

2009年3月　红莲型“珞优8号”被农业部确认定为全国超级

稻品种，同年在湖北各地办百亩、千亩、万亩示范片，此后连续多年成为国家农业长江流域主推品种。“珞优 8 号”出口越南，销售量突破 1000 吨。

2009 年 5 月　参加湖北省全国人大代表座谈会，并作了主题为“发挥湖北科技优势，为 2020 年粮食增产 100 亿斤做贡献”的讲话，获广泛好评。

2009 年 7 月　到美国夏威夷参加植物生理学术会，回国后，即与湖北省政府参事团一道去中国台湾考察。

2009 年 8 月　红莲型现场观摩会暨产业化学术讨论会在武汉召开，时任副省长赵斌主持，朱英国在孝感孝南区“珞优 8 号”万亩示范田现场，向越南、马来西亚和几内亚等国家代表团作介绍。在随后召开的全国植物生物技术与现代农业论坛会上，朱英国作了题为“红莲型杂交稻研究与利用”的报告，影响广泛。

2010 年 1 月　参加博鳌首届中国农业创新科技论坛，并在会上发言。随后，被邀请到国内多地作题为“精神、事业与团队”的报告。

2010 年 5 月　作为专家组成员，参加国家“973”项目、国家科技奖评定及教育部和湖北省科技成果评审。

2010 年 6 月～2015 年年底　到湖北鄂州、黄梅、天门、京山、荆州、神农架、枝江、罗田、稀水，以及安徽省巢湖、福建省建宁等地，建立 12 个院士工作站，为当地经济建设和红莲型杂交稻推广起到推动作用。

2011 年 1 月　科技部确定新建 49 个国家重点实验室，经网评和专家组考察，经袁隆平院士与朱英国院士科学答辩，最后决定：由湖南杂交水稻研究中心和武汉大学共同组建杂交水稻国家重点实验室。

2011 年 2 月　参加科技部生命科学国家重点实验室评估。30 个实验室分为 5 个组，朱英国为第 4 组组长，负责评估中国农业大学、中国科学院、山东大学、南京农业大学等单位6个国家重点实验室的项目。

2011年3月　作为湖北品种审定委员会常委，参加湖北第五届品种审定，此次46种作物品种通过了审定；随后作为教育部专家组组长，去海南大学等单位进行科技成果验收。

2011年6月　武大校长李晓红等到生命科学学院听取朱英国杂交水稻国家重点实验室情况介绍、措施和构想，李校长十分重视和支持。

2011年7月　在“珞红3A”的基础上，利用分子标记辅助选择技术，将抗褐飞虱基因*Bph14*和*Bph15*导入红莲型不育系和保持系，选育出抗褐飞虱特性的新不育系“珞红4A”和“珞红4B”，并通过湖北省科技厅主持的专家鉴定。

2012年8月　作为湖北省参事室调研课题组组长，带队就湖北农业强省课题进行调研。当时天气炎热，73岁的朱英国头顶草帽、手握拐杖去荆州、荆门、仙桃等地，走乡串村，与基层农民交流，获得大量第一手材料，并执笔写出了近万字的调研报告《关于湖北农业强省建设的对策和建议》，受到各级高度重视。

2012年11月　由武大牵头，联合南京农业大学、四川农业大学、北京大北农科技集团股份有限公司、袁隆平农业高科技股份有限公司等单位，共同组建成立了长江流域杂交水稻协同创新中心。

2013年7月22日　在湖北考察的习近平总书记专程到鄂州武大杂交水稻基地视察并看望朱英国院士，感谢他所做出的贡献，首次提出“粮食安全要靠自己”。

2014年1月　参与研究的“两系法杂交水稻技术研究与应用”，荣获国家科学技术进步奖特等奖。

2014年2月　“红莲型新不育系珞红3A与超级稻珞优8号的选育和利用”获湖北省科技进步奖特等奖。

2014年7月22日　在习近平总书记到鄂州基地视察并看望朱英

国，首次提出“粮食安全要靠自己”一周年之际，武大召开座谈会，湖北省副省长郭生练等参加，朱英国介绍了习总书记到田头看望的细节。

2015 年 4 月 16 日　朱英国执教治学 50 周年座谈会暨描写朱英国和他团队数十年科学经历的长篇报告文学《与苍生同梦》首发式在武大召开。副省长郭生练、武大党委书记韩进及省委组织部、宣传部、教育厅、科技厅、农业厅、湖北长江出版传媒集团、部分高校、企业等单位的代表出席座谈会。郭生练对朱英国一辈子孜孜不倦的科学精神和取得的巨大科研成果给予高度评价。

2015 年 5 月 1 日　被评为全国先进工作者，与湖北英模团队一起赴北京人民大会堂领奖。

2015 年 11 月　朱英国团队课题组在植物恢复基因的克隆与分子机理上又取得新突破，克隆了红莲型杂交水稻恢复基因 *Rf6*，并鉴定了其重要的分子互作蛋白，其科学论文在国际学术刊物《美国科学院院报》上发表。红莲型杂交水稻具有两对恢复基因，分别为 *Rf5* 和 *Rf6*，他们发现红莲型杂交水稻中单独存在 *Rf5* 或 *Rf6* 时，花粉恢复度为 50%；当 *Rf5* 和 *Rf6* 都存在时，花粉恢复度则为 75%，结实率更稳定。朱英国带领课题组不畏艰险、刻苦攻关，用了近 6 年的时间，最终克隆了 *Rf6*。研究还发现，该基因不但能恢复红莲型，也能恢复包台型。他们的研究成果再次赢得国内外同行称赞，为国家争了光。

2016 年 4 月 9 日至 10 日　长江流域杂交水稻协同创新中心暨杂交水稻湖北省协同创新中心观摩与研讨会在海南举行。杂交水稻学术带头人朱英国、谢华安、颜龙安，武汉大学副校长李建成，以及学界业界代表聚首南国之南，共话杂交水稻发展。

2016 年 4 月 29 日　教育部副部长杜占元在湖北省副省长郭生练、校长李晓红等陪同下，到武大调研协同创新中心工作，视察了杂交水稻国家重点实验室。朱英国做了重点介绍，并与曾读农学专业的杜占元进行了深入交流。

2016年5月29日～6月3日　到北京参加全国科技创新大会、两院院士大会、中国科学技术协会第九次代表大会。30日上午，科技创新大会在人民大会堂隆重召开，习近平出席大会并发表重要讲话。

2016年7月　应邀撰写的杂交水稻50年纪念文章，在《科学通报》发表，题目是《杂交水稻研究50周年》。

2016年8月18日　参加国际作物科学大会并作大会报告。

2016年10月10日　作为全国植物生物学大会主席之一作大会报告，报告题目为“红莲型杂交水稻的研究与实践”。

附录｜五｜

朱英国主要著述目录

（一）专著

1. 李泽炳，肖翊华，朱英国．1982. 杂交水稻的研究与实践．上海：上海科学技术出版社．

2. 朱英国，杨代常 .1992. 光周期敏感核不育水稻研究与利用．武汉：武汉大学出版社．

3. 李泽炳，金中恒，卢兴桂，朱英国．1995. 光敏感核不育水稻育性转换机理与应用研究．武汉：湖北科学技术出版社．

4. 朱英国，利容千，王明全．2000. 水稻雄性不育生物学．武汉：武汉大学出版社．

（二）论文

1. 关和新，朱英国．2000. 马协不育系花药超微结构观察．作物学报，26（6）．

2. 凌杏元，周培疆，朱英国．2000. 水稻红莲型细胞质雄性不育系与保持系 mtRNA 差异显示和差别片段的分析．植物学报，42（3）．

3. 周培疆，周涵韬，刘义，屈松生，朱英国．2000. 马协细胞质雄性不育水稻线粒体能量释放特征．武汉大学学报（自然科学版），46（2）．

4. 汪莉，易平，万翠香，朱英国．2002. 红莲型细胞质雄性不育水稻线粒体 DNA 的 AP-PCR 分析．武汉植物学研究，20（6）．

5. 易平，汪莉，孙清萍，朱英国 .2002. 红莲型细胞质雄性不育线粒体相关嵌合基因的发现．科学通报，47（2）．

6. 张鸿，陈祖玉，李阳生，朱英国．2007. 马协型水稻细胞质雄性不育系线粒体基因组的变异与功能的研究．武汉植物学研究，25（3）．

7. Fugang Ren, BaoRong Lu, Shaoqing Li, Jingyu Huang, Yingguo Zhu.2003.A comparative study of genetic relationships among the AA-genome Oryza species using RAPD and SSR markers. Theoretical and Applied Genetics, 108 (1): 113-120.

8. Chen X, Yu T, Xiong J, Zhang Y, Hua Y, Li Y, Zhu Y. 2005. Molecular cloning and expression analysis of rice phosphoribulokinase gene that is regulated by environmental stresses. Molecular Biology Reports, 31 (4): 249-255.

9. Shaoqing Li, Guohua Yang, Shaobo Li, Yangsheng Li, Zuyu Chen, Yingguo Zhu.2005.Distribution of fertility-restorer genes for wild-abortive and Honglian CMS lines of rice in the AA genome species of genus oryza. Annals of Botany, 96 (3): 461-466.

10. Zuyu Chen, Jingjing Zhang, Jin Kong, Shaoqing Li, Yan Fu, Shaobo Li, Hong Zhang, Yangsheng Li, Yingguo Zhu. 2006. Diversity of endogenous small non-coding RNAs in Oryza sativa. Genetica, 128 (1-3): 21-31.

11. Guohua Yang, Yongzhong Xing, Shaoqing Li, Jingzhen Ding, Bing Yue, Kai Deng, Yangsheng Li , Yingguo Zhu. 2006. Molecular dissection of developmental behavior of tiller number and plant height and their relationship in rice (Oryza sativa L.) . Hereditas, 143: 236-245.

12. Shihua Duan, Baorong Lu, Zhong Li, Jiping Tong, Jin Kong, Wen Yao, Shaoqing Li, Yingguo Zhu. 2007. Phylogenetic analysis of AA-genome Oryza species (Poaceae) based on chloroplast, mitochondrial, and nuclear DNA sequences. Biochemical Genetics, 45 (1-2): 113-129.

13. Cuixiang Wan, Shaoqing Li, Li Wen, Jin Kong, Kun Wang, Yingguo Zhu.2007. Damage of oxidative stress on mitochondria during

microspores development in Honglian CMS line of rice. Plant Cell Reports, 26 (3): 373-382.

14. Hong Zhang, Shaoqing Li, Ping Yi , Cuixiang Wan, Zuyu Chen, Yingguo Zhu.2007. A Honglian CMS line of rice displays aberrant F0 of F0F1-ATPase. Plant Cell Reports, 26 (7): 1065-1071.

15. Lingling Feng, Kun Wang, Yang Li, Yanping Tan, Jin Kong, Hui Li, Yangsheng Li , Yingguo Zhu.2007. Overexpression of SBPase enhances photosynthesis against high temperature stress in transgenic rice plants. Plant Cell Reports, 26 (9): 1635-1646.

16. Shaoqing Li, Yanping Tan, Kun Wang, Cuixiang Wan, Yingguo Zhu.2008. Gametophytically alloplasmic CMS line of rice (Oryza sativa L.) with variant orfH79 haplotype corresponds to specific fertility restorer. Theoretical and Applied Genetics, 117 (8): 1389-1397.

17. Xiaojue Peng, Fanhui Li, Shaoqing Li, Yingguo Zhu.2009. Expression of a mitochondrial gene orfH79 from the CMS-HongLian rice inhibits Saccharomyces cerevisiae growth and causes excessive ROS accumulation and decrease in ATP. Biotechnology Letters, 31 (3): 409-414.

18. Qingping Sun, Chaofeng Hu, Jun Hu, Shaoqing Li, Yingguo Zhu. 2009. Quantitative proteomic analysis of CMS-related changes in Honglian CMS rice anther. The Protein Journal, 28 (7-8): 341-348.

19. Xiaojue Peng, Kun Wang, Chaofeng Hu, Youlin Zhu, Ting Wang, Jing Yang, Jiping Tong, Shaoqing Li, Yingguo Zhu.2010.The mitochondrial gene orfH79 plays a critical role in impairing both male gametophyte development and root growth in CMS-Honglian rice. BMC Plant Biology, 24 (10): 125.

20. Chaofeng Hu, Qingping Sun, Xiaojue Peng, Qi Huang, Meifang

Wang, Shaoqing Li, Yingguo Zhu.2010. Flow cytometric analysis of mitochondrial populations in HL-CMS systems of rice under H_2O_2 stress. Protoplasma, 241（1-4）: 91-98.

21. Kun Wang, Ya Gao, Xiaojue Peng, Guohua Yang, Feng Gao, Shaoqing Li , Yingguo Zhu.2010. Using FAM labeled DNA oligos to do RNA electrophoretic mobility shift assay. Moleculal Biology Reports, 37（6）: 2871-2875.

22. Yang He, Tingting Ning, Tingting Xie, Qingchuan Qiu, Liping Zhang, Yunfang Sun, Daiming Jiang, Kai Fu, Fei Yin, Wenjing Zhang, Lang Shen, Hui Wang, Jianjun Li, Qishan Lin, Yunxia Sun, Hongzhen Li, Yingguo Zhu, Daichang Yang.2011. Large-scale production of functional human serum albumin from transgenic rice seeds. Proceedings of the National Academy of Sciences, 108（47）: 19078-19083.

23. Yanping Tan, Shaoqing Li , Hongwei Xie, Shihua Duan, Ting Wang, Yingguo Zhu.2011. Genetical and molecular analysis reveals a cooperating relationship between cytoplasmic male sterility-and fertility restoration-related genes in Oryza species. Theoretical and Applied Genetics, 122（1）: 9-19.

24. Jun Hu, Kun Wang, Wenchao Huang, Gai Liu, Ya Gao, Jianming Wang, Qi Huang, Yanxiao Ji, Xiaojian Qin, Lei Wan, Renshan Zhu, Shaoqing Li, Daichang Yang , Yingguo Zhu.2012. The rice pentatricopeptide repeat protein RF5 restores fertility in Hong-Lian cytoplasmic male-sterile lines via a complex with the glycine-rich protein GRP162. Plant Cell, 24（1）: 109-122.

25. Wenchao Huang, Jun Hu, Changchun Yu, Qi Huang, Lei Wan, Lili Wang, Xiaojian Qin, Yanxiao Ji, Renshan Zhu, Shaoqing Li, Yingguo Zhu. 2012. Two non-allelic nuclear genes restore fertility in

a gametophytic pattern and enhance abiotic stress tolerance in the hybrid rice plant. Theoretical and Applied Genetics，124（5）：799-807.

26. Kun Wang，Ming Li，Feng Gao，Shaoqing Li，Yingguo Zhu，Pingfang Yang.2012.Identification of conserved and novel microRNAs from Liriodendron chinense floral tissues. PLOS One，7（9）：e44696.

27. Shaobo Li ，Qingping Sun，Minghua Hu，Shaoqing Li，Youlin Zhu ，Yingguo Zhu. 2012. Phylogenetic genomewide comparisons of the pentatricopeptide repeat gene family in indica and japonica rice. Biochemical Genetics，50（11-12）：978-989.

28. Shaoqing Li，Cuixiang Wan，Chaofeng Hu，Feng Gao，Qi Huang，Kun Wang，Ting Wang，Yingguo Zhu.2012.Mitochondrial mutation impairs cytoplasmic male sterility rice in response to H_2O_2 stress. Plant Science，195：143-150.

29. Kun Wang，Feng Gao，Yanxiao Ji，Ying Liu，Zhiwu Dan，Pingfang Yang，Yingguo Zhu，Shaoqing Li.2013.ORFH79 impairs mitochondrial function via interaction with a subunit of electron transport chain complex Ⅲ in Honglian cytoplasmic male sterile rice. New Phytologist，198（2）：408-418.

30. Jun Hu，Wenchao Huang，Qi Huang，Xiaojian Qin，Zhiwu Dan，Guoxin Yao，Renshan Zhu，Yingguo Zhu. 2013. The mechanism of ORFH79 suppression with the artificial restorer fertility gene Mt-GRP162. New Phytologist，199（1）：52-58.

31. Changchun Yu，Lili Wang，Cong Chen，Chunlan He，Jun Hu，Yingguo Zhu，Wenchao Huang.2014.Protoplast：A more efficient system to study nucleo-cytoplasmic interactions. Biochemical & Biophysical Research Communications，450（4）：1575-1580.

32. Qi Huang，Zhinang Mao，Shaoqing Li，Jun Hu，Ying-

guo Zhu. 2014. A non-radioactive method for small RNA detection by northern blotting. Rice，7（1）：26.

33. Lili Wang，Changchun Yu，Cong Chen，Chunlan He，Yingguo Zhu，Wenchao Huang.2014.Identification of rice Di19 family reveals OsDi19-4 involved in drought resistance. Plant Cell Reports，33（12）：2047-2062.

34. Lei Wan，Xiuwen Wang，Shaoqing Li，Jun Hu，Wenchao Huang，Yingguo Zhu.2014. Overexpression of OsKTN80a，a katanin P80 ortholog，caused the repressed cell elongation and stalled cell division mediated by microtubule apparatus defects in primary root in Oryza sativa. JIPB，56（7）：622-634

35. Jun Hu，Wenchao Huang，Qi Huang，Xiaojian Qin，Changchun Yu，Lili Wang，Shaoqing Li，Renshan Zhu，Yingguo Zhu.2014.Mitochondria and cytoplasmic male sterility in plants. Mitochondrion，19：282-288.

36. Tianpei Xiu，Yingguo Zhu，Shaoqing Li.2014. Optimized scorpion polypeptide LMX：A pest control protein effective against rice leaf folder. PLOS One，9（6）：e100232.

37. Gaoyuan Song，Zhibin Guo，Zhenwei Liu，Qu Xuefeng，Jiang Daiming，Wei Wang，Yingguo Zhu，Daichang Yang.2014. The phenotypic predisposition of the parent in F1 hybrid is correlated with transcriptome preference of the positive general combining ability parent. BMC Genomics，15（1）：1-11.

38. Jinquan Chao，Jie Jin，Dong Wang，Ran Han，Renshan Zhu，Yingguo Zhu，Shaoqing Li.2014. Cytological and transcriptional dynamics analysis of host plant revealed stage-specific biological

processes related to compatible rice-Ustilaginoidea virens interaction. PLOS One, 9（3）: e91391.

39. Xiaojian Qin, Qi Huang, Linlin Zhu, Haijun Xiao, Guoxin Yao, Wenchao Huang, Renshan Zhu, Jun Hu, Yingguo Zhu.2014. Interaction with Cu^{2+} disrupts the RNA binding affinities of RNA recognition motif containing protein. Biochemical & Biophysical Research Communications, 444（2）: 116-120.

40. Ji Y, Tu P, Wang K, Gao F, Yang W, Zhu Y, Li S.2014. Defining reference genes for quantitative real-time PCR analysis of anther development in rice. Acta Biochimica et Biophysica Sinica (Shanghai), 46（4）: 305-312.

41. Zhiwu Dan, Ping Liu , Wenchao Huang, Wei Zhou, Guoxin Yao, Jun Hu, Renshan Zhu, Baorong Lu, Yingguo Zhu.2014. Balance between a higher degree of heterosis and increased reproductive isolation: A strategic design for breeding inter-subspecific hybrid rice. PLOS One, 9（3）: e93122.

42. Changchun Yu, Lili Wang , Shanglin Xu, Yafei Zeng, Chunlan He, Cong Chen, Wenchao Huang, Yingguo Zhu, Jun Hu.2015. Mitochondrial ORFH79 is essential for drought and salt tolerance in rice. Plant and Cell Physiology, 56（11）: 2248-2258.

43. Wenchao Huang, Changchun Yu, Jun Hu, Lili Wang, Zhiwu Dan, Wei Zhou, Chunlan He, Yafei Zeng, Guoxin Yao, Jianzhao Qi, Zhihong Zhang, Renshan Zhu, Xuefeng Chen, Yingguo Zhu.2015. Pentatricopeptide-repeat family protein RF6 functions with hexokinase 6 to rescue rice cytoplasmic male sterility. PNAS, 112（48）: 14984-14989.

44. Zhiwu Dan, Jun Hu, Wei Zhou, Guoxin Yao, Renshan Zhu,

Wenchao Huang，Yingguo Zhu.2015. Hierarchical additive effects on heterosis in rice（Oryza sativa L.）. Frontiers in Plant Science，6：738.

45. Zhibin Guo，Gaoyuan Song，Zhenwei Liu，Xuefeng Qu，Rong Chen，Daiming Jiang，Yunfang Sun，Chuan Liu，Yingguo Zhu，Daichang Yang.2015. Global epigenomic analysis indicates that epialleles contribute to Allele-specific expression via Allele-specific histone modifications in hybrid rice. BMC Genomics，16：232.

46. Xiuzi Tianpei，Zhinang Mao，Yingguo Zhu，Shaoqing Li.2015. Expression of rice mature carbonic anhydrase gene increase E. coli tolerance to heat stress. Applied Biochemistry Biotechnology，176（2）：625-635.

47. Feng Gao，Kun Wang，Yun Liu，Yunping Chen，Pian Chen，Zhenying Shi，Jie Luo，Daqing Jiang，Fengfeng Fan，Yingguo Zhu，Shaoqing Li.2015. Blocking miR396 increases rice yield by shaping inflorescence architecture. Natural Plants，2：196.

48. Xiuzi Tianpei，Dong Li，Ping Qiu，Jie Luo，Yingguo Zhu，Shaoqing Li.2015. Scorpion peptide LqhIT2 activates phenylpropanoid pathways via jasmonate to increase rice resistance to rice leafrollers. Plant Science，230：1-11.

49. Zhiwu Dan，Wei Zhou，Cong Chen，Yingguo Zhu，Wenchao Huang. 2016. Metabolic prediction of important agronomic traits in hybrid rice（Oryza sativa L.）. Scientific Reports，6：21732.

50. Xiaojian Qin，Qi Huang，Haijun Xiao，Qianlan Zhang，Cengzi Ni，Yanghong Xu，Gai Liu，Daichang Yang，Yingguo Zhu，Jun Hu.2016. The rice DUF1620-containing and WD40-like repeat protein is required for the assembly of the restoration of fertility complex. New Phytologist，210（3）：934-945.

（三）著作引用率

中国科学院武汉科技查新咨询检索中心

检索报告

<table>
<tr><td colspan="6">委托单位:武汉大学</td></tr>
<tr><td colspan="6">委 托 人:朱英国</td></tr>
<tr><td colspan="6">检索要求:相关论文被SCIE、CNKI、ESI Highly Cited Papers（last 10 years）收录与SCIE、CNKI引用情况</td></tr>
<tr><td colspan="6">检 索 结 果</td></tr>
<tr><td rowspan="2" colspan="2">数据库</td><td rowspan="2">论文收录（篇）</td><td colspan="3">论文引用</td></tr>
<tr><td>来源文献（篇）</td><td>被引次数（次）</td><td>H指数</td></tr>
<tr><td colspan="2">SCIENCE CITATION INDEX-EXPANDED</td><td>109</td><td>91</td><td>1322
（他引1143）</td><td>21</td></tr>
<tr><td colspan="2">中国期刊全文数据库（CNKI）</td><td>241</td><td>174</td><td>4022
（他引3901）</td><td>31</td></tr>
<tr><td colspan="2">Essential Science Indicators-Highly Cited Papers（last 10 years）</td><td>1</td><td colspan="3">说明:*他人引用标准:引用文献中有被检作者,视为自引,其他情况均视为他引;
*Essential Science Indicators has been updated as of July 14,2016 to cover a 10-year plus 4-month period, January 1,2006-April 30,2016.</td></tr>
<tr><td>声明</td><td colspan="5">委托人接受本证明,视为已对本证明所列论文逐篇核对,确认无误,若有不实,由委托人承担全部责任。</td></tr>
<tr><td>检索人</td><td>李 艳</td><td></td><td></td><td>审核人</td><td>李 珑</td></tr>
<tr><td colspan="6">中国科学院武汉科技查新咨询检索中心
（公章）
2016-07-15</td></tr>
</table>

联系人：李 珑 联系电话：027-87197719

邮箱：chaxin@mail.whlib.ac.cn

地址：武汉市武昌区小洪山西 25 号

后　记

为深入了解朱英国院士，我从2013年9月开始追根溯源，跟踪寻访，先后三次到重峦叠嶂、环境幽静的朱院士的故乡——罗田县河铺填岳家冲，采访他童年和少年时期的伙伴、老师、同学、亲朋好友和邻里乡亲；采访长期关注并支持他研究的湖北省农业厅、湖北省科学技术委员会、华中科技大学、华中农业大学、中南民族大学、协和医院、中国科学院武汉植物园、国英种业公司等政府部门、大专院校和科研机构；拜访武大党委书记韩进和20世纪80年代武大的老校长、著名教育家刘道玉，以及朱英国院士大学时期的同学和老师；采访与他同甘共苦、战天斗地的专家教授、一线职工和他的学生。

为体验朱英国院士奔波的艰辛，我先后去了湖北仙桃排湖农场、海南陵水南繁基地、广西农业科学院、湖南邵阳市农业局、武汉周边数十个试验点……深入挖掘他的科学经历。

无法弥补的遗憾是，由于朱英国院士童年时期家庭太穷，他上高中和大学时总是忙于读书和打工，留校工作也没空顾及，以至于33岁前没有留下任何影像资料。采访中我还发现，虽然朱英国院士的研究成果闻名遐迩，但他的人生经历并非波澜壮阔、充满传奇，他内敛淳朴，总是那样平实、坚守。研究中遇到再多的难、再多的坎，他都一如既往，巍然如山，不急不躁，反复摸索研究杂交水稻的遗传规律，一辈子在寂静的实验室中苦干，在布满泥泞的小路上来回行走，到了耄耋之年，还是那样低调，还在奔波追求，还在用科学方法完善最初的梦想。

余彦文是朱英国院士的同乡，也是他的高中同窗，并与他同时考上大学，是湖北省著名方志学家。谈到朱英国院士的经历，他说："多年来我一直在观察研究朱英国，他为人本分，读书刻苦，善良淳厚，执着专一，当年被保送读罗田一中，成绩一直很好，为人特别低调，搞出了那么大的成果，在国内外影响很大，可老同学聚会时他从不张扬。我在想，他能成为大家，与他低调的性格有直接关系，给他提供了一个潜心、静心追求事业的环境。"

余彦文说："朱英国一路走来，没任何社会背景，全靠他自己一步步奔，他的经历涵盖了抗日战争、解放战争和新中国成立后的各个历史阶段，包括农村转折期那些荒唐阶段，他始终和农民同呼吸共命运，一步都没有落下。他是我们那一代人的代表，是求学立志的代表，是孜孜不倦追求科学真理的代表，也是我们这一代知识分子的优秀代表。他很幸运，知识分子是历次运动中受冲击的对象，也是倒霉的对象，不少人掉下去了，每次都有人掉下去，有的掉得无踪无影，他却一直默默地、坚忍不拔地走自己的路，心无旁骛一门心思搞杂交稻研究，无论海南的台风，还是内地的寒风，都没有动摇他内在的目标和意志，这源于他信仰坚定。说实在的，我早料定他会成就一番事业。这也说明，立志搞科学的人，首先要有为国家为民族奋斗的志向，要善于承受寂寞，忍受各种诱惑。"

为了证明他对老同学的判断，余彦文拿出了多年前为朱英国写的两首小诗：

（一）

滕罗两校数精英，
院士中科尔一人。
"文革"超然脱两派，

海南寂寞事方成。

（二）

三年执教劳心力，科研育才两竟融。
累累硕果三秋熟，叠叠宏文四海崇。
麦菽稻粱良种出，农工商学美声重。
琼程绿色群之手，袁汝双双建大功。
（“袁”指袁隆平先生）

我与朱英国院士相处三年多，感觉最深的是他非同寻常的精神状态。作为七十六七岁的老人，他精力充沛，每天工作十多个小时，如果不是出差，星期天和节假日肯定在办公室。他的性格偏内向，一是一，二是二，正如他的儿子评价他说的，“我爸一生不会说一句假话”。想让他静下来接受采访很难，他很少有大块的空闲时间，所以写他的传记主要靠跑，花大量的时间跑，跑省内外，前后采访数百人。

不过有时候，他的某些经历会让他打开心扉。令人震惊的是，他的科学成果虽占据世界前沿，而观念常常处于“那个时代”。他说：“那个时代是崇尚英雄、崇尚荣誉、从不讲条件不计报酬的时代；是为了国家利益宁可倒在路上绝不能后退半步的时代；是坚贞不屈高举信仰的旗帜的时代。”

武大多位资深教授说，朱英国院士的科学精神源于他坚定的信仰，无论是过去还是现在，他一门心思搞科研不折不扣。可以说，为了国家粮食安全，他一辈子在打拼、在追求，靠忠诚和血性，靠奉献和成果，赢得各方尊重。

2015 年 5 月 1 日，奔八旬的朱英国院士再次被评为全国先进工作者，并作为湖北省年龄最大的受表彰人员到北京领奖。目前他仍工作在科研一线，他说，科学研究无止境，红莲型研究还有巨大空间。对他而言，似乎命有多长，研究的路就有多远。

本传记书稿成形后，为杜绝错漏，提高本书质量，朱英国院士百忙之中，一次次把关，反复修改校对，其中涉及的科学问题部分由他亲自把关，动笔修改，在此向朱院士表示深深的敬意和感谢。同时，朱英国院士考虑到红莲型、马协型、两系研究时间长、难度大、参加人员多，前前后后有不少人付出了心血，虽是个人传记，但研究经历和成果与团队和组织是分不开的，于是他将书稿打印成几十份，请昔日同事和领导审读。

黄凯伦参与了本传记的编写，付出了辛勤劳动。

在本书即将出版之际，特向为本书付出心血的中国工程院葛能全、吴晓东、郑召霞老师，以及朱英国院士团队的杨代常、朱仁山、李绍清、黄文超老师致谢；向为本书付出劳动的朱英国院士的学生秦克周、黄绍英、刘川、高峰等博士致谢！

黄世猛

2016 年 10 月 30 日

作者简介

黄世猛，1958 年出生，湖北安陆人。军旅作家，正处级公务员。湖北省委宣传部重大典型宣传特邀专家，湖北省报告文学协会副秘书长；曾荣获中共中央宣传部第十二届“五个一工程”文艺图书奖、中共中央组织部首届优秀读物奖、湖北省第八届“五个一工程”奖、湖北文学奖荣誉奖。